PIS e COFINS

O GEN | Grupo Editorial Nacional – maior plataforma editorial brasileira no segmento científico, técnico e profissional – publica conteúdos nas áreas de ciências sociais aplicadas, exatas, humanas, jurídicas e da saúde, além de prover serviços direcionados à educação continuada e à preparação para concursos.

As editoras que integram o GEN, das mais respeitadas no mercado editorial, construíram catálogos inigualáveis, com obras decisivas para a formação acadêmica e o aperfeiçoamento de várias gerações de profissionais e estudantes, tendo se tornado sinônimo de qualidade e seriedade.

A missão do GEN e dos núcleos de conteúdo que o compõem é prover a melhor informação científica e distribuí-la de maneira flexível e conveniente, a preços justos, gerando benefícios e servindo a autores, docentes, livreiros, funcionários, colaboradores e acionistas.

Nosso comportamento ético incondicional e nossa responsabilidade social e ambiental são reforçados pela natureza educacional de nossa atividade e dão sustentabilidade ao crescimento contínuo e à rentabilidade do grupo.

Paulo Henrique Pêgas

5ª
EDIÇÃO

PIS e COFINS

O autor e a editora empenharam-se para citar adequadamente e dar o devido crédito a todos os detentores dos direitos autorais de qualquer material utilizado neste livro, dispondo-se a possíveis acertos caso, inadvertidamente, a identificação de algum deles tenha sido omitida.

Não é responsabilidade da editora nem do autor a ocorrência de eventuais perdas ou danos a pessoas ou bens que tenham origem no uso desta publicação.

Apesar dos melhores esforços do autor, do editor e dos revisores, é inevitável que surjam erros no texto. Assim, são bem-vindas as comunicações de usuários sobre correções ou sugestões referentes ao conteúdo ou ao nível pedagógico que auxiliem o aprimoramento de edições futuras. Os comentários dos leitores podem ser encaminhados à Editora Atlas Ltda. pelo e-mail faleconosco@grupogen.com.br.

Direitos exclusivos para a língua portuguesa
Copyright © 2018 by
Editora Atlas Ltda.
Uma editora integrante do GEN | Grupo Editorial Nacional

Reservados todos os direitos. É proibida a duplicação ou reprodução deste volume, no todo ou em parte, sob quaisquer formas ou por quaisquer meios (eletrônico, mecânico, gravação, fotocópia, distribuição na internet ou outros), sem permissão expressa da editora.

Rua Conselheiro Nébias, 1384
Campos Elíseos, São Paulo, SP – CEP 01203-904
Tels.: 21-3543-0770/11-5080-0770
faleconosco@grupogen.com.br
www.grupogen.com.br

Designer de capa: MSDE | MANU SANTOS Design

Imagem da capa: istock_onespirit/iStockphoto

CIP-BRASIL. CATALOGAÇÃO NA PUBLICAÇÃO.
SINDICATO NACIONAL DOS EDITORES DE LIVROS, RJ

P422p

    Pêgas, Paulo Henrique
      PIS e COFINS / Paulo Henrique Pêgas. – 5. ed., rev. e atual. – São Paulo : Atlas, 2018.

    ISBN 978-85-97-01709-0

    1. PIS. 2. COFINS. 3. Contribuição (Direito tributário) - Brasil. I. Título.

18-48741
                                       CDU: 34:336.23

Meri Gleice Rodrigues de Souza - Bibliotecária CRB-7/6439

PREFÁCIO

É uma honra muito grande preparar o prefácio da 5ª edição desta excelente obra batizada de *PIS e COFINS*, de autoria deste grande mestre, contador e estudioso fervoroso do direito tributário, que é Paulo Henrique Barbosa Pêgas.

A obra traz muitas novidades em relação às edições anteriores, mormente porque o direito tributário é extremamente fértil, e as contribuições ao Programa de Integração Social (PIS) e à Contribuição Social sobre o Faturamento (COFINS) têm semeado muitos hectares de discussão pela complexidade e pela quantidade de alterações legislativas e regulamentares. Ouso dizer que desde 2006, quando foi publicada a primeira edição de *PIS e COFINS*, deve ter havido mais de cem mudanças nas Leis nos 9.718/98, 10.637/2002 e 10.833/2003, que norteiam a tributação das exações PIS e COFINS e, desculpando-me pelo trocadilho, desnorteiam os contribuintes.

Mas é justamente neste particular que exalto esta obra – de tanta relevância para o cenário jurídico-tributário no Brasil –, eis que escrita de modo simples, mas com uma profundidade absurda.

Não são muitos trabalhos doutrinários que se preocupam em analisar a aplicação prática da legislação tributária. A maioria das obras produzidas neste campo, ordinariamente, são de cunho eminentemente acadêmico, versando sobre questões pontuais, e, no mais das vezes, de interesse restrito.

PH, com uma cadência e forma de escrever suaves e elegantes, não somente consolida, compila e explica a legislação tão profusa quando complexa das exações incidentes sobre o faturamento, quanto percorre suas origens, problemas e regras de aplicação, trazendo posicionamento do fisco por meio de soluções de consultas e jurisprudência hodierna sobre as mais diversas questões que afloram da aplicação das normas de PIS e COFINS aos fatos vividos no dia a dia pelos contribuintes.

No direito tributário, o princípio da não cumulatividade empregado ao PIS e à COFINS é tido como um ingrediente especial, assistêmico. Não há simetria com o IPI ou ICMS, impostos não cumulativos, cuja sistemática, alhures, é conhecida. A não cumulatividade do PIS e da COFINS tem características peculiares: há direito de aproveitamento de créditos de valores não necessariamente pagos na fase anterior da cadeia produtiva; há vedação de créditos de elementos que naturalmente compõem o preço; e outras tantas e tantas exceções e, diria, anomalias, que são ínsitas ao texto das Leis n°s 10.637/2002 e 10.833/2003. Esta obra condensa, explica, em detalhes e clareza, todas essas facetas das exações esmiuçando precisamente a linguagem empregada pelo legislador, seu conteúdo e alcance.

A singular combinação da legislação e a sua aplicabilidade aos fatos e discussões correntes, divididas em capítulos e tópicos que partem do geral para o específico, resultou trabalho que, sem sombra de dúvida, continuará ocupando importante espaço na literatura jurídica, sendo livro obrigatório na estante de qualquer operador do direito tributário, mormente para os profissionais que necessitam de um apoio imperioso no seu dia a dia, tão órfãos de obras que lhes ensinem o que e como fazer.

Felicito-o, Professor, mestre e amigo, Paulo Pêgas, pela escolha do tema e pelo brilhantismo, audácia e denodo com que conduziu o preparo e a execução desta obra.

Gerson Stocco de Siqueira
Sócio do escritório Gaia Silva Gaede Advogados

SUMÁRIO

1 ESTRUTURA CONCEITUAL E ASPECTOS BÁSICOS DO PIS/PASEP........ 1
1.1   O PIS/PASEP no Sistema Tributário Nacional.................................... 1
1.2   Perspectivas para o futuro do PIS/PASEP... 5
1.3   Arrecadação e relevância de PIS e COFINS para o País 8

2 ESTRUTURA CONCEITUAL E ASPECTOS BÁSICOS DA COFINS 11
2.1   A Constituição e as contribuições sociais 11
2.2   A COFINS no Sistema Tributário Nacional e seus problemas jurídicos 12
2.3   Decisão do STF sobre aumento na base de PIS e COFINS.................... 13
2.4   Desdobramentos do julgamento do STF.. 14
2.5   Nova polêmica jurídica: o ICMS fora das bases de PIS e COFINS 16
       2.5.1   A que se refere tal polêmica?.. 17
       2.5.2   Como fica a apuração de PIS e COFINS com a decisão................. 18

3 PIS E COFINS NAS EMPRESAS SUBMETIDAS À TRIBUTAÇÃO PELOS LUCROS PRESUMIDO OU ARBITRADO.. 21
3.1   Leis vigentes para PIS e COFINS de empresas tributadas pelo lucro presumido ou com o lucro arbitrado 21
3.2   Base de cálculo... 22
3.3   Redefinição do conceito de receita bruta 24
3.4   Regime de reconhecimento de receitas 26
3.5   Valor da receita nas vendas com cartões de débito e crédito.............. 27
3.6   Vendas para governo e empresas públicas 29
3.7   Exemplos numéricos... 30
       3.7.1   Revendas de produtos com tributação monofásica 30
       3.7.2   Revendas de mercadorias para empresas do governo 31
       3.7.3   Exemplo com retenções na fonte.. 31

4 PIS E COFINS NAS EMPRESAS SUBMETIDAS À TRIBUTAÇÃO PELO LUCRO REAL 33

4.1	Normativos 33
4.2	Total de receitas 34
4.3	Receitas que não integram as bases de PIS e COFINS 34
	4.3.1 Exclusões do método não cumulativo 34
	4.3.2 Detalhes das exclusões na receita bruta 36
	4.3.3 Detalhes nas exclusões das demais receitas 40
4.4	Outras receitas que devem ser tributadas 43
4.5	Receitas financeiras 43
	4.5.1 A volta da cobrança de PIS + COFINS sobre receitas financeiras 45
4.6	Outras exclusões em casos específicos 47
4.7	Necessidade de bons controles internos 48
4.8	Para reflexão: PIS e COFINS e as negociações comerciais 48
4.9	Empresas tributadas pelo lucro real, alíquotas aplicadas e o método não cumulativo 49
4.10	Base de cálculo, créditos, registro contábil e despesa 50

5 CRÉDITOS PERMITIDOS EM LEI 53

5.1	Aspectos introdutórios 53
5.2	Posição da doutrina jurídica sobre os créditos 54
	5.2.1 Corrente constitucionalista 54
	5.2.2 Corrente legalista 54
	5.2.3 Posição do CARF 55
5.3	Os créditos e a cadeia produtiva 56
5.4	Bens adquiridos para revenda 58
	5.4.1 Devoluções de vendas 60
5.5	Bens e serviços utilizados como insumo na prestação de serviços e na produção ou fabricação de bens ou produtos destinados à venda 60
5.6	Aluguéis de prédios, máquinas e equipamentos pagos à pessoa jurídica e utilizados nas atividades da empresa 69
5.7	Despesas de arrendamento mercantil 71
5.8	Depreciação de bens do ativo imobilizado 73
	5.8.1 Máquinas e equipamentos adquiridos a partir de jun/12 para uso na produção de bens e serviços ou para locação 75
	5.8.2 Máquinas e equipamentos adquiridos entre mai/08 e 2/ago/11 para uso na produção de bens e serviços ou para locação 76
	5.8.3 Máquinas e equipamentos adquiridos entre 2/ago/11 e 31/mai/12 para uso na produção de bens e serviços ou para locação 76

SUMÁRIO

	5.8.4	Máquinas e equipamentos adquiridos entre mai/04 e abr/08 para uso na produção de bens e serviços ou para locação	77
	5.8.5	Outros bens utilizados na atividade industrial	77
	5.8.6	Bens utilizados na prestação de serviços	77
	5.8.7	Edificações construídas ou adquiridas	78
	5.8.8	Bens reavaliados ou com ajuste por custo atribuído em 2010	79
	5.8.9	Bens utilizados por empresas comerciais distribuidoras, atacadistas e varejistas	80
	5.8.10	Bens do imobilizado e outros créditos de empresas em fase pré-operacional	80
	5.8.11	Bens adquiridos até abril de 2004	81
	5.8.12	Bens usados	82
	5.8.13	Depreciação acelerada pelo uso e incentivada	82
	5.8.14	Benfeitorias em imóveis próprios ou de terceiros, utilizados nas atividades da empresa	82
5.9		Energia elétrica consumida nos estabelecimentos da pessoa jurídica	82
5.10		Armazenagem de mercadoria e frete na operação de venda, quando o ônus for suportado pelo vendedor	83
	5.10.1	Despesa com frete próprio: vedação ao crédito	85
5.11		Vale-transporte, alimentação e vestuário	86
5.12		Crédito presumido sobre saldo de estoque	87
	5.12.1	Exemplo numérico do uso do crédito presumido	88
5.13		Estorno de crédito de bens não utilizados para produção ou revenda	88
5.14		Créditos específicos	88
5.15		Créditos não permitidos pela legislação	88
	5.15.1	Revendas de produtos com tributação monofásica	89
	5.15.2	Revendas de produtos com alíquota zero	90
	5.15.3	Créditos decorrentes de uso de mão de obra paga à pessoa física	92
	5.15.4	Restrições e outros detalhes sobre créditos	94
5.16		O CARF e os créditos de PIS e COFINS	97
5.17		Conceito de insumo – posição e julgamento do STJ	99

6 EMPRESAS COM TRIBUTAÇÃO MISTA **101**

6.1		A exceção que quase vira regra	101
6.2		Receitas de serviços de telecomunicações	102
	6.2.1	Exemplos numéricos	104
6.3		Receitas de serviços de transporte coletivo	106
6.4		Transporte aéreo	107

6.5	Receitas de prestação de serviços das empresas jornalísticas e de radiodifusão sonora e de sons e imagens	107
6.6	Receitas com vendas de jornais e periódicos	108
6.7	Receitas de serviços médicos	109
6.8	Receitas decorrentes de prestação de serviços de educação	109
6.9	Parques temáticos	110
6.10	Serviços de hotelaria	110
	6.10.1 Não incidência de PIS e COFINS nos serviços a estrangeiros	112
6.11	Prestação de serviços de concessionárias operadoras de rodovias	113
6.12	Serviços de organização de feiras e eventos	113
6.13	Serviços de atendimento	113
6.14	Vendas de mercadorias nas lojas localizadas nos portos ou aeroportos	114
6.15	Demais receitas tributadas no método cumulativo com empresa tributada pelo lucro real	114
6.16	Receitas de revendas de veículos usados	115
6.17	Quem ganhou com a mudança do método cumulativo para o método não cumulativo	116

7	**TRIBUTAÇÃO MONOFÁSICA E REGIMES ESPECIAIS**	**119**
7.1	Aspectos introdutórios	119
7.2	Tributação monofásica	120
	7.2.1 Combustíveis derivados de petróleo e biodiesel	120
	7.2.2 Álcool combustível	123
	7.2.3 Indústria farmacêutica e de cosméticos	125
	7.2.4 Cervejas, águas e refrigerantes	127
	7.2.5 Veículos, máquinas e autopeças	129
	7.2.6 Fabricantes e importadores de cigarros	131
7.3	Indústria estabelecida na Zona Franca de Manaus	131
	7.3.1 Vendas para empresas instaladas na ZFM	132
	7.3.2 Suspensão de PIS e COFINS para bens de capital importados por empresas estabelecidas na ZFM	132

8	**PIS E COFINS NAS ENTIDADES IMUNES E ISENTAS**	**135**
8.1	Imunidade e isenção	135
8.2	PIS pago sobre a folha de pagamento	138
8.3	Consultas favoráveis às entidades isentas	139
8.4	COFINS das entidades imunes e isentas	139
8.5	Resumo: tem PIS e COFINS nas entidades sem fins lucrativos?	144

SUMÁRIO

9 PIS E COFINS: ASPECTOS CONTÁBEIS.. 147

9.1 Aspectos introdutórios 147

9.2 O registro e o controle do PIS com base na experiência acumulada pela contabilidade no reconhecimento do direito de recuperação de crédito tributário de natureza mercantil 148

    9.2.1 Método direto subtrativo.. 148

    9.2.2 Método direto aditivo 149

    9.2.3 Método indireto subtrativo 149

    9.2.4 Método de crédito do tributo.. 149

9.3 O PIS, a COFINS e os métodos existentes 149

9.4 Escrituração contábil da empresa 150

9.5 Registro na demonstração do resultado.................................... 150

9.6 Compra de mercadorias, matéria-prima e insumos..................... 151

9.7 Exemplo numérico com vendas no mercado interno 152

9.8 Exemplo numérico com vendas no mercado externo.................... 155

9.9 Crédito sobre estoque inicial 157

9.10 Crédito sobre despesas 157

9.11 Depreciação fiscal e contábil e os créditos de PIS e COFINS......... 158

9.12 Exemplos numéricos... 159

9.13 Problemas (e soluções) no registro contábil do arrendamento mercantil financeiro... 162

9.14 O crédito de PIS e COFINS nos pagamentos de arrendamentos................ 163

    9.14.1 Exemplo numérico 164

9.15 O impacto do ICMS ST nas bases de PIS e COFINS nas empresas distribuidoras ou atacadistas... 166

10 O PIS E A COFINS NAS EMPRESAS BRASILEIRAS NA PRÁTICA 169

10.1 O que tem de diferente neste capítulo (e no livro)?...................... 169

10.2 Questões discursivas 170

10.3 Múltipla escolha 173

Gabarito das questões discursivas 183

Gabarito das questões de múltipla escolha.. 185

1
ESTRUTURA CONCEITUAL E ASPECTOS BÁSICOS DO PIS/PASEP

POR QUE LER ESTE CAPÍTULO? PARA:

- Conhecer como o PIS foi criado e suas curiosidades, como a possibilidade de saque em caso de casamento, que foi permitido até 1988.
- Entender como é a cobrança de PIS nas empresas atualmente.
- Saber o que o governo está preparando para mudar na legislação do PIS.

1.1 O PIS/PASEP NO SISTEMA TRIBUTÁRIO NACIONAL

O Programa de Integração Social (PIS) e o Programa de Formação do Patrimônio do Servidor Público (PASEP) tiveram origem ainda na Constituição de 1967, que assegurava aos trabalhadores a integração na vida e no desenvolvimento das empresas. Em 1970, com as Leis Complementares (n° 7 e n° 8), as contribuições foram criadas.

A ideia original do governo federal com as contribuições para o PIS e o PASEP foi criar uma poupança para cada trabalhador, que seria individualizada e controlada pela Caixa Econômica Federal (PIS) e pelo Banco do Brasil (PASEP) e utilizada nos casos previstos em lei.

A contribuição para o PIS era dividida entre as empresas e o governo federal. A contribuição da União era feita pela destinação de parte do imposto de renda devido pelas empresas. Assim, apenas a pessoa jurídica que apurasse lucro contribuía para o imposto de renda e, dessa forma, o fundo do PIS recebia um pedaço desse imposto. O percentual do IR que as empresas deveriam separar e recolher como PIS começou com 2% em 1971, alcançando 5% a partir de 1973.

Por exemplo, uma empresa que apresentasse IR devido no valor de Cr$ 100 (moeda da época), deveria efetuar este pagamento em dois documentos (Documento de Arrecadação de Recursos Federais – DARF) distintos: um referente ao IR devido, no valor de R$ 95; e outro com valor de Cr$ 5, cujo dinheiro seria direcionado para o Fundo do PIS. Essa parcela ficou conhecida como PIS-DEDUÇÃO, pois seu valor era encontrado deduzindo uma parcela do IR devido.

Já a parcela dos recursos próprios era calculada pela aplicação de percentuais sobre o faturamento das empresas, entendido esse como a receita obtida com vendas de mercadorias. O percentual inicial foi 0,15% em 1971, alcançando 0,5% a partir de 1974.

As instituições financeiras, sociedades seguradoras e outras empresas de prestação de serviços que não realizavam operações de vendas de mercadorias pagavam a parcela própria do PIS com o mesmo valor da parcela retirada do IR devido. No exemplo anterior, se a empresa fosse uma instituição financeira ou uma prestadora de serviços, deveria recolher, além de Cr$ 95 de IR e Cr$ 5 de PIS-DEDUÇÃO, mais Cr$ 5 como PIS referente à parcela própria. Essa parcela própria ficou conhecida como PIS-REPIQUE, pois repetia o valor do PIS-DEDUÇÃO.

As contribuições para o PASEP eram feitas pela União, pelos estados, pelo Distrito Federal, pelos municípios e pelas suas autarquias, empresas públicas, sociedades de economia mista e fundações. A diferença em relação ao PIS é que o PASEP não tinha dois contribuintes, sendo seus recursos recolhidos mediante aplicação de percentuais específicos sobre as receitas dos entes estatais e das empresas públicas em geral.

As contribuições eram destinadas para contas individuais, abertas em nome de cada empregado. A ideia original da instituição do PIS e do PASEP tinha méritos. Os objetivos principais com a criação dessas contribuições, conforme definido em lei, foram os seguintes:

1. Criar condições para a compra da casa própria por parte dos trabalhadores.
2. Instituir mais um fundo para ser utilizado quando o empregado se aposentasse.
3. Incentivar a constituição de famílias, pois uma das permissões de saque integral dos recursos era para o casamento.
4. Motivar a permanência nos empregos, já que metade do fundo pertencia aos empregados que completassem cinco anos nas empresas.

Todavia, por melhor que tenha sido a ideia do legislador na criação do PIS e do PASEP, a concepção inicial mostrou-se ineficaz, pois a operacionalização dos

Fundos não representava tarefa das mais simples e o governo percebeu, com o tempo, que a sua parcela de contribuição, representada pelo PIS-DEDUÇÃO e pelo PASEP, estava fazendo falta no apertado e minguado orçamento federal.

A partir daí a legislação que regia o PIS/PASEP foi sendo adaptada, já bem diferente de sua versão original. O governo continuava aplicando recursos no Fundo do PIS/PASEP, por meio da parcela do PIS-DEDUÇÃO, sendo que sua destinação atendia principalmente a política de desenvolvimento econômico, realizada pelo Banco Nacional de Desenvolvimento Econômico (BNDE), na época ainda sem o S de Social. Por outro lado, crescia a reclamação por parte das empresas do desvirtuamento da finalidade principal do PIS/PASEP, definida na criação dessas contribuições.

A alteração mais significativa na estrutura e no funcionamento do PIS/PASEP ocorreu por ocasião da promulgação da Constituição Federal de 1988. As principais mudanças são sintetizadas a seguir:

a) O PIS/PASEP deixou de ser uma CONTRIBUIÇÃO PARAFISCAL, cujos recursos eram aplicados nas contas individuais dos trabalhadores, para ser uma CONTRIBUIÇÃO SOCIAL, com seus recursos direcionados para pagamento do seguro-desemprego, uma remuneração provisória (em torno de seis meses) aos trabalhadores que perdessem seus empregos.

b) O trabalhador que possuía conta individual no PIS/PASEP permaneceu com seu direito adquirido, recebendo anualmente o equivalente aos juros sobre o saldo e podendo utilizar este saldo por ocasião de sua aposentadoria. As contas não mais receberam depósitos a partir da Constituição de 1988.

c) Já quem entrou no mercado de trabalho a partir de 5/OUT/88, não teria direito aos juros anuais, pelo simples fato da conta não receber depósitos regulares, aliás este trabalhador não teria a conta individual.

d) O empregado com carteira assinada e salário mensal de até dois salários mínimos tem direito anualmente a um abono, no valor de um salário mínimo.

No início de 1990, pouco mais de um ano após a promulgação da constituição, foi criado o Fundo de Amparo ao Trabalhador (FAT), que representou o instrumento de operacionalização do programa de seguro-desemprego. Esse programa foi necessário devido, principalmente, ao elevado aumento nos índices de desemprego no país na segunda metade da década de 1980.

Portanto, a partir da mudança na Constituição, a finalidade expressa do PIS/PASEP passou a ser o custeio do programa de seguro-desemprego e do abono anual. As empresas foram escolhidas como contribuintes pelo fato de serem elas que oneram o programa de seguro-desemprego e o abono anual, na medida em que demitem seus empregados, devendo contribuir para um programa de apoio ao cidadão desempregado.

A interpretação do legislador constituinte foi que, caso não existisse o PIS/PASEP, cada empresa deveria arcar com o pagamento de um determinado valor que garantisse aos desempregados uma quantia mínima por certo período. Além do mais, há a determinação na Constituição de uma contribuição adicional para as empresas que mais demitirem seus empregados, por entender o legislador que essas empresas oneram mais o custo do seguro-desemprego.

Nesse novo formato, a contribuição do governo para o PIS, que era feita via PIS-DEDUÇÃO, deixaria definitivamente de existir, permanecendo apenas a contribuição das empresas públicas e privadas. Esse fato desagradou em muito a classe empresarial, que continuava arcando, na prática, com uma contribuição cobrada diretamente sobre o faturamento, encarecendo ainda mais os preços dos produtos e serviços.

A partir de 1994, o governo começou a retirar uma parcela da contribuição para o PIS/PASEP da sua finalidade específica, determinada na Constituição Federal, criando mecanismos como o Fundo de Estabilização Fiscal e o Fundo Social de Emergência, que destinavam parte da arrecadação da contribuição para compor o orçamento federal, sem vinculação específica.

O grande salto qualitativo ocorreu no final de 1998, com a Lei nº 9.718. Assim, a partir de FEV/99, as contribuições ao PIS/PASEP foram cobradas sobre todas as receitas obtidas pelas empresas. A legislação, de forma arbitrária, modificou o conceito de faturamento, definindo-o como correspondente à Receita Bruta. E, pior, definiu receita bruta como a totalidade das receitas auferidas pela pessoa jurídica.

Discussões jurídicas à parte, o PIS/PASEP foi cobrado então sobre todas as receitas obtidas pelas empresas, com algumas exclusões expressamente permitidas, referentes, principalmente, a receitas que não representam ingresso efetivo de dinheiro para a empresa.

A partir de DEZ/02, o PIS/PASEP passou a ser cobrado pelo método não cumulativo para as empresas que utilizam o lucro real como forma de tributação. As empresas tributadas pelo lucro presumido ou com seu lucro arbitrado permaneceram calculando PIS/PASEP no formato anterior.

As principais mudanças definidas para o método não cumulativo foram as seguintes:

a) A alíquota do PIS/PASEP passou de 0,65% para 1,65%.

b) A empresa pode utilizar créditos permitidos em lei para deduzir o PIS/PASEP a pagar, com a alíquota majorada.

Cap. 1 • ESTRUTURA CONCEITUAL E ASPECTOS BÁSICOS DO PIS/PASEP

Em 2009, por meio da Lei nº 11.941/09, houve a revogação do dispositivo da Lei nº 9.718/98 que alargava a base de cálculo para o total de receitas. Com isso, a partir de JUN/09, a base para cálculo da contribuição para o PIS/PASEP para as empresas tributadas pelo lucro presumido passou a ser novamente a receita bruta.

No quadro a seguir, veja como é a cobrança do PIS/PASEP no primeiro semestre de 2018 no Brasil.

LUCRO REAL MÉTODO NÃO CUMULATIVO	PRESUMIDO + ARBITRADO MÉTODO CUMULATIVO
BASE DE CÁLCULO ✓ (+) Receita Bruta ✓ (+) Outras receitas (– algumas) ✓ (–) Créditos permitidos em lei (basicamente, compras e alguns gastos utilizados)	BASE DE CÁLCULO Apenas Receita Bruta
ALÍQUOTA DE 1,65%	ALÍQUOTA DE 0,65%

• Em ambos os métodos são excluídos da receita bruta os seguintes itens:
  ✓ Vendas canceladas ou devolvidas e descontos incondicionais concedidos.
  ✓ IPI e ICMS ST, quando registrados em receita.
  ✓ Vendas de mercadorias ao exterior.
  ✓ Prestação de serviços a Pessoa Física/Jurídica domiciliada no exterior (recebido em moeda estrangeira).
• Algumas receitas financeiras são tributadas, com alíquota de 0,65%, mas apenas no MÉTODO NÃO CUMULATIVO (para empresas do lucro real).
• Entidades imunes e isentas pagam o PIS sobre o valor mensal da folha de pagamento, com alíquota de 1%.	

O modelo apresentado na tabela é o que está em vigor no fechamento desta edição, em ABR/18.

Existe atualmente um complexo modelo de cálculo, tanto do PIS/PASEP como da COFINS, em função da atividade de cada contribuinte e da composição de sua cadeia produtiva. Ao longo do livro, serão apresentados alguns relevantes detalhes de setores específicos, como instituições financeiras, seguradoras, petróleo, bebidas, higiene, dentre outros.

1.2 PERSPECTIVAS PARA O FUTURO DO PIS/PASEP

A arrecadação do PIS/PASEP de R$ 58,5 bilhões em 2017 representou 2,7% do total de tributos arrecadados no Brasil. Este percentual mostra a importância da contribuição para o orçamento público federal.

Além disso, os recursos do PIS/PASEP são destinados a programas vinculados ao Ministério do Trabalho, sendo importante instrumento no combate ao desemprego, um inimigo cada vez maior do mundo globalizado e o Brasil não é exceção, tendo sofrido muito nos últimos anos.

A necessidade de reforma tributária no Brasil é urgente, mas as propostas vêm de longa data e nada de realmente relevante acontece. Por exemplo, o Poder Executivo apresentou, em FEV/08, uma Proposta de Emenda Constitucional (PEC 233/08), com objetivo de modificar o sistema tributário nacional. A PEC nº 233 tinha méritos, embora o texto original fosse tão confuso como é o atual modelo tributário existente.

De forma resumida, as mudanças práticas seriam as seguintes:

1. A extinção, no segundo ano após a aprovação da Reforma, de cinco tributos e a criação de um novo imposto sobre o valor adicionado (IVA-F), mantendo neutra a arrecadação. Neste sentido, seriam extintas a COFINS, a Contribuição para o PIS, a CIDE-Combustíveis e a Contribuição sobre folha para o Salário Educação, cuja receita seria suprida pelo IVA-F.
2. Extinção da CSLL, que seria incorporada pelo IRPJ.
3. Unificação das 27 legislações estaduais do ICMS em uma única legislação. A mudança será feita com a extinção do atual ICMS e a criação de um "Novo ICMS", que teria a mesma abrangência em termos de mercadorias e serviços do atual. No novo imposto, que continuaria sendo cobrado pelos estados, as alíquotas seriam nacionalmente uniformes e fixadas pelo CONFAZ, com revisão e aprovação do Senado Federal.
4. Redução do INSS patronal de 20% para 14%, sendo 1% ao ano. Antes de esta redução ser implantada, seriam realizados estudos para avaliar o impacto nas contas (já combalidas) da previdência social.

Portanto, teoricamente, as contribuições para o PIS/PASEP e a COFINS seriam extintas. Na terceira edição, que foi publicada no final de 2008, eu dizia que a junção de PIS, COFINS, CIDE-Combustíveis e Salário Educação numa única contribuição não seria tarefa das mais simples, em função do direcionamento específico dos recursos de cada tributo. Mais de cinco anos se passaram até o fechamento da edição anterior (quarta) e o projeto continuou engavetado.

Desde o final de 2012 a mídia anunciou que a equipe econômica do governo federal trabalhava em dois projetos relevantes:

1. a unificação do PIS e da COFINS;
2. o fim da cumulatividade para as empresas tributadas pelo lucro presumido.

Veja matéria publicada em *O Globo on-line* no dia 3/OUT/12:

REFORMA TRIBUTÁRIA PELAS BEIRADAS: GOVERNO QUER UNIFICAR PIS E COFINS

BRASÍLIA – Para estimular a economia – que já dá sinais de melhora, na avaliação da equipe econômica – o governo quer avançar em uma reforma tributária fatiada que estimule a competitividade e reduza os custos da indústria nacional. O assunto entrou na ordem do dia diante da constatação de que não há mais espaço fiscal para a concessão de incentivos, como a redução do IPI para veículos, móveis e linha branca, por exemplo; ou queda de juros nas linhas do BNDES, algumas já negativas.

A missão dada pela presidente Dilma Rousseff à equipe econômica é atacar a estrutura tributária brasileira "pelas beiradas" e ainda este ano. Técnicos da Fazenda e da Receita Federal trabalham em uma minuta para unificar e simplificar a cobrança das contribuições para a COFINS e o PIS.

– Não há muito o que fazer para estimular a economia, além das medidas já tomadas. A missão agora é tocar projetos mais estruturantes, como a unificação do PIS e da COFINS – disse uma fonte da equipe econômica.

Segundo fontes, o governo quer acabar com o regime cumulativo (que não gera crédito) do PIS e da COFINS. A ideia é manter apenas o sistema não cumulativo (que tem alíquota de 9,25%, somadas as duas contribuições) adotado pela maioria das empresas. Mas, para não prejudicar quem está no regime cumulativo (que paga alíquota de 3,65%), a proposta prevê a criação de duas ou três alíquotas diferenciadas.

As normas atuais são complexas e há várias exceções, insumos que não geram crédito, por exemplo, como nas atividades de propaganda e nos serviços de advogados. A proposta em estudo garante que todos os insumos passarão a gerar crédito, o que tende a aumentar o custo do governo federal, mas reduzirá os encargos e a burocracia para as empresas. A recomendação é não elevar a carga tributária, disse a fonte. A compensação para os cofres públicos viria com maior eficiência e mais facilidade para a Receita Federal fiscalizar.

Na edição anterior eu dizia aqui que não acreditava em simplificação, embora torcesse por ela, assim como a maior parte da população contribuinte. Pois bem, em 7/DEZ/15, o Ministério da Fazenda enviou à Casa Civil um Projeto de reforma do PIS/PASEP. O texto afirmava que a reforma completa seria realizada em três etapas:

1. reforma do PIS/PASEP;
2. reforma da COFINS;
3. unificação dos tributos sobre consumo.

Inicialmente, apenas o PIS/PASEP seria modificado. A ideia seria fazer o teste na contribuição que tem alíquota menor para, posteriormente, estender a mudança para a COFINS. A promessa foi que não haveria aumento de carga tributária. A proposta estava centrada em três tópicos:

- Simplificação do Modelo. Todas as empresas seriam tributadas pelo método não cumulativo.
- Aumentaria a base de créditos, permitindo dedução de (praticamente) toda despesa, custo ou aquisição que tenha PIS embutido (cobrado).

- O Projeto dizia que seriam aplicadas três alíquotas:
  - MODAL – Deveria ser a atual (1,65%);
  - INTERMEDIÁRIA;
  - REDUZIDA.

O mercado ficou apreensivo e tinha motivos para isso. Contudo, como você bem sabe, houve troca de governo durante o ano de 2016 e, inicialmente, parecia que as propostas seriam arquivadas. Contudo, durante o ano de 2017 e o primeiro trimestre de 2018, o Ministro da Fazenda Henrique Meirelles falou em reativar a proposta, por meio do envio de Medida Provisória ao Congresso Nacional. O título da matéria divulgada na página eletrônica *G1* diz tudo: GOVERNO PLANEJA NOVA REFORMA DE PIS/COFINS E PREOCUPA SETOR DE SERVIÇOS. Temos mais de 1 milhão de empresas no Brasil tributadas pelo lucro presumido e que pagam PIS e COFINS pelo método cumulativo. Estas empresas seriam afetadas pelas mudanças sugeridas pelo governo, sendo o setor de serviços o mais prejudicado, pelo menos teoricamente, por conta dos poucos créditos permitidos pela legislação tributária.

E assim vai o Brasil, carregando um sistema tributário totalmente inadequado, com uma multiplicidade de tributos cobrados sobre o consumo, seja na esfera federal, estadual ou municipal. E a pesada e complexa legislação que regula as contribuições para PIS/PASEP e COFINS está caminhando para terminar o primeiro semestre de 2018 sem perspectiva efetiva de simplificação e integração com os impostos sobre o consumo (ISS, IPI e ICMS). Não tenha dúvida leitor, o desorganizado, arcaico e complexo sistema tributário nacional é um dos principais motivos que dificulta o desenvolvimento econômico e social do Brasil. Não é o único problema nem sua reforma representará a solução de todos os problemas existentes por aqui. Mas seria um belo começo promover uma mudança completa, estruturada, com o interesse público prevalecendo sobre os casos individuais, pelo menos no campo tributário. Tomara que essa reforma completa aconteça logo. Mesmo não acreditando, vamos torcer.

1.3 ARRECADAÇÃO E RELEVÂNCIA DE PIS E COFINS PARA O PAÍS

As contribuições para PIS/PASEP e COFINS têm peso relevante na composição da carga tributária nacional. Conforme divulgação da própria RFB, a COFINS representa o quarto tributo em arrecadação do país, perdendo somente para ICMS, IR e a contribuição para a previdência social. E o PIS/PASEP fica em sétimo arrecadando menos que o FGTS e a CSLL além dos quatro primeiros.

A arrecadação dos dois tributos montou, em 2017, mais de R$ 277 bilhões, representando 13% da carga tributária e mais de 4% do PIB. Interessante é observar que essas contribuições não tinham peso relevante no passado, aumentaram muito no início do século e vêm perdendo espaço nos últimos anos. Veja a comparação na tabela a seguir e observe como as contribuições ganharam importância no orçamento federal até 2013 e como vêm perdendo espaço nos últimos anos.

ARRECADAÇÃO E RELEVÂNCIA DAS CONTRIBUIÇÕES							
PIS/PASEP + COFINS	1993	2000	2006	2010	2013	2015	2017
% sobre a CARGA TRIBUTÁRIA	9,8%	13,5%	14,1%	13,8%	14,3%	13,1%	13,0%
% sobre o PIB	2,5%	4,4%	5,0%	4,7%	4,7%	4,3%	4,1%

2
ESTRUTURA CONCEITUAL E ASPECTOS BÁSICOS DA COFINS

POR QUE LER ESTE CAPÍTULO? PARA:

- Conhecer os desdobramentos jurídicos da COFINS desde sua criação em 1991 até a instituição do método não cumulativo, vigente desde 2004 para empresas submetidas à tributação pelo lucro real.
- Entender com detalhes a decisão do STF em relação à exclusão do ICMS das bases de PIS e COFINS e seus desdobramentos a partir da modulação da decisão, ainda não feita pela suprema corte.

2.1 A CONSTITUIÇÃO E AS CONTRIBUIÇÕES SOCIAIS

A Constituição Federal autorizou a criação de contribuições sociais, com o objetivo de financiar a seguridade social (art. 195).

Os objetivos da seguridade social são os de assegurar os direitos relativos à saúde, à previdência e à assistência social. A Constituição define ainda que a seguridade social será financiada por toda a sociedade, de forma direta e indireta, com recursos provenientes dos orçamentos da União, dos estados (incluindo o Distrito Federal), dos municípios e das contribuições sociais cobradas sobre:

a) folha de salários e demais rendimentos do trabalho (INSS);
b) lucro (Contribuição Social sobre o Lucro);
c) receita ou faturamento (COFINS).

2.2 A COFINS NO SISTEMA TRIBUTÁRIO NACIONAL E SEUS PROBLEMAS JURÍDICOS

No final de 1991, via Lei Complementar nº 70/91 foi criada a Contribuição para Financiamento da Seguridade Social (COFINS), com o objetivo de tributar o faturamento mensal das empresas.

A COFINS possuía, inicialmente, as mesmas características do antigo FINSOCIAL, ou seja, sua cobrança era sobre o faturamento, representada pelas receitas de vendas e serviços de todas as pessoas jurídicas, exceto as sociedades cooperativas, sociedades civis de profissão regulamentada e as entidades beneficentes de assistência social. As instituições financeiras e equiparadas também não eram contribuintes da COFINS, mas pagavam alíquota mais elevada de contribuição social sobre o lucro em relação às demais pessoas jurídicas.

A partir de ABR/97, as sociedades de profissão regulamentada foram incluídas entre as empresas contribuintes da COFINS (art. 56 da Lei nº 9.430/96).

A partir de FEV/99, a COFINS sofreu o mesmo acréscimo do PIS/PASEP, sendo cobrada sobre todas as receitas em vez de sobre o faturamento (receita bruta) como foi até janeiro daquele ano. Além disso, sua alíquota que era de 2% passou para 3%, sendo que no primeiro ano da nova alíquota (1999) foi possível compensar o acréscimo percentual de 1% com a CSLL.

A ampliação da base de cálculo tem algumas discussões jurídicas. A principal é que a Constituição autorizou a cobrança de COFINS sobre o faturamento, enquanto a lei ordinária definiu sua base de cálculo como o total de receitas. Quando a Lei nº 9.718/98 ampliou a base da contribuição para o total de receitas obtidas pelas empresas, a Constituição em vigor permitia apenas a cobrança de contribuição sobre o faturamento. Portanto, o alargamento da base foi inconstitucional. A situação foi reconhecida no final de 2005 pelo Supremo Tribunal Federal, órgão máximo da justiça brasileira. No final deste capítulo, o assunto será tratado com mais detalhes.

Mas a COFINS, desde sua criação, teve como característica principal ser cumulativa, ou seja, cobrada em todas as etapas da produção, onerando assim o preço final do produto. Este modelo também é conhecido como tributação em cascata, explicado a seguir num exemplo numérico, comparando a contribuição com o ICMS.

Suponha a existência de uma cadeia produtiva com três empresas, dos setores primário, secundário e terciário. Será comparada a COFINS (alíquota de 3%) com o ICMS (alíquota padrão de 18%), desconsiderando os demais tributos, para fins de simplificação.

- Cia. Bélgica é empresa fabricante;
- Cia. Turquia é empresa atacadista; e
- Cia. Senegal é empresa varejista.

✓	A Cia. Bélgica industrializa um produto e vende para a Cia. Turquia por R$ 300.
✓	A Cia. Turquia compra o produto da Cia. Bélgica por R$ 300 e revende para a Cia. Senegal por R$ 400.
✓	A Cia. Senegal compra o produto da Cia. Turquia e revende para o consumidor final pelo preço de R$ 500.

O ICMS total recolhido será R$ 90 (18% sobre o valor final do produto, R$ 500), sendo que cada empresa recolhe apenas o que agrega ao produto. Já a COFINS será recolhida por R$ 36, com alíquota final de 7,2%, mais que o dobro de sua alíquota original.

ICMS: TOTAL RECOLHIDO DE R$ 90 (18% sobre R$ 500)		
(Cia. Bélgica: R$ 54	Cia. Turquia: R$ 18	Cia. Senegal: R$ 18)
COFINS: TOTAL RECOLHIDO DE R$ 36 (7,2% sobre R$ 500)		
(Cia. Bélgica: R$ 9	Cia. Turquia: R$ 12	Cia. Senegal: R$ 15)

Da forma como estava desenhada, a tributação da COFINS acabava punindo os produtos com cadeia produtiva mais longa. Durante os anos 1990, as empresas procuraram diminuir suas estruturas operacionais, reduzindo as etapas de distribuição dos produtos, para minimizar o impacto final da COFINS. Para a economia, representava diminuição no número de empregos, agravando ainda mais os problemas sociais do país.

Por exemplo, o minério de ferro vira ferro; o ferro vira aço; o aço vira lâmina de aço; a lâmina de aço vira porta de carro; a porta de carro é integrada ao carro; o carro é vendido para a concessionária. A COFINS, neste caso, seria cobrada em cada etapa da produção, inclusive na venda do automóvel para o consumidor final, sem dedução dos valores pagos nas etapas anteriores.

Portanto, os produtos com cadeia produtiva mais longa e margem agregada maior acabavam pagando alíquota final efetiva bem mais elevada que os 3% de alíquota nominal.

A COFINS pelo método não cumulativo seguiu o mesmo modelo do PIS/PASEP, entrando em vigor a partir de FEV/04, via Lei nº 10.833/03.

Assim como acontece com o PIS/PASEP, a COFINS tem cobrança diferenciada em alguns setores da atividade econômica, como instituições financeiras, seguradoras, operadoras de planos de saúde, petróleo, bebidas, dentre outros. Os detalhes sobre o método cumulativo e o não cumulativo e as atividades específicas serão apresentados nos próximos capítulos.

2.3 DECISÃO DO STF SOBRE AUMENTO NA BASE DE PIS E COFINS

O Supremo Tribunal Federal – STF, em NOV/05, julgou inconstitucional a ampliação da base de cálculo definida na Lei nº 9.718/98, relativamente à Contribuição para o PIS/PASEP e a COFINS. A discussão no Plenário do STF, acerca da Lei nº 9.718/98 envolvia duas questões:

1. a majoração da base de cálculo do PIS e da COFINS em função da ampliação do conceito de faturamento (§ 1º do art. 3º, posteriormente revogado pela Lei nº 11/941/09 a partir de JUN/09); e
2. o aumento da alíquota da COFINS de 2% para 3% (art. 8º).

O STF, no julgamento dos Recursos Extraordinários nº 346.084/PR, nº 357.950/RJ, nº 358.273/RS e nº 390.840/MG, reconheceu a inconstitucionalidade da alteração trazida pela Lei nº 9.718/98 apenas para o primeiro item, com resultado (6 × 4) a favor do contribuinte, desconsiderando o alargamento da base, conforme previsto no § 1º do art. 3º. Já o aumento da alíquota de 2% para 3% foi considerado constitucional, com derrota dos contribuintes por 8 a 2.

Apresentamos a seguir alguns trechos do voto proferido pelo Ministro Cezar Peluso no julgamento do RE nº 346.084/PR:

> *"1. O presente julgamento tem por objeto a questão da constitucionalidade da majoração da base de cálculo da COFINS, nos termos dos arts. 2º e 3º da Lei Federal nº 9.718/98. (...)*
>
> *No caso, a norma constante do texto atual do art. 195, I, b, da Constituição da República, na redação da EC nº 20/98, embora conciliável com o disposto no art. 3º, § 1º, da Lei 9.718/98, não o poderia convalidar nem receber, porque mareado de nulidade original insanável, oriunda de contraste com regra constitucional vigente ao tempo de sua edição, como, aliás, também advertiu, no parecer já citado, o Min. JOAQUIM BARBOSA: (...)*
>
> *Parece-me, ao depois, evidentíssimo que a edição da EC nº 20/98 constitui em si mesma o reconhecimento formal e a prova decisiva da inconstitucionalidade da Lei nº 9.718/98 e das diferenças técnico-jurídicas e semânticas entre as noções de faturamento e receita: (...)*
>
> *Por todo o exposto, julgo inconstitucional o § 1º do art. 3º da Lei nº 9.718/98, por ampliar o conceito de receita bruta para 'toda e qualquer receita', cujo sentido afronta a noção de faturamento pressuposta no art. 195, I, da Constituição da República, e, ainda, o art. 195, § 4º, se considerado para efeito de nova fonte de custeio da seguridade social."*

2.4 DESDOBRAMENTOS DO JULGAMENTO DO STF

A princípio, a União deveria arrecadar menos, pois voltaria a valer a disposição da Lei Complementar nº 70/91, ou seja, a COFINS deveria incidir sobre o

Cap. 2 • ESTRUTURA CONCEITUAL E ASPECTOS BÁSICOS DA COFINS

faturamento, entendido como os valores decorrentes da venda de mercadorias e serviços, não se considerando receita de natureza diversa. Com isso, as receitas financeiras, objeto principal do questionamento, ficaram de fora do campo da incidência. Além disso, não seriam mais tributadas todas as demais receitas obtidas pelas empresas, que não integravam seu objeto social.

No entanto, importante lembrar aos contribuintes que:

a) a decisão somente beneficiou as empresas autoras dos recursos extraordinários já julgados; e

b) os contribuintes que não ingressaram com ações deveriam ter entrado, pois certamente lograriam êxito ao final.

Conforme previsão constitucional, o Supremo poderia ter comunicado ao Senado Federal a decisão, para que o Legislativo providenciasse a suspensão da parte declarada inconstitucional, e, aí sim, a decisão passaria a valer para todos.

No entanto, é relevante lembrar que a decisão do STF não serviu como base para que todas as empresas deixassem de recolher as contribuições sobre as demais receitas, sob pena de autuação do Fisco federal.

Até que o § 1º do art. 3º da Lei nº 9.718/98 fosse retirado do nosso ordenamento jurídico, salvo se amparado por decisões específicas, na qual a empresa fizesse parte, as contribuições deveriam continuar a ser pagas como definido na lei. Apenas para lembrar, o dispositivo foi revogado pela Lei nº 11.941/09, com validade a partir de JUN/09.

Contudo, as empresas submetidas à tributação pelo lucro real e que ingressaram com ações (ou, se o Senado tivesse retirado da ordem jurídica a parte inconstitucional da Lei nº 9.718/98) teriam direito de restituição em relação aos valores pagos a maior no seguinte período:

> • **PIS**: de FEV/99 a NOV/02 (Lei nº 10.637/02, válida desde DEZ/02, validando os efeitos da MP 66/02).
> • **COFINS**: de FEV/99 a JAN/04 (Lei nº 10.833/03, válida desde FEV/04, validando os efeitos da MP nº 135/03).

Portanto, as leis citadas no quadro instituíram o regime não cumulativo exclusivamente para as empresas optantes pelo lucro real, determinando para as empresas que utilizam o lucro presumido o cálculo e recolhimento com base na Lei nº 9.718/98. Com isso, alguns tributaristas entendem que a limitação de período se refere apenas às empresas tributadas pelo método não cumulativo, não alcançando as empresas tributadas por PIS e COFINS com as regras cumulativas, ou seja, alíquotas de 0,65% e 3%, respectivamente, sem possibilidade de uso de créditos.

Teoricamente, as empresas tributadas pelo lucro presumido ou com o lucro arbitrado deveriam pagar PIS e COFINS com base nas regras vigentes nas Leis nº

9.715/98 e LC nº 70/91, respectivamente. E os normativos determinam o pagamento das contribuições apenas sobre a receita bruta e não sobre o total de receitas.

QUADRO RESUMO PARA ENTENDER A INCONSTITUCIONALIDADE DE PARTE DA LEI Nº 9.718/98

✓ **CF 1988 – art. 195, de 5/OUT/88**
AUTORIZA A COBRANÇA DE CONTRIBUIÇÃO SOCIAL SOBRE O FATURAMENTO

✓ **LEI COMPLEMENTAR nº 70/91, de 30/DEZ/91**
INSTITUI A COFINS, SOBRE A RECEITA BRUTA, COM ALÍQUOTA DE 2% E ISENÇÃO PARA INSTITUIÇÕES FINANCEIRAS E SOCIEDADES CIVIS DE PRESTAÇÃO DE SERVIÇOS PROFISSIONAIS RELATIVOS AO EXERCÍCIO DE PROFISSÃO REGULAMENTADA.

✓ **LEI nº 9.430/96, de 27/DEZ/96 (art. 56)**
REVOGA A ISENÇÃO CONCEDIDA A SOCIEDADES CIVIS DE PROFISSÃO REGULAMENTADA.

✓ **LEI nº 9.718/98, de 27/NOV/98**
AMPLIA A BASE DA COFINS, INCLUINDO AS DEMAIS RECEITAS NA BASE DE CÁLCULO, SEM AUTORIZAÇÃO DA CARTA MAGNA. ELEVA A ALÍQUOTA DE 2% PARA 3%.

✓ **EMENDA CONSTITUCIONAL nº 20/98, de 15/DEZ/98**
MODIFICA O ART. 195 DA CONSTITUIÇÃO FEDERAL, INCLUINDO O TERMO <u>RECEITA</u> AO TERMO <u>FATURAMENTO</u>, NA AUTORIZAÇÃO DE COBRANÇA DE CONTRIBUIÇÕES SOCIAIS.

✓ **LEI nº 10.833/03, de 29/DEZ/03**
INSTITUI A COBRANÇA DA COFINS SOBRE A TOTALIDADE DAS RECEITAS, COM ALÍQUOTA DE 7,6%, NÃO VALENDO PARA EMPRESAS TRIBUTADAS PELO LUCRO PRESUMIDO (TAMBÉM LUCRO ARBITRADO E ENTIDADES IMUNES), QUE CONTINUAM CALCULANDO A COFINS COM BASE NAS LEIS ANTERIORES.

✓ **LEI nº 11.941/09, de 27/MAI/09**
REVOGOU O § 1º DO ART. 3º DA LEI nº 9.718/98. COM ISSO, A PARTIR DE JUN/09 EXISTEM, REGRA GERAL, DUAS FORMAS DE TRIBUTAÇÃO DA COFINS:

⇨ LUCRO PRESUMIDO OU LUCRO ARBITRADO. Estas empresas pagam COFINS pela alíquota de 3% sobre a receita bruta, com algumas deduções permitidas. As demais receitas não integram a base.

⇨ LUCRO REAL. Estas empresas pagam COFINS pela alíquota de 7,6% sobre o total de receitas, incluindo receita bruta e demais receitas, com algumas deduções permitidas. Há dedução também de créditos permitidos, referente a compras de estoques, imobilizado e algumas despesas. As receitas financeiras voltaram a ser tributadas a partir de JUL/15.

2.5 NOVA POLÊMICA JURÍDICA: O ICMS FORA DAS BASES DE PIS E COFINS

O Plenário do STF decidiu em 15/MAR/17 que o ICMS não integra a base de cálculo das contribuições para PIS/PASEP e COFINS. Na decisão, por maioria, que finalizou o julgamento do Recurso Extraordinário (RE) nº 574.706, com repercussão geral reconhecida, os ministros entenderam que o valor arrecadado a título de ICMS não se incorpora ao patrimônio do contribuinte e, dessa forma, não pode integrar a base de cálculo dessas contribuições, que são destinadas ao financiamento da seguridade social.

Votaram a favor, além da relatora, ministra Cármen Lúcia, presidente do STF, os ministros Luiz Fux, Rosa Weber, Ricardo Lewandowski, Marco Aurélio e Celso de Mello. A tese de repercussão geral fixada foi a de que "O ICMS não compõe a base de cálculo para fins de incidência do PIS e da COFINS". O posicionamento do STF deverá ser seguido em mais de 10 mil processos sobrestados em outras instâncias.

O recurso analisado pelo STF foi impetrado pela empresa Imcopa Importação, Exportação e Indústria de Óleos Ltda. com o objetivo de reformar acórdão do Tribunal Regional Federal da 4ª Região (TRF-4) que julgou válida a inclusão do ICMS na base de cálculo das contribuições.

2.5.1 A QUE SE REFERE TAL POLÊMICA?

Para você, meu bom leitor, compreender bem a discussão e toda a polêmica que a cerca, vamos trabalhar com exemplo didático simples. Suponha que uma empresa comercial, tributada compre um produto por R$ 1.000 e revenda por R$ 1.500. Admita uma alíquota de ICMS de 18% na compra e na venda e aqui utilizaremos somente a COFINS, com alíquotas de 7,6% (não cumulativo) e 3% (cumulativo). Desconsiderando o PIS, o exemplo será analisado em duas situações:

EMPRESA TRIBUTADA PELO LUCRO PRESUMIDO (MÉTODO CUMULATIVO)

- <u>Pagou</u> COFINS de R$ 45,00 (1.500 × 3%).
- <u>Entende</u> que deveria pagar R$ 36,90 (1.230 × 3%) de COFINS.
- <u>Pede</u> Devolução de <u>R$ 8,10</u> (270,00 × 3%) ref. ICMS incluso no preço de venda.

Um ponto que merece análise e atenção é o seguinte: os valores da COFINS (e do PIS), na verdade, foram repassados, via repercussão, para o consumidor final. Então, na verdade, o valor da COFINS pago a maior, de R$ 8,10, deveria ser repassado a este consumidor. O art. 166 do Código Tributário Nacional (Lei nº 5.172/66) diz que "a restituição de tributos que comportem, por sua natureza, transferência do respectivo encargo financeiro somente será feita a quem prove haver assumido o referido encargo, ou, no caso de tê-lo transferido a terceiro, estar por este expressamente autorizado a recebê-la". Neste caso, a empresa comercial teria que obter autorização dos seus clientes para buscar judicialmente o valor de R$ 8,10.

EMPRESA TRIBUTADA PELO LUCRO REAL (MÉTODO NÃO CUMU-LATIVO)

- Pagou COFINS de R$ 38,00 (500 × 7,6%). Observe que a base de cálculo foi o preço de venda (1.500) menos a compra (1.000).
- Entende que deveria pagar R$ 17,48 (230 × 7,6%) de COFINS. A base de R$ 230 seria o preço de venda sem o ICMS (1.500 – 270 = 1.230) menos o valor da compra bruta de 1.000.
- Pede Devolução de R$ 20,52 (270,00 × 7,6%) ref. ICMS incluso no preço de venda.

Aqui, além do ponto apresentado na empresa tributada pelo método cumulativo, há outro aspecto ainda mais relevante: na compra, a empresa utilizou crédito de COFINS sobre o valor total da aquisição, e nesta compra também tinha o ICMS incluso no preço. Teoricamente, não faz sentido tal situação. Ora, há ICMS embutido no preço de venda, mas também tinha ICMS fazendo repercussão no preço de compra do produto. Mas os pedidos judiciais tratam apenas de retirar o ICMS nas vendas.

Portanto, no exemplo didático, o entendimento é de que a empresa deveria retirar o ICMS também na entrada da mercadoria. Assim, o questionamento seria o seguinte:

- Pagou COFINS de R$ 38,00 (500 × 7,6%).
- Entende que deveria pagar R$ 31,16 (410 × 7,6%) de COFINS. O valor de R$ 410 foi obtido retirando o ICMS tanto na venda quanto na compra (1.230 da venda menos 820 da compra).
- Deveria receber de volta R$ 6,84 (90,00 × 7,6%) ref. ICMS líquido entre a venda e os itens que geraram crédito de COFINS (270 de ICMS na venda menos ICMS de 180 pago na compra).

No exemplo didático, considerei somente compra e venda. No mundo real, todos os créditos deveriam ser analisados. Por exemplo, a energia elétrica gera crédito de PIS e COFINS no método não cumulativo. E o ICMS tem peso significativo nesta conta. Então, para fazer o trabalho correto, os créditos de energia elétrica deveriam ser reavaliados, extraindo o ICMS incluído na conta do cálculo dos créditos de PIS e COFINS.

2.5.2 COMO FICA A APURAÇÃO DE PIS E COFINS COM A DECISÃO

Uma vez batido o martelo na corte suprema, a base de cálculo terá que ser revista pelas leis que regem as contribuições. Contudo, o STF não modulou sua

Cap. 2 • ESTRUTURA CONCEITUAL E ASPECTOS BÁSICOS DA COFINS

decisão, deixando indefinição no ar sobre a aplicação dos efeitos, se retroativos ou apenas a partir de 2018.

Para você compreender o que é a modulação da decisão, precisamos chegar à Lei nº 9.868/99, que dispõe sobre o processo e julgamento da ação direta de inconstitucionalidade e da ação declaratória de constitucionalidade perante o STF. O art. 27 da lei diz o seguinte:

> *"Ao declarar a inconstitucionalidade de lei ou ato normativo, e tendo em vista razões de segurança jurídica ou de excepcional interesse social, poderá o Supremo Tribunal Federal, por maioria de dois terços de seus membros, restringir os efeitos daquela declaração ou decidir que ela só tenha eficácia a partir de seu trânsito em julgado ou de outro momento que venha a ser fixado."*

Caso dê provimento a pleito dessa natureza, a suprema corte poderá indicar um marco temporal (conforme pedido elaborado pela União Federal) para que a decisão favorável possa ser aplicada aos contribuintes, mesmo aqueles que tenham ação em curso, o que poderia, em tese, gerar o não reconhecimento de parte dos valores a que se busca restituir, ou, em remota hipótese, de todos os valores questionados. A preocupação do STF na modulação dos efeitos seria, no caso, a de minimizar os impactos financeiros decorrentes da decisão no caixa do Governo Federal, já que tal discussão envolve valores elevados a serem restituídos a muitos contribuintes.

Até o fechamento desta edição (ABR/18), a decisão não foi divulgada. Quando sair, os aspectos mais relevantes e que modifiquem o que foi apresentado aqui poderão ser obtidos por meio de vídeos divulgados no Canal do Pêgas no YouTube e no canal GEN | Atlas.

3

PIS E COFINS NAS EMPRESAS SUBMETIDAS À TRIBUTAÇÃO PELOS LUCROS PRESUMIDO OU ARBITRADO

POR QUE LER ESTE CAPÍTULO? PARA:

- Calcular corretamente PIS e COFINS nas empresas submetidas à tributação pelo lucro presumido. Há três exemplos didáticos com diferentes situações.
- Compreender a importância do registro contábil adequado em todas as operações, principalmente nas vendas realizadas com cartões de débito e crédito.
- Saber retirar das bases de PIS e COFINS algumas receitas que não devem ser tributadas.

3.1 LEIS VIGENTES PARA PIS E COFINS DE EMPRESAS TRIBUTADAS PELO LUCRO PRESUMIDO OU COM O LUCRO ARBITRADO

A Lei nº 10.833/03, em seu art. 10, diz que as empresas tributadas pelo lucro presumido ou pelo lucro arbitrado NÃO devem calcular COFINS com base nas regras definidas nos art. 1º ao 8º desta lei, permanecendo em vigor as leis anteriores.

A mesma regra se aplica ao PIS, conforme definido na Lei nº 10.637/02.

O normativo anterior que regula as contribuições é a Lei nº 9.718/98, com modificações relevantes da Medida Provisória nº 2.158-35/01. A Lei nº 9.718/98 diz nos seus arts. 2º e 3º que as contribuições para PIS/PASEP e COFINS devem ser calculadas com base no faturamento, entendido este como a receita bruta da pessoa jurídica. O § 1º do art. 3º, que causou toda a confusão durante alguns anos, foi revogado pela Lei nº 11.941/09 desde JUN/09.

Portanto, para compreender e interpretar a enorme e confusa legislação que regula PIS e COFINS das empresas tributadas pelo lucro presumido ou com seu lucro arbitrado recomenda-se a leitura das seguintes leis:

PIS/PASEP	➔ Lei n° 9.715/98, Lei n° 9.718/98, MP n° 2.158-35/01 e Lei n° 12.973/14.
COFINS	➔ LC n° 70/91, Lei n° 9.718/98, MP n° 2.158-35/01 e Lei n° 12.973/14.

Estas são as leis principais. Existem outros normativos que complementam a legislação para estas empresas, mas a base pode ser encontrada nas leis citadas.

3.2 BASE DE CÁLCULO

Portanto, desde junho de 2009, PIS e COFINS de empresas submetidas ao lucro presumido ou com seu lucro arbitrado são calculadas com base apenas na receita bruta da empresa, com as seguintes exclusões permitidas:

a) as vendas canceladas;

b) os descontos incondicionais concedidos; e

c) o IPI e o ICMS, quando cobrado pelo vendedor dos bens ou prestador dos serviços na condição de substituto tributário (ICMS ST).

Além disso, nem toda receita bruta será tributada pela COFINS. Há alguns itens que possuem isenção ou exclusão permitida pela Lei n° 9.718/98 e pela MP n° 2.158-35/01. Então, são extraídas (retiradas) da base, as receitas oriundas:

a) de exportação de mercadorias para o exterior;

b) dos serviços prestados a pessoa física ou jurídica residente ou domiciliada no exterior, cujo pagamento represente ingresso de divisas;

c) de vendas, com fim específico de exportação para o exterior, a empresas exportadoras registradas na Secretaria de Comércio Exterior do Ministério do Desenvolvimento, Indústria e Comércio Exterior;

d) de vendas e revendas de produtos com alíquota zero; e

e) receitas com revendas de produtos com tributação monofásica ou concentrada.

Então, o profissional responsável pelo cálculo nas empresas tributadas pelo lucro presumido deve montar seu plano de contas, preferencialmente, da seguinte forma (admitindo o n° 6 para as contas de receita):

Cap. 3 • PIS E COFINS NAS EMPRESAS SUBMETIDAS À TRIBUTAÇÃO PELOS LUCROS

PLANO DE CONTAS SUGERIDO (EMPRESA COMERCIAL)
(EMPRESA COM ATIVIDADE COMERCIAL E DE SERVIÇOS)

6	**RECEITAS**
6.1	**Receita Bruta de Revendas**
6.1.1	**Revendas no Mercado Interno**
6.1.1.1	**Produtos com Tributação Normal**
6.1.1.1.1	Revendas
6.1.1.1.2	(–) Descontos Incondicionais Concedidos (retificadora)
6.1.1.1.3	(–) Devolução de revendas (retificadora)
6.1.1.2	**Produtos com Tributação Monofásica**
6.1.1.2.1	Revendas
6.1.1.2.2	(–) Descontos Incondicionais Concedidos (retificadora)
6.1.1.2.3	(–) Devolução de revendas (retificadora)
6.1.1.3	**Produtos com Alíquota Zero**
6.1.1.3.1	Revendas
6.1.1.3.2	(–) Descontos Incondicionais Concedidos (retificadora)
6.1.1.3.3	(–) Devolução de revendas (retificadora)
6.1.2	**Revendas no Mercado Externo**
6.1.2.1	Produtos em Geral
6.1.2.2	(–) Descontos Incondicionais Concedidos (retificadora)
6.1.2.3	(–) Devolução de revendas (retificadora)
6.2	**Receita Bruta com Prestação de Serviços**
6.2.1	Pessoas Físicas e Jurídicas Domiciliadas no Brasil
6.2.2	**Pessoas Físicas e Jurídicas Domiciliadas no Exterior**
6.2.2.1	Com Recebimento em Reais
6.2.2.2	Com Recebimento em Moeda Conversível

Em **negrito**, as contas sintéticas, que não podem receber registros contábeis.

A base de cálculo das contribuições seria obtida considerando as contas 6.1 e 6.2, excluindo em seguida as receitas não tributadas (6.1.1.2 + 6.1.1.3 + 6.1.2 + 6.2.2.2).

No plano de contas, considerei que a empresa contabiliza o IPI e o ICMS ST diretamente no passivo, com os dois impostos não transitando pelo resultado. Se isso acontecesse, o plano de contas deveria prever as contas 6.1.3 e 6.1.4 para o valor do IPI e do ICMS ST, com natureza devedora, sendo contas retificadoras, com a mesma lógica da conta de devoluções. Estas contas (IPI e ICMS ST) seriam excluídas das bases de PIS e COFINS.

Na prática, a base de cálculo das contribuições consideraria somente as seguintes contas:

✓	6.1.1.1	Produtos com Tributação Normal
✓	6.2.1	Pessoas Físicas e Jurídicas Domiciliadas no Brasil (P. Serviços)
✓	6.2.2.1	Com Recebimento em Reais (P. Serviços)

3.3 REDEFINIÇÃO DO CONCEITO DE RECEITA BRUTA

O tema RECEITA BRUTA é muito importante na análise das contribuições para PIS/PASEP e COFINS, por ser o principal item considerado na base das duas contribuições. O tema é tratado em diversos normativos na legislação tributária, mas também consta no Decreto-lei nº 1.598/77 e sempre causou polêmica sobre o que entra e o que não entra no item denominado Receita Bruta. A Lei nº 12.973/14 ajustou o Decreto-lei, com objetivo de esclarecer a polêmica. Vejamos inicialmente as normas (original e modificada), depois a exposição de motivos e, por fim, nossos comentários.

LEI Nº 12.973/14 – ART. 2º – ALTERAÇÕES NO DECRETO-LEI Nº 1.598/77	
TEXTO ORIGINAL	**TEXTO AJUSTADO LEI Nº 12.973/14**
Art. 12. A receita bruta das vendas e serviços compreende o produto da venda de bens nas operações de conta própria e o preço dos serviços prestados.	Art. 12. A receita bruta compreende: I – o produto da venda de bens nas operações de conta própria; II – o preço da prestação de serviços em geral; III – **o resultado auferido nas operações de conta alheia**; e IV – **as receitas da atividade ou objeto principal da pessoa jurídica, não compreendidas nos incisos I a III**.
§ 1º A receita líquida de vendas e serviços será a receita bruta diminuída das vendas canceladas, dos descontos concedidos incondicionalmente e dos impostos incidentes sobre vendas.	§ 1º A receita líquida será a receita bruta diminuída de: I – devoluções e vendas canceladas; II – descontos concedidos incondicionalmente; III – **tributos sobre ela incidentes**; e IV – **valores decorrentes do ajuste a valor presente, de que trata o inciso VIII do *caput* do art. 183 da Lei nº 6.404/76, das operações vinculadas à receita bruta.**
§ 2º – O fato de a escrituração indicar saldo credor de caixa ou a manutenção, no passivo, de obrigações já pagas, autoriza presunção de omissão no registro de receita, ressalvada ao contribuinte a prova da improcedência da presunção.	§ 2º – O fato de a escrituração indicar saldo credor de caixa ou a manutenção, no passivo, de obrigações já pagas, autoriza presunção de omissão no registro de receita, ressalvada ao contribuinte a prova da improcedência da presunção.
§ 3º – Provada, por indícios na escrituração do contribuinte ou qualquer outro elemento de prova, a omissão de receita, a autoridade tributária poderá arbitrá-la com base no valor dos recursos de caixa fornecidos à empresa por administradores, sócios da sociedade não anônima, titular da empresa individual, ou pelo acionista controlador da companhia, se a efetividade da entrega e a origem dos recursos não forem comprovadamente demonstradas.(Redação dada pelo Decreto-lei nº 1.648, de 1978.)	§ 3º – Provada, por indícios na escrituração do contribuinte ou qualquer outro elemento de prova, a omissão de receita, a autoridade tributária poderá arbitrá-la com base no valor dos recursos de caixa fornecidos à empresa por administradores, sócios da sociedade não anônima, titular da empresa individual, ou pelo acionista controlador da companhia, se a efetividade da entrega e a origem dos recursos não forem comprovadamente demonstradas.(Redação dada pelo Decreto-lei nº 1.648, de 1978.)
§ 4º NÃO EXISTIA	**§ 4º Na receita bruta não se incluem os tributos não cumulativos cobrados, destacadamente, do comprador ou contratante pelo vendedor dos bens ou pelo prestador dos serviços na condição de mero depositário.**
§ 5º NÃO EXISTIA	**§ 5º Na receita bruta incluem-se os tributos sobre ela incidentes e os valores decorrentes do ajuste a valor presente, de que trata o inciso VIII do *caput* do art. 183 da Lei nº 6.404/76, das operações previstas no *caput*, observado o disposto no § 4º.**

A exposição de motivos da MP nº 627/13, que foi convertida na Lei nº 12.973/14, explica que o art. 12 foi alterado com o objetivo de aperfeiçoar a definição de receita bruta e de receita líquida.

Na verdade, esta alteração foi importantíssima para regulamentar e uniformizar o conceito de receita bruta na legislação tributária. Não há novidade na inclusão do resultado auferido nas operações de conta alheia. Este seria representado pelas comissões obtidas sobre representação de bens ou serviços de terceiros e o dispositivo já fazia parte da legislação, constando inclusive no atual Regulamento do IR (Decreto nº 3.000/99, art. 224).

Em síntese, o artigo diz que receita bruta é aquela obtida com a exploração da atividade descrita no contrato social ou estatuto da empresa, seja ela qual for: venda, revenda, serviços, locação, intermediação ou qualquer outro tipo. Tal dispositivo pode simplificar alguns questionamentos em relação a empresas com atividade principal envolvendo, por exemplo, locação de bens. O artigo deixa claro, também, que ICMS, PIS, COFINS e ISS integram a receita bruta, enquanto IPI e ICMS ST não. Se forem registrados como receitas, o IPI e o ICMS ST devem ser excluídos da base.

Em relação ao IPI, o entendimento é que este não representa receita efetiva para o industrial, que cobra o imposto do comerciante ou da pessoa física no momento da venda do produto. O mesmo se aplica ao ICMS ST. Caso o registro não considere estes impostos em receita, não há que se falar em exclusão, que só ocorre se IPI e ICMS ST forem registrados em receita.

Por exemplo, a Cia. São João é uma empresa industrial que opta pelo lucro presumido e vende um produto para uma empresa comercial por R$ 1.000, mais R$ 100 de IPI e R$ 50 de ICMS ST, com a venda total no valor de R$ 1.150. A empresa vendedora tem duas opções de REGISTRO contábil:

OPÇÃO 1: SEM REGISTRO DO IPI E ICMS ST NO RESULTADO

Débito: Caixa	R$ 1.150
Crédito: Receita de Vendas	R$ 1.000 ➡ No caso, não cabe exclusão nas bases do PIS e da COFINS.
Crédito: IPI a Recolher	R$ 100
Crédito: ICMS ST a Recolher	R$ 50

OPÇÃO 2: COM REGISTRO DO IPI E ICMS ST NO RESULTADO

Débito: Caixa	
Crédito: Receita de Vendas	R$ 1.150

No caso, o IPI Faturado e a Despesa de ICMS ST são excluídos das bases do PIS e da COFINS, fazendo com que o valor tributado seja de R$ 1.000.

Débito: IPI Faturado	
Crédito: IPI a Recolher	R$ 100

Débito: Despesa de ICMS ST	
Crédito: ICMS ST a Recolher	R$ 50

Outro dispositivo importante foi o relativo ao Ajuste a Valor Presente (AVP), que será utilizado nas vendas realizadas para recebimento acima de 12 meses e nas operações de curto prazo quando relevantes. Estes valores devem integrar a receita bruta, sendo extraídos para fins de apuração da receita líquida. Como a tributação de PIS, COFINS, IR e CSLL pelo lucro real (estimativa), presumido ou arbitrado alcança sempre a receita bruta e não a receita líquida, o legislador arrumou a casa para fins fiscais, definindo que o AVP deve ser deduzido da receita bruta. Por exemplo, suponha que uma empresa efetue a venda de mercadorias por R$ 100 para recebimento futuro e seu valor presente seja R$ 90. Deveria apresentar sua DRE da seguinte forma:

•	RECEITA BRUTA	100
•	(–) Deduções da RB – AVP	(10)
•	RECEITA LÍQUIDA	90

A receita utilizada nas bases de PIS e COFINS seria R$ 100, mesmo valor aplicado na base estimada (Lucro Real) e nas bases do lucro presumido e do lucro arbitrado, para aplicação dos percentuais de presunção (8% e 12% para vendas ou revendas ou 32% para prestação de serviços).

E no lucro real, o resultado também será apurado desconsiderando a separação do ajuste a valor presente, que deverá ser integrado ao resultado no mesmo período da receita ou despesa original. Neste caso, embora a receita líquida no mês da venda fosse R$ 90, a empresa deveria adicionar R$ 10 nas bases de IR e CSLL, conforme definição dos arts. 4º e 5º da Lei nº 12.973/14, que tratam do tema ajuste a valor presente.

Na prática, o AVP deve ser IGNORADO para fins tributários, como se não existisse. O problema legal é que, para dizer que ele deve ser IGNORADO é necessário informar que eventuais valores destacados da receita, a título de AVP, integram a base. Com isso, gera-se aquela dúvida: entra ou não entra na base? A verdade é que a lei diz que o AVP integra a base exatamente para que o ajuste não cause qualquer modificação na base de cálculo dos tributos.

3.4 REGIME DE RECONHECIMENTO DE RECEITAS

As empresas tributadas pelo lucro presumido podem utilizar o regime de caixa como base para pagamento das contribuições para PIS/PASEP e COFINS[1]. A empresa que mantiver escrituração apenas do livro-caixa deve observar o seguinte:

---

[1]   IN RFB nº 247/02, art. 14.

Cap. 3 • PIS E COFINS NAS EMPRESAS SUBMETIDAS À TRIBUTAÇÃO PELOS LUCROS

1. Emitir a nota fiscal quando da entrega do bem ou direito ou da conclusão do serviço.
2. Indicar no livro-caixa, em registro individual, a nota fiscal a que corresponder cada recebimento.

Portanto, a pessoa jurídica submetida ao regime de tributação com base no lucro presumido pode utilizar o regime de caixa no reconhecimento de suas receitas, mesmo que tenha escrituração contábil regular. No entanto, o regime de caixa, quando utilizado para fins da incidência das contribuições para o PIS/PASEP e COFINS, deve ser obrigatoriamente utilizado também em relação ao IRPJ e à CSLL.

A Consulta nº 13/10, respondida em MG (DISIT 6), explica que, regra geral, o regime de reconhecimento de receitas das empresas tributadas pelo lucro real é, em relação à COFINS, o regime de competência, não obstante a legislação tributária prever algumas exceções em que se faculta a utilização do regime de caixa.

A Consulta nº 116/12, respondida no RS (DISIT 10), diz que as pessoas jurídicas submetidas ao regime de tributação com base no lucro presumido que adotam o regime de caixa para fins de incidência da COFINS e descontam duplicatas junto a instituições financeiras apenas tributarão os valores provenientes da quitação desses títulos no momento do seu efetivo recebimento.

3.5 VALOR DA RECEITA NAS VENDAS COM CARTÕES DE DÉBITO E CRÉDITO

Com a popularização dos cartões de débito e crédito, os pagamentos em cheque e dinheiro diminuíram bastante. Observo em compras que faço em estabelecimentos comerciais diversos que muitas pessoas pagam, mesmo as compras de pequeno valor, com cartão de débito, seja o pão na padaria pela manhã, o café depois do almoço ou o lanche na saída de um dia de trabalho. Tem até vendedores de pipoca, balas e doces que já aderiram ao "dinheiro de plástico".

Mas aí surge a dúvida: como tratar estas vendas na contabilidade, base para o pagamento de tributos? Vamos desenvolver o raciocínio contábil-tributário, sem aprofundar a parte jurídica, mas fornecendo alguns subsídios para ajudar aos interessados.

Uma operação envolvendo cartão de crédito acontece da seguinte forma:

1º O consumidor adquire bens e serviços no estabelecimento utilizando cartão de crédito. Suponha compra de um produto em uma loja por R$ 25.

2º O estabelecimento "vende" a operação à operadora de cartão de crédito, sendo posteriormente reembolsado pelo valor da venda, menos a "taxa de desconto". Suponha um desconto de 4% (R$ 1).

3º A operadora de cartão de crédito, via sistema, submete a transação ao banco para pagamento.

4º   O banco paga ao estabelecimento, via operadora, descontando sua taxa. No exemplo hipotético, o banco pagará R$ 24 para a loja, normalmente num prazo próximo de 30 dias.

5º   Ao final, o portador do cartão de crédito deve pagar a compra de R$ 25 incluída na fatura pelos bens e serviços originalmente adquiridos.

No estabelecimento comercial (loja), a entrada de recursos monta R$ 24, mas a nota fiscal de vendas será de R$ 25, sendo R$ 1 o valor pago aos gestores do cartão (operadora e o banco e/ou a administradora).

No meu entender, a contabilidade deveria registrar, no momento da emissão da nota fiscal (dia da venda), o seguinte:

Débito: Contas a Receber – Cartões de Crédito	24
Débito: Despesa de Vendas	1
Crédito: Receita Bruta	25

A venda com cartão é uma conveniência para o estabelecimento comercial, facilitando a vida do cliente, que não precisa andar com dinheiro e, por extensão, da própria loja, que fica menos exposta em relação a assaltos e perdas. Esta conveniência é cobrada na forma de tarifa por parte da administradora do cartão, sendo uma receita desta, devendo ser considerada despesa da empresa comercial.

Para realizar a revenda de uma mercadoria, uma empresa comercial precisa de diversos gastos, alguns listados a seguir:

✓ custo da mercadoria adquirida (CMV);

✓ tributos cobrados sobre a receita bruta (ICMS, ISS, PIS, COFINS, INSS e CIDE);

✓ local para realizar a venda, o que inclui despesa de aluguel ou depreciação do imóvel, além das despesas de infraestrutura, como água, luz e telecomunicações (despesas administrativas);

✓ pessoas para atender o cliente (despesas de pessoal);

✓ propaganda, para o cliente conhecer o produto (despesas de vendas);

✓ frete (dependendo do tipo de produto), que será sempre cobrado do cliente, só que esta cobrança pode ser separada ou incluída no preço de venda (despesas de vendas); e

✓ garantia, que sempre que possível deve ser provisionada (despesas de vendas).

A tarifa cobrada pela administradora de cartões de crédito ou pelos bancos, no caso dos cartões de débito, representa mais uma dentre as despesas necessárias para realizar a venda.

Com isso, teoricamente, a receita oferecida à tributação do PIS e da COFINS seria o valor total da venda, como já acontece com o ICMS e o ISS. Se um cliente compra um produto por R$ 100,00 com um cartão de débito e a instituição bancária cobra 2% de tarifa, a loja receberá apenas R$ 98 em sua conta corrente. Porém, o ICMS será pago pelo valor incluído na nota fiscal, que foi R$ 100. Então, no exemplo numérico apresentado aqui, a base de PIS e COFINS seria R$ 25.

Importante ressaltar que existem opiniões diferentes e que o assunto está longe de ser pacífico, para um lado ou para o outro.

Nas empresas tributadas pelo lucro real, há quem entenda que a "taxa de conveniência" cobrada pelos bancos/administradora de cartões de crédito permitiria dedução como crédito, na categoria insumos aplicados na prestação de serviços. A alegação seria que a venda com cartão de crédito, no exemplo contabilizado, teria sido por R$ 24 e R$ 1 seria a prestação de serviços da loja, vendendo sem necessidade de dinheiro de papel. Contudo, trata-se de postura muito ousada e que não encontra amparo legal.

A Consulta nº 122, de ABR/09, da DISIT 3 (CE, MA e PI) dizia que as taxas de administração não eram consideradas como despesas financeiras, portanto, não sendo permitido o crédito. As despesas financeiras permitiam crédito até JUL/04.

A Solução de Divergência nº 4, de 16/NOV/10, diz que o pagamento das "taxas de administração" para as administradoras de cartões de crédito e débito não gera direito à apuração de créditos da COFINS, por ausência da previsão legal. Esta será a tendência da RFB. Não vejo, sinceramente, como o Fisco aceitar, em caso de autuação, a dedução da taxa da receita base de tributação.

O que muitas empresas fazem, na verdade, é registrar a receita já pelo valor líquido, sequer informando a taxa de conveniência na contabilidade.

Você, leitor, faça sua interpretação e registre suas operações na contabilidade da forma mais adequada, conforme a essência da operação e a forma legal, incluindo as taxas cobradas pelos bancos e administradoras de cartão.

3.6 VENDAS PARA GOVERNO E EMPRESAS PÚBLICAS

O art. 7º da Lei nº 9.718/98 diz que no caso de construção por empreitada ou de fornecimento a preço predeterminado de bens ou serviços, contratados por pessoa jurídica de direito público, empresa pública, sociedade de economia mista ou suas subsidiárias, o pagamento das contribuições para PIS/PASEP e COFINS poderá ser diferido, pelo contratado, até a data do recebimento do preço. Na prática, as vendas e revendas realizadas para o governo e/ou qualquer empresa do governo somente serão consideradas nas bases de PIS e COFINS quando do recebimento. Em resumo, serão tributadas pelo regime de caixa.

Nas empresas que utilizam o regime de competência na apuração de tributos e têm bom volume de vendas para governo e suas empresas, o trabalho será grande para controlar, pois não há um livro específico de PIS e COFINS que auxilie esse trabalho. A receita será reconhecida na contabilidade quando o bem ou o serviço for entregue, porém a inclusão nas bases de PIS e COFINS será em período posterior, no recebimento.

A maior parte das empresas tributadas pelo lucro presumido utiliza o regime de caixa para fins de tributação, não sendo relevante a aplicação do art. 7º da Lei nº 9.718/98. Contudo, aquelas que utilizarem o regime de competência poderão aplicar a regra aqui explicada. Na verdade, o impacto maior aqui será aplicado nas empresas submetidas ao método não cumulativo.

3.7 EXEMPLOS NUMÉRICOS

Gosto de trabalhar com exemplos numéricos. Vamos a três exemplos, para auxiliar melhor no entendimento.

3.7.1 REVENDAS DE PRODUTOS COM TRIBUTAÇÃO MONOFÁSICA

Suponha que a Cia. Caiçara seja uma empresa comercial, tributada pelo lucro presumido e que apresentou, em MAR/X1, as seguintes contas de resultado:

- (+) Receita com revenda de mercadorias   R$ 500.000
- (–) Devolução de Vendas   R$ 10.000
- (–) Descontos Incondicionais Concedidos   R$ 20.000
- (–) Descontos Financeiros Concedidos   R$ 5.000
- (+) Receitas Financeiras   R$ 4.000
- (+) Receita com Aluguel de Espaço   R$ 2.000
- (+) Ganho na venda de bens do Imobilizado   R$ 6.000

OBS.: 20% das revendas são de produtos com tributação monofásica. As devoluções e os descontos são de produtos tributados normalmente.

Veja no quadro a seguir o cálculo do PIS e da COFINS da Cia. Caiçara:

TOTAL DE RECEITAS (Tributadas)	R$ 400.000 (80% da revenda)
(–) Devolução de Vendas	(R$ 10.000)
(–) Descontos Incondicionais Concedidos	(R$ 20.000)
BASE DE CÁLCULO DE PIS E COFINS	R$ 370.000
✓ PIS – 0,65% = R$ 2.405	
✓ COFINS – 3% = R$ 11.100	

O desconto financeiro é aquele que depende de certa condição, por exemplo, pagamento antes do vencimento, não se caracterizando como uma dedução nas bases de PIS e COFINS.

Portanto, a Cia. Caiçara deve pagar até o dia 25/ABR/X1, os valores apurados de PIS (R$ 2.405,00) e COFINS (R$ 11.100,00), encerrando assim o processo de apuração, cálculo e pagamento das contribuições.

3.7.2 REVENDAS DE MERCADORIAS PARA EMPRESAS DO GOVERNO

No mês de AGO/X1, a Cia. Lagoa tem receita bruta de vendas de R$ 100.000, sendo 25% para empresas do governo, cujo pagamento está previsto para o mês de FEV/X2. Desconsiderando a retenção na fonte, veja o registro contábil adequado (apenas da COFINS), com a explicação entre parênteses.

Débito ➜ Despesa de COFINS	3.000,00 (3% sobre 100.000)
Crédito ➜ COFINS a Pagar	2.250,00 (3% sobre 75.000)
Crédito ➜ Provisão para COFINS Diferida	750,00 (3% sobre 25.000)

O valor de R$ 25.000,00 terá que ser controlado à parte pela Cia. Lagoa, para posterior pagamento, quando do recebimento, em FEV/X2. O exemplo supõe que a Cia. Lagoa utiliza o regime de competência. Se a empresa utilizasse o regime de caixa, poderia, eventualmente, não ter controle específico, pois as receitas poderiam ser reconhecidas na medida do recebimento.

3.7.3 EXEMPLO COM RETENÇÕES NA FONTE

A Cia. Juventus é uma empresa prestadora de serviços de contabilidade e obteve receita bruta de R$ 20.000 no mês de JAN/X1. Os registros contábeis são apresentados a seguir:

REGISTRO 1: RECONHECIMENTO DA RECEITA EM JAN/X1

Débito: Caixa ou Contas a Receber	R$ 18.770	
Débito: IRRF a Compensar (1,5%)	R$ 300	No caso, os tributos são retidos pela fonte pagadora e recolhidos por ela, que passa a ser contribuinte responsável.
Débito: CSLL a Compensar (1%)	R$ 200	
Débito: COFINS a Compensar (3%)	R$ 600	➜
Débito: PIS a Compensar (0,65%)	R$ 130	
Crédito: Receita de Vendas	R$ 20.000	

BASE DE CÁLCULO DO PIS E COFINS:	R$ 20.000
PIS – 0,65% ➜ R$ 130	
COFINS – 3% ➜ R$ 600	

REGISTRO 2: DESPESA DE PIS E COFINS EM JAN/X1

Débito: Despesa de PIS

Crédito: PIS a Pagar R$ 130

Débito: Despesa de COFINS

Crédito: COFINS a Pagar R$ 600

> A despesa de PIS e COFINS será registrada pelo valor total devido pela empresa.

REGISTRO 3: PG. DE PIS E COFINS NO MÊS SEGUINTE, EM FEV/X1

Débito: PIS a Pagar

Crédito: PIS a Compensar R$ 130

Débito: COFINS a Pagar R$ 600

Crédito: COFINS a Compensar R$ 600

> A empresa não deverá desembolsar nada, pois já pagou quando recebeu menos do seu cliente.

4

PIS E COFINS NAS EMPRESAS SUBMETIDAS À TRIBUTAÇÃO PELO LUCRO REAL

POR QUE LER ESTE CAPÍTULO? PARA:

- Compreender a estrutura básica que norteia a aplicação do método não cumulativo das contribuições para PIS/PASEP e COFINS.

- Entender as diferenças entre as exclusões permitidas no método cumulativo (lucro presumido) e no método não cumulativo (lucro real).

- Diferenciar as receitas financeiras que são tributadas no método não cumulativo daquelas que não têm cobrança de PIS e COFINS.

4.1 NORMATIVOS

A legislação que disciplina a cobrança das contribuições para PIS/PASEP e COFINS é extensa e bastante complexa. Há uma multiplicidade de leis, instruções normativas, decretos e outros normativos que confundem as empresas e os profissionais responsáveis pelos cálculos das bases das contribuições.

A lei base do PIS/PASEP é a Lei nº 10.637/02, enquanto a que rege a COFINS é a Lei nº 10.833/03. Contudo, estas leis já foram modificadas por muitas outras leis, mais de 20 na verdade. Menos mal que com a informática avançada seja possível conciliar a maioria destas leis em um arquivo único, mas é assustador verificar que uma lei como a nº 10.833/03 tenha sido modificada tantas vezes.

4.2 TOTAL DE RECEITAS

O cálculo da COFINS e do PIS/PASEP para toda e qualquer empresa submetida à tributação pelo lucro real tem como base inicial a totalidade das receitas da empresa. Basta considerar no balancete o grupo RECEITAS e informar seu total. Veja a transcrição (parcial) do art. 1º da Lei nº 10.833/03:

> *"Art. 1º A Contribuição para o Financiamento da Seguridade Social – COFINS, com a incidência não cumulativa, tem como fato gerador o faturamento mensal, assim entendido o total das receitas auferidas pela pessoa jurídica, independentemente de sua denominação ou classificação contábil.*
>
> *§ 1º Para efeito do disposto neste artigo, o total das receitas compreende a receita bruta da venda de bens e serviços nas operações em conta própria ou alheia e todas as demais receitas auferidas pela pessoa jurídica.*
>
> *§ 2º A base de cálculo da contribuição é o valor do faturamento, conforme definido no* caput."

Esse artigo diz claramente o seguinte para as entidades empresariais em geral: considere na base de cálculo a linha que informar o TOTAL DE RECEITAS de seu balancete. E vai mais além, quando diz que esse total independe da sua denominação ou classificação contábil. Logo, deve o contribuinte ficar atento, mesmo para os casos em que ocorra um reembolso de despesas, com crédito contábil em conta de despesa, pois, pela leitura do enunciado do *caput*, esses registros contábeis integram a base da COFINS e, por extensão, do PIS/PASEP.

Para facilitar o entendimento, é importante separar as receitas das empresas em dois tipos: receita bruta (da atividade principal) e demais receitas. É o que iremos fazer na sequência para mostrar as receitas que são excluídas das bases de PIS e COFINS, segregadas entre a atividade-fim e as demais receitas.

4.3 RECEITAS QUE NÃO INTEGRAM AS BASES DE PIS E COFINS

Contudo, na sequência do próprio artigo (§ 3º) e no art. 6º da Lei nº 10.833/03, há a informação de que existem algumas receitas não tributadas pelas contribuições para a COFINS. Todas as exclusões serão apresentadas. Contudo, apenas para facilitar o entendimento, irei separar as exclusões da receita bruta das exclusões das demais receitas.

4.3.1 EXCLUSÕES DO MÉTODO NÃO CUMULATIVO

Para facilitar o entendimento, apresento inicialmente as exclusões permitidas, sendo segregadas em duas partes: exclusões da receita bruta e exclusões das demais receitas.

EXCLUSÕES DA RECEITA BRUTA (VÁLIDAS PARA OS MÉTODOS CUMULATIVO E NÃO CUMULATIVO)

a) Receita com vendas de mercadorias para o exterior, com o recebimento em moeda conversível ou não.

b) Renda de prestação de serviços para pessoa física ou jurídica domiciliada no exterior, cujo valor recebido represente entrada de divisas.

c) Receita de vendas para empresa comercial exportadora com o fim específico de exportação, tendo esta empresa que comprovar o embarque das mercadorias para o exterior no prazo máximo de 180 dias.

d) Receitas com revenda de produtos com tributação monofásica, como gasolina, óleo diesel, perfumes, cosméticos, cervejas, refrigerantes, pneus e outros.

e) Receita com vendas de produtos com alíquota zero.

EXCLUSÕES DE OUTRAS RECEITAS (APENAS PARA MÉTODO NÃO CUMULATIVO)

a) Recuperação de créditos já baixados como perda (valor registrado inicialmente em conta de receita e lançado em despesa posteriormente, quando considerado incobrável), até o valor desta.

b) Reversões de provisões operacionais, como por exemplo, as reversões de PDD, de provisões para perdas em processos cíveis, trabalhistas, fiscais, dentre outras.

c) Resultado positivo da avaliação de investimentos em controladas e coligadas pelo método de equivalência patrimonial obtido no país.

d) Receitas com lucros e dividendos derivados de investimentos avaliados pelo custo de aquisição.

e) Resultado positivo referente a avaliação de ativos a valor justo.

f) Ajuste a valor presente registrado em receita.

g) Receita com subvenção de investimentos.

h) Algumas (poucas) receitas financeiras (ver tópico a seguir).

i) Receitas com venda de bens pertencentes ao ativo não circulante, subgrupos investimentos, intangível e imobilizado.

Assim, o responsável pelo cálculo do PIS e COFINS deve ficar atento, pois o conjunto de receitas não tributadas é bastante extenso. Um supermercado de médio porte, por exemplo, deve ter um bom sistema de informações, que facilite o registro e o controle contábil, pois tem diversos produtos para revenda com tributação monofásica, alíquota zero e produtos tributados normalmente. Então, a revenda de achocolatado integrará a base das contribuições, enquanto a venda de refrigerante não integrará, já que este produto foi objeto de tributação monofásica por parte da indústria de bebidas. As regras relativas às exclusões da receita bruta valem para os dois métodos: cumulativo e não cumulativo.

4.3.2 DETALHES DAS EXCLUSÕES NA RECEITA BRUTA

Vamos ver alguns detalhes em relação aos itens que devem ser excluídos das bases de cálculo para as contribuições para PIS/PASEP e COFINS.

> *VENDAS CANCELADAS, DEVOLUÇÃO DE VENDAS E OS DESCONTOS INCONDICIONAIS CONCEDIDOS, INCLUINDO BONIFICAÇÕES.*

As vendas canceladas e as devoluções de vendas, embora sejam apresentadas em contas diferentes da que registra a receita, podem ser deduzidas das bases do PIS e da COFINS, pois a mercadoria ou o serviço poderá ser novamente vendido. Importante salientar que a devolução referente ao ano anterior deverá ser apresentada na Demonstração do Resultado do Exercício não como dedução da receita bruta e sim dentro das despesas operacionais.

Os valores relativos às bonificações concedidas em mercadorias serão excluídos das bases de PIS e COFINS somente nos casos em que se caracterizarem como descontos incondicionais concedidos (Resposta à Pergunta nº 29 sobre DIPJ 2008 no endereço eletrônico <www.receita.fazenda.gov.br>).

A IN SRF nº 51/78 diz que os descontos incondicionais são as parcelas redutoras do preço de venda, quando constarem da nota fiscal de venda dos bens e não dependerem de evento posterior à emissão desse documento.

Então, as bonificações em mercadorias devem ser transformadas em parcelas redutoras do preço de venda, para serem consideradas como descontos incondicionais e consequentemente serem excluídas das bases das contribuições.

> *VENDAS ISENTAS OU NÃO ALCANÇADAS PELA INCIDÊNCIA DA CONTRIBUIÇÃO OU SUJEITAS À ALÍQUOTA 0 (ZERO).*

Esse item é amplo demais, definindo que não integram a base da COFINS (e do PIS por extensão) três tipos de receitas: ISENTAS, com NÃO INCIDÊNCIA ou SUJEITAS A ALÍQUOTA ZERO. Outra forma de não cobrança de qualquer tributo é a IMUNIDADE. Veja a diferença básica relativa a cada nomenclatura.

A IMUNIDADE é definida na Constituição. Assim, o poder tributante constituído fica impedido de instituir o tributo. É imune, por exemplo, a receita da

Cap. 4 • PIS E COFINS NAS EMPRESAS SUBMETIDAS À TRIBUTAÇÃO PELO LUCRO REAL

atividade principal de um templo religioso. Assim, a Constituição proíbe expressamente que uma lei institua a cobrança de COFINS sobre as receitas com dízimos e ofertas recebidas por uma igreja, por exemplo.

A ISENÇÃO é concedida por lei, sendo que nesse caso nasce a obrigação tributária, que é excluída, retirada, via lei.

A NÃO INCIDÊNCIA representa o ato de não cobrança do tributo pelo ente tributante, que pode fazê-lo, mas abre mão. Um exemplo de não incidência é o fato de o legislador não cobrar COFINS nas vendas de mercadorias ao exterior (art. 6º da Lei nº 10.833/03).

Já a ALÍQUOTA ZERO representa que a obrigação tributária existiu, a lei instituiu o tributo, mas outro normativo, que pode ser a própria lei ou outro instrumento jurídico como um decreto, por exemplo, reduziu a alíquota à zero. Há diversos itens com alíquota zero de PIS e COFINS atualmente no Brasil. Em função da importância e dos detalhes que envolvem o assunto, haverá um capítulo específico para o tema.

> *AUFERIDAS PELA PESSOA JURÍDICA REVENDEDORA, NA REVENDA DE MERCADORIAS EM RELAÇÃO ÀS QUAIS A CONTRIBUIÇÃO SEJA EXIGIDA DA EMPRESA VENDEDORA, NA CONDIÇÃO DE SUBSTITUTA TRIBUTÁRIA.*

O dispositivo é aplicado nos poucos casos de substituição tributária de PIS e COFINS. Por exemplo, uma empresa revendedora de cigarros terá a isenção descrita no inciso III do art. 6º, pois a indústria tabagista recolheu as contribuições como substituta tributária.

> *REFERENTES AO IPI E AO ICMS ST, QUANDO REGISTRADOS EM RECEITA.*

O item citado não estava previsto como exclusão nas leis e instruções que instituíram e regulamentaram PIS/PASEP e COFINS não cumulativos, talvez por esquecimento. Contudo, a Lei nº 9.718/98, que ainda rege as empresas tributadas pelo lucro presumido, permite sua exclusão na base das contribuições.

A Receita Federal do Brasil esclareceu na Pergunta nº 28 em seu endereço eletrônico <www.receita.fazenda.gov.br>, permitindo a exclusão de IPI e ICMS ST nas bases de PIS/PASEP e COFINS. A seguir quadro com as leis:

Lei nº 9.718/98 – art 3º, § 2º	Lei nº 10.833/03 – art. 1º, § 3º
I – As vendas canceladas, os descontos incondicionais concedidos, o IPI e o ICMS, quando cobrado pelo vendedor dos bens ou prestador dos serviços na condição de substituto tributário;	*V – Referentes a* *a) vendas canceladas e aos descontos incondicionais concedidos;*

A Lei nº 12.973/14 arrumou definitivamente a situação, permitindo a exclusão dos dois itens (IPI e ICMS ST). Para ler mais sobre o tema, recomendo retornar ao item 3.3.

O entendimento, em relação ao IPI, é que ele não representa receita efetiva para o industrial, que cobra o imposto do comprador no momento da venda do produto. Ele, o industrial, tem apenas a obrigação de cobrar o tributo e repassar para o governo. Tanto assim que o IPI é cobrado após o preço inicial do produto e incluído na nota fiscal. É a chamada cobrança por fora, ao contrário do que ocorre com o ICMS, que é calculado por dentro, compondo o preço do produto. Por isso, o IPI tem alíquotas elevadas, podendos ultrapassar 100% em alguns casos, enquanto o ICMS, como integra o preço do produto, não pode ter alíquota muito alta.

O ICMS no modelo de substituição tributária tem semelhança contábil com o IPI, sendo (na maior parte das vezes) cobrado pelo industrial no momento da venda para o atacadista ou varejista. Este, por sua vez, fica isento do pagamento posterior do imposto, que já foi cobrado quando da aquisição.

Então, quando o contribuinte substituto (industrial) registrar o ICMS do contribuinte seguinte como receita, poderá excluir este valor da base de cálculo do PIS e da COFINS (IN SRF nº 247/02, art. 23). O mesmo tratamento será aplicado no registro contábil do IPI.

Portanto, não há discussão em relação à possibilidade de exclusão do IPI e do ICMS ST nas empresas que utilizam o método não cumulativo, a despeito do "esquecimento" do legislador até 2014. Tais valores podem e devem ser excluídos das bases.

Nas distribuidoras de energia elétrica, que pagam o ICMS de toda a cadeia produtiva, não há que se falar em exclusão do ICMS nas bases de PIS e COFINS. A Consulta nº 104 (COSIT, de 27/JAN/17) esclareceu que o destaque em nota fiscal do valor do ICMS cobrado pelo vendedor dos bens ou prestador de serviços na condição de substituto tributário é condição necessária para exclusão deste valor da base de cálculo de PIS e COFINS. No caso de distribuidora de energia elétrica, o valor do ICMS incidente sobre as operações de distribuição não pode ser excluído da base de cálculo das contribuições, visto que nesta operação o valor do ICMS engloba o imposto devido na condição de contribuinte e na condição de responsável por substituição tributária.

> **REVENDAS DE PRODUTOS COM TRIBUTAÇÃO MONOFÁSICA OU CONCENTRADA.**

Este dispositivo foi retirado da Lei nº 10.833/03, mas permanece nas leis que regulam o modelo monofásico de cada produto. Por exemplo, a Lei nº 10.147/00, com alterações da Lei nº 12.839/13, traz alíquotas maiores para produtos farmacêuticos, de perfumaria, de toucador ou de higiene pessoal, quando vendidos por pessoas jurídicas que procedam à industrialização ou à importação. Ou seja, indústrias e importadoras. As empresas comerciais (varejistas, distribuidores ou atacadistas) não pagam PIS e COFINS, conforme previsto no art. 2º da referida lei:

> *"Art. 2º São reduzidas a zero as alíquotas da contribuição para o PIS/ PASEP e da COFINS incidentes sobre a receita bruta decorrente da venda dos produtos tributados na forma do inciso I do art. 1º, pelas pessoas jurídicas não enquadradas na condição de industrial ou de importador."*

O setor de combustíveis também tem a tributação no modelo concentrado. A gasolina tem tributação nas refinarias, com alíquota de 23,44% para a COFINS e de 5,08% para o PIS, enquanto a distribuidora e o posto não pagam as contribuições quando revendem o combustível.

VENDAS AO EXTERIOR DE MERCADORIAS E SERVIÇOS.

Conforme já apresentado neste livro, não há tributação de PIS e COFINS sobre as receitas decorrentes das operações de (art. 6º da Lei nº 10.833/03):

a) exportação de mercadorias para o exterior;

b) prestação de serviços para pessoa física ou jurídica residente ou domiciliada no exterior, cujo pagamento represente ingresso de divisas; e

c) vendas a empresa comercial exportadora com o fim específico de exportação, tendo esta empresa que comprovar o embarque das mercadorias para o exterior no prazo máximo de 180 dias (art. 9º da Lei nº 10.833/03).

A prestação de serviços a pessoas físicas ou jurídicas domiciliadas no exterior só é excluída se ficar comprovado o ingresso de divisas. Há uma consulta respondida em 2013 (nº 20, da DISIT 9), onde a RFB diz que para fins de não incidência de COFINS na prestação de serviços de hotelaria a estrangeiros, considera-se comprovado o ingresso de divisas no pagamento efetuado mediante cartão de crédito internacional emitido no exterior e por meio de cheques de viagem (*traveller check*), mas não no pagamento em moeda estrangeira, uma vez que ela pode ser adquirida no Brasil, em instituições financeiras e casas de câmbio.

A Consulta nº 30 da DISIT 5, de AGO/12, diz que a COFINS incide sobre a receita da venda de alimentos e bebidas a pessoa física ou jurídica residente ou domiciliada no exterior, cujo valor não esteja incluído na diária cobrada pelo serviço de hotelaria, independentemente do meio de pagamento utilizado. A COFINS não incide sobre as receitas decorrentes dos serviços relativos ao uso de Internet, telefonia, *business center, fitness center* e lavanderia, quando prestados a pessoa física ou jurídica residente ou domiciliada no exterior, desde que representem ingresso de divisas.

4.3.3 DETALHES NAS EXCLUSÕES DAS DEMAIS RECEITAS

Na verdade, quando se diz que PIS e COFINS são cobrados sobre a totalidade das receitas, parece que a base será enorme, o que não ocorre na maioria das vezes. Das outras receitas possíveis nas empresas, a maioria é excluída da base das contribuições. Na verdade, parece ser mais fácil identificar as receitas que são incluídas na base. A seguir, veja as receitas que podem ser excluídas nas bases de PIS e COFINS:

> *NÃO OPERACIONAIS, DECORRENTES DA VENDA DE ATIVO NÃO CIRCULANTE, CLASSIFICADO COMO INVESTIMENTO, IMOBILIZADO E INTANGÍVEL.*

As receitas obtidas com eventuais vendas de bens pertencentes ao ativo permanente (atualmente, imobilizado, investimentos e intangível) podem ser deduzidas das bases de PIS e COFINS. A legislação não citava, mas no caso de eventual transferência contábil de um bem do ativo permanente para o ativo realizável de longo prazo, com objetivo de venda, a isenção deixaria de existir. Por exemplo, uma empresa W possui um terreno, registrado em sua contabilidade por R$ 1.000 e resolve negociá-lo. O correto, no caso, seria a transferência contábil do bem do ativo imobilizado para o ativo realizável de longo prazo. Contudo, se a empresa efetuar esse procedimento contábil e, depois, vender o terreno por R$ 1.400, por exemplo, deveria incluir a receita de R$ 400 nas bases de PIS e COFINS.

Com a edição da Lei nº 12.973/14, entendo que o problema deixa de existir e a receita com o ganho de capital poderá ser excluída das bases de PIS e COFINS. O art. 200 da IN RFB nº 1.700/17, que trata do tema ganho de capital, esclarece a exclusão.

A lógica da não tributação de PIS e COFINS sobre estas receitas é que elas não representam entrada de recursos novos, sinalizando, na verdade, recuperação de parte do valor investido anteriormente nos ativos. Veja o exemplo numérico da Cia. Leão, para ajudar no entendimento.

A Cia. Leão é empresa de transportes e adquire em janeiro de X1 um veículo (de passageiros) por R$ 1.000 e que será alugado para um cliente, com contrato de cinco anos e valor residual estimado de R$ 100. A empresa vende o veículo em janeiro de X6, ano seguinte ao fim do contrato de locação pelo valor estimado.

Na contabilidade, a depreciação será feita em cinco anos (período de uso do bem), no total de R$ 900, deixando R$ 100 para a baixa por ocasião da venda.

Cap. 4 • PIS E COFINS NAS EMPRESAS SUBMETIDAS À TRIBUTAÇÃO PELO LUCRO REAL **41**

Por outro lado, para fins fiscais (IN RFB nº 1.397/13, Lei nº 12.973/14 e IN RFB nº 1.700/17), a depreciação será feita em quatro anos, sendo 25% ao ano, sem valor residual, registrando depreciação anual de R$ 250 por quatro anos, totalizando R$ 1.000 ao final de X4. Na hora da venda do bem, todo o valor recebido seria tratado como ganho de capital. Esta receita sempre foi excluída na base das contribuições. E continuará sendo excluída. Contudo, a tendência é que a receita não mais apareça na contabilidade nova, pois a Cia. Leão não mais depreciará o valor total de R$ 1.000, deixando sempre um valor residual próximo da estimativa de venda.

Em resumo, na contabilidade antiga (base DEZ/07), seria apurado um ganho de capital de R$ 100, enquanto na contabilidade moderna, nada seria reconhecido como ganho. Veja o quadro a seguir:

ITENS	CONTABILIDADE MODERNA (Lei nº 11.638/07)	CONTABILIDADE FISCAL (Lei nº 12.973/14)
Despesa de Depreciação	Registrada em cinco anos, sendo R$ 180 por ano.	Registrada em quatro anos, sendo R$ 250 por ano.
Ganho de Capital	Não haverá.	Ganho de R$ 100.
DESPESA LÍQUIDA	Total de despesa de R$ 900 (180 × 5)	Total de despesa de 1.000, menos Ganho de Capital de 100, totalizando 900.

REFERENTES A REVERSÕES DE PROVISÕES E RECUPERAÇÕES DE CRÉDITOS BAIXADOS COMO PERDA QUE NÃO REPRESENTEM INGRESSO DE NOVAS RECEITAS, O RESULTADO POSITIVO DA AVALIAÇÃO DE INVESTIMENTOS PELO VALOR DO PATRIMÔNIO LÍQUIDO E OS LUCROS E DIVIDENDOS DERIVADOS DE INVESTIMENTOS AVALIADOS PELO CUSTO DE AQUISIÇÃO QUE TENHAM SIDO COMPUTADOS COMO RECEITA.

A exclusão listada retira do alcance do PIS/PASEP e da COFINS as receitas que não representam entrada de recursos novos na empresa. Vamos ver cada receita separadamente.

As reversões de provisões significam mero estorno contábil da despesa, diminuindo ou cancelando-a. Como o período de apuração é outro, o valor seria registrado em receita, mas não seria incluído na base das contribuições.

A recuperação de crédito baixado à perda não integrará a base, desde que a receita original tenha sido submetida à tributação e o ativo tenha sido baixado à perda. Veja um exemplo didático para ajudar no entendimento, considerando apenas a COFINS, sem o PIS.

A Cia. Estadual de Gás forneceu o produto a um cliente em janeiro, com vencimento para fevereiro. A conta seria de R$ 100,00. Veja os registros contábeis em janeiro, fevereiro, agosto e outubro:

JAN/17: FORNECIMENTO DE GÁS, COM VENCIMENTO EM FEV/17

Débito: Caixa

Crédito: Receita de Vendas   R$ 100,00

Débito: Despesa de COFINS

Crédito: COFINS a Pagar   R$ 7,60

> Para fins didáticos, a alíquota utilizada será 7,6%.

FEV/17: VENCIMENTO DA CONTA E DA COFINS

Débito: COFINS a Pagar

Crédito: Caixa   R$ 7,60

> A conta não foi paga, mas a COFINS venceu e foi paga.

AGO/17: BAIXA DO CONTAS A RECEBER

Débito: Perda de Crédito (Despesa)

Crédito: Contas a Receber   R$ 100,00

> O ativo foi baixado, tendo sido tributado sem ser recebido.

OUT/17: CLIENTE LIQUIDA A DÍVIDA COM JUROS E MULTA

Débito: Caixa   R$ 120,00

Crédito: Recuperação de Créditos. Bx. a Perda   R$ 100,00

Crédito: Receita de Multa   R$ 5,00

Crédito: Receita de Juros   R$ 15,00

Débito: Despesa de COFINS

Crédito: COFINS a Pagar   R$ 0,98 (7,6% sobre 5 + 4% sobre 15)

O cliente finalmente liquidou a dívida, pagando principal + juros + multa. As três receitas terão tratamento distinto:

- O principal é excluído, pois o valor já foi tributado antes.
- Os juros serão caracterizados como receitas financeiras, com tributação de 4% (detalhes no item 4.5).
- A multa será incluída na base e tributada, por falta de previsão legal para sua exclusão.

As receitas oriundas de participações societárias também ficaram de fora das bases de PIS/PASEP e COFINS pelo fato de os resultados da empresa investida já terem sido submetidos às contribuições. Observe que o legislador sequer fez menção de país no texto da lei, ou seja, não integrará a base mesmo uma receita de participação no exterior em controladas com avaliação pelo método de equivalência patrimonial (MEP).

Os lucros e dividendos oriundos de investimentos avaliados pelo custo de aquisição são excluídos pelo mesmo motivo da receita de MEP.

Importante esclarecer que o recebimento de distribuição de lucros mediante juros sobre capital próprio deve ser tributado, qualquer que seja sua avaliação, pelo método de equivalência patrimonial ou pelo custo de aquisição.

4.4 OUTRAS RECEITAS QUE DEVEM SER TRIBUTADAS

Na verdade, como a lista de receitas excluídas é relativamente extensa, a dúvida que fica é a seguinte: que outras receitas operacionais são incluídas nas bases de PIS/PASEP e COFINS? Seguem algumas receitas que devem fazer parte da base pelo método não cumulativo, por falta de previsão legal para exclusão:

- ✓ RECEITA DE ALUGUEL, logicamente que não me refiro a empresas locadoras ou imobiliárias, onde esta receita faz parte da Receita Bruta. Quando a empresa alugar algum ativo como complemento de atividade operacional, deverá incluir esta receita nas bases de PIS e COFINS.
- ✓ GANHO EM COMPRA VANTAJOSA, quando a empresa adquirir participação em empresa controlada ou coligada por um valor mais baixo que o registrado no patrimônio líquido da empresa avaliado a valor justo. Por exemplo, empresa tem PL de R$ 100 (valor justo) e a nossa empresa compra 60% das ações por R$ 52. Neste caso, o valor de R$ 8 será reconhecido como receita denominada Ganho por Compra Vantajosa, que integrará as bases de PIS e COFINS.
- ✓ MULTA COBRADA, que não se caracteriza como receita financeira, por representar punição. Assim, deve integrar as bases de PIS e COFINS o valor referente a qualquer multa cobrada por atraso, por descumprimento de contrato ou outra situação específica.
- ✓ CESSÃO DE ESPAÇO (PROPAGANDA), receita obtida por empresas de transporte, que cedem espaço nos seus ativos (ônibus, metrô, trem, barcas e outros) para divulgação de terceiros mediante remuneração.

A relação não é exaustiva, apenas para lembrar que as demais receitas devem integrar as bases de PIS/PASEP e COFINS, exceto quando prevista sua exclusão na legislação tributária.

4.5 RECEITAS FINANCEIRAS

A Lei nº 10.833/03 inclui as receitas financeiras no conjunto das receitas tributadas pelas contribuições para PIS e COFINS. Ao mesmo tempo, era permitido crédito referente às despesas financeiras decorrentes de empréstimos e financiamentos.

A tributação e os créditos seriam aplicados somente às empresas submetidas à tributação pelo lucro real.

Contudo, a Lei nº 10.865/04, que entrou em vigor a partir de AGO/04, proibiu este crédito sobre as despesas financeiras, incluindo, todavia, interessante dispositivo em seu art. 27, transcrito a seguir:

> *"Art. 27. O Poder Executivo poderá autorizar o desconto de crédito nos percentuais que estabelecer e para os fins referidos no art. 3º das Leis nºˢ 10.637/02, e 10.833/03, relativamente às despesas financeiras decorrentes de empréstimos e financiamentos, inclusive pagos ou creditados a residentes ou domiciliados no exterior.*
>
> *§ 1º Poderão ser estabelecidos percentuais diferenciados no caso de pagamentos ou créditos a residentes ou domiciliados em país com tributação favorecida ou com sigilo societário.*
>
> *§ 2º O Poder Executivo poderá, também, reduzir e restabelecer, até os percentuais de que tratam os incisos I e II do* caput *do art. 8º desta Lei, as alíquotas da contribuição para o PIS/PASEP e da COFINS incidentes sobre as receitas financeiras auferidas pelas pessoas jurídicas sujeitas ao regime de não cumulatividade das referidas contribuições, nas hipóteses que fixar."*

Em resumo, o legislador atribuiu ao poder executivo a competência para decidir sobre a tributação de PIS e COFINS sobre o resultado financeiro das empresas, tanto permitindo a dedução de créditos sobre as despesas financeiras quanto reduzindo a cobrança das contribuições sobre as receitas financeiras, sempre com a limitação das alíquotas vigentes, ou seja, 1,65% para o PIS/PASEP e 7,6% para a COFINS.

O Decreto nº 5.164/04 diz que, a partir de AGO/04, as receitas financeiras passaram a ter alíquota zero nas bases de PIS e COFINS nas empresas que utilizam o método não cumulativo. A exclusão foi permitida mesmo quando a empresa utilizava o método não cumulativo apenas para parte das receitas. Uma Cia. Aérea, por exemplo, que tributava as receitas com prestação de serviços de transportes de cargas pelo método não cumulativo, tinha direito de excluir as receitas financeiras das bases das contribuições, pois parte de suas receitas foi submetida ao método não cumulativo.

São consideradas receitas financeiras:

1. juros ativos, descontos obtidos e renda com aplicação financeira (art. 373 do Decreto nº 3.000/99);
2. variação cambial ativa (Lei nº 9.718/98);
3. juros sobre contrato de mútuo (IN RFB nº 1.585/15);
4. operações de cobertura – *hedge* (IN SRF nº 1.585/15);
5. juros sobre capital próprio (JCP) (art. 76 da IN SRF nº 1.700/17).

Cap. 4 • PIS E COFINS NAS EMPRESAS SUBMETIDAS À TRIBUTAÇÃO PELO LUCRO REAL

O Decreto nº 5.442/05[1] revogou o Decreto nº 5.164/04, para incluir entre as receitas financeiras excluídas, além do valor creditado ao recebido referente a juros sobre capital próprio, aquelas decorrentes de operações realizadas para fins de *hedge*, inicialmente proibidas no Decreto nº 5.164/04.

O normativo definiu claramente que o valor recebido a título de juros sobre capital próprio integrava a base de PIS e COFINS no método não cumulativo.

Não há que se falar na lógica da inclusão do recebimento de JCP na base do método cumulativo, pois este contempla como base somente a receita bruta.

Há discussão jurídica em relação à inclusão do valor recebido a título de juros sobre capital próprio nas bases de PIS e COFINS no método não cumulativo. A princípio, não acredito na possibilidade de êxito da causa, embora não seja opinião jurídica, apenas contábil.

A RFB determina o registro do valor recebido como JCP em receita financeira e diz claramente que o valor deve integrar as bases do IR e da CSLL (IN RFB nº 1.700/17, art. 76). Como não há previsão de exclusão na legislação, entendo que o valor de JCP recebido integra não só as bases de IR e CSLL como também das duas contribuições.

As Soluções de Consulta nº 248, 249 e 250/05, da DISIT 9 (PR e SC), confirmam a posição da RFB no sentido da inclusão do valor recebido como juros sobre capital próprio nas bases de PIS e COFINS.

O argumento de quem defende a causa se justifica, já que a lei permitiu ao Poder Executivo reduzir a alíquota de PIS e COFINS sobre receita financeira. O Decreto avançou no que lhe foi permitido, definindo itens que não teriam redução da alíquota, enquanto a lei permitiu a redução de alíquota sobre receitas financeiras, não autorizando o Poder Executivo a definir o que ele entende ou não como receita financeira.

A Lei nº 12.973/14 diz que não se consideram receitas financeiras para fins de exclusão nas bases de PIS e COFINS os valores decorrentes de ajustes a valor presente que forem classificados como receita financeira pela contabilidade moderna, adaptada às regras internacionais. Na prática, o AVP deve ser ignorado para fins de apuração de PIS e COFINS. Dever ser incluído na receita original, não quando reconhecido como receita financeira.

4.5.1 A VOLTA DA COBRANÇA DE PIS + COFINS SOBRE RECEITAS FINANCEIRAS

O Decreto nº 8.426/15 restabeleceu a incidência de PIS/PASEP e COFINS sobre as receitas financeiras auferidas pelas pessoas jurídicas sujeitas ao regime de apuração não cumulativa.

---

[1] Conforme será observado mais adiante, o Decreto nº 5.442/05 foi revogado pelo Decreto nº 8.426/15.

A Lei nº 10.865/04, que instituiu incidência do PIS + COFINS na importação, autorizou o Poder Executivo a reduzir e restabelecer as alíquotas das mencionadas contribuições incidentes sobre as receitas financeiras auferidas pelas pessoas jurídicas sujeitas ao regime de não cumulatividade.

Com a mencionada autorização legal, o Decreto nº 5.164/04 reduziu a zero as alíquotas das citadas contribuições incidentes sobre as receitas financeiras, exceto as oriundas de juros sobre capital próprio e as decorrentes de operações de *hedge*. Posteriormente, o Decreto nº 5.442/05 revogou o Decreto anterior e deu nova redação para estabelecer que a redução a zero das alíquotas destas contribuições aplicava-se sobre receitas financeiras auferidas por pessoas jurídicas que tinham pelo menos parte de suas receitas sujeitas ao regime de apuração não cumulativa das referidas contribuições e estabeleceu que a redução também se aplicava às operações realizadas para fins de *hedge*, mantendo a tributação sobre os juros sobre o capital próprio (9,25%). A RFB diz que a lógica da redução de alíquotas surgiu em contrapartida à extinção da possibilidade de apuração de créditos em relação às despesas financeiras decorrentes de empréstimos e financiamentos.

Para as empresas que apuram PIS/PASEP e COFINS sob o regime de apuração cumulativa, a Lei nº 11.941/09 estabeleceu que a base de cálculo alcançaria somente o faturamento (receita bruta), que considera apenas receitas decorrentes da venda de bens e serviços.

Desse modo, explica a RFB que, para evitar abrir mão de importantes recursos para a seguridade social, sem motivação plausível para tal renúncia e valendo-se da prerrogativa legal de restabelecer as alíquotas citadas para as pessoas jurídicas sujeitas ao regime de apuração não cumulativa, concedida ao Poder Executivo, o Decreto nº 8.426/15 estabeleceu o percentual de 4,65%, sendo 0,65% para o PIS/PASEP e 4% para a COFINS. O restabelecimento de alíquotas foi apenas parcial, já que o teto legal permite que a elevação alcance o patamar de 9,25%, sendo 1,65% em relação ao PIS/PASEP e 7,6% em relação à COFINS.

Todavia, o Decreto nº 8.451/15 alterou o Decreto nº 8.426/15 e manteve alíquota zero para os seguintes casos:

a) variação monetária cambial decorrente de operações de exportação de bens e serviços para o exterior;

b) variações monetárias cambiais nos empréstimos e financiamentos da empresa;

c) receitas financeiras decorrentes de operações de cobertura (*hedge*) destinadas exclusivamente à proteção contra riscos inerentes às oscilações de preço ou de taxas quando, cumulativamente, o objeto do contrato negociado

Cap. 4 • PIS E COFINS NAS EMPRESAS SUBMETIDAS À TRIBUTAÇÃO PELO LUCRO REAL

1) estiver relacionado com as atividades operacionais da pessoa jurídica; e

2) destinar-se à proteção de direitos ou obrigações da pessoa jurídica.

Portanto, está mantida, em essência, a tributação instituída pelo Poder Executivo para as receitas financeiras a partir de JUL/15. Contudo, as variações positivas de moeda referentes a dívida e vendas ao exterior não serão objeto de cobrança de PIS e COFINS.

Assim, serão tributadas pelas alíquotas de 0,65% (PIS/PASEP) e 4% (COFINS) as seguintes receitas financeiras (lista não exaustiva):

1. juros e variações monetárias (por índice ou moeda) de aplicações financeiras em fundos de investimentos e CDBs, por exemplo;

2. juros e variações monetárias (por índice ou moeda) decorrentes de empréstimos concedidos pela empresa e oriundos de outros ativos recebidos em atraso;

3. descontos condicionais obtidos, normalmente por antecipação de pagamento; e

4. juros e variações monetárias (por índice ou moeda) cobrados em atrasos de pagamentos ou de entrega de mercadorias por parte de fornecedores.

Importante relembrar que toda explicação feita aqui é exclusivamente para as empresas tributadas pelo lucro real e que têm a utilização, ainda que parcial, do método cumulativo para as contribuições de PIS e COFINS. Outra lembrança importante é que, nestas empresas, o recebimento de juros sobre capital próprio continua sendo considerado uma receita tributada normalmente, integrando a base das duas contribuições, com alíquotas de 1,65% (PIS) e 7,6% (COFINS), totalizando 9,25%.

4.6 OUTRAS EXCLUSÕES EM CASOS ESPECÍFICOS

Além das deduções tradicionais, que ocorrem em boa quantidade de empresas, existem outros itens que são excluídos das bases de PIS/PASEP e COFINS, conforme previsão da MP nº 2.158-35/01. As exclusões são apresentadas a seguir:

1. Os recursos recebidos a título de repasse, oriundos do Orçamento Geral da União, dos estados, do Distrito Federal e dos municípios, pelas empresas públicas e sociedades de economia mista.

2. Receitas com o fornecimento de mercadorias ou serviços para uso ou consumo de bordo em embarcações e aeronaves em tráfego internacional, quando o pagamento for efetuado em moeda conversível.

3. Receitas obtidas com o transporte internacional de cargas ou passageiros.

4. Receitas auferidas pelos estaleiros navais brasileiros nas atividades de construção, conservação modernização, conversão e reparo de embarcações pré-registradas ou registradas no Registro Especial Brasileiro (REB), instituído pela Lei nº 9.432/97.

5. Receitas com frete de mercadorias transportadas entre o País e o exterior pelas embarcações registradas no REB, de que trata o art. 11 da Lei nº 9.432/97.

6. A receita auferida pelas instituições privadas de ensino superior, com fins lucrativos ou sem fins lucrativos não beneficentes, que aderirem ao PROUNI, decorrente de atividades de ensino superior, proveniente de cursos de graduação ou cursos sequenciais de formação específica.

7. As receitas auferidas pela Itaipu Binacional, com a venda de energia elétrica.

4.7 NECESSIDADE DE BONS CONTROLES INTERNOS

O responsável pelo cálculo do PIS e COFINS deve ficar atento, pois o conjunto de receitas não tributadas é bastante extenso. Um supermercado de médio porte, por exemplo, deve ter um bom sistema informatizado, que facilite o registro e o controle contábil, pois tem diversos produtos para revenda com tributação monofásica e produtos tributados normalmente. Então, a revenda de suco de frutas integrará a base das contribuições, enquanto a venda de água mineral não integrará, pois foi objeto de tributação monofásica por parte da proprietária da fonte. A venda de pão de sal também não integrará a base, pois este produto tem alíquota zero.

4.8 PARA REFLEXÃO: PIS E COFINS E AS NEGOCIAÇÕES COMERCIAIS

As grandes empresas varejistas do setor alimentício impõem regras rígidas na negociação com algumas empresas industriais, obtendo com isso benefícios tributários, aproveitando os detalhes e as brechas da legislação.

Suponha um supermercado ALFA, adquirindo um produto de uma indústria denominada BETA, ambas empresas tributadas pelo lucro real. ALFA adquire mercadorias para revenda de BETA por R$ 10.000, com prazo de pagamento "oficial" de 90 dias, com cláusula de desconto financeiro de R$ 1.500, caso o pagamento seja realizado em até 60 dias. Na prática, o supermercado negocia e acerta o pagamento em 60 dias, exigindo, contudo, que o prazo "oficial" seja de 90 dias, impondo um desconto financeiro, que traz benefício tributário apenas para o varejista, prejudicando sensivelmente a empresa industrial.

Assim, o supermercado exerce seu direito previsto em "contrato", pagando R$ 8.500 após 60 dias. A indústria, caso seja tributada pelo lucro real, desembolsa COFINS de R$ 760 (7,6% sobre R$ 10.000), pois não pode deduzir o desconto da base da contribuição. Na prática, BETA arca com alíquota efetiva de 8,94% (760 / 8.500).

O supermercado, por outro lado, se credita de R$ 760, embora o desembolso tenha sido de R$ 8.500, aproveitando o desconto financeiro, que será contabilizado em RECEITA FINANCEIRA, que não era tributada até JUN/15 e tem atualmente alíquota combinada de 4,65%, praticamente metade da alíquota cheia de 9,25%. Com isso, admitindo que ALFA revenda a mercadoria por R$ 10.000, pagará de PIS e COFINS apenas R$ 69.750 (4,65% sobre R$ 1.500), embora tenha obtido lucro na operação (comprou por R$ 8.500 e revendeu por R$ 10.000) de R$ 1.500.

Veja o quadro a seguir:

BETA ➔ Pagou R$ 760 de COFINS sobre uma venda de R$ 8.500, arcando com uma alíquota efetiva de 8,94%, por causa do "DESCONTO FINANCEIRO DADO".

ALFA ➔ Como o DESCONTO foi obtido, é caracterizado como RECEITA FINANCEIRA, que entra nas bases de PIS e COFINS com alíquota menor (4,65%), beneficiando amplamente a empresa varejista, que ao revender o produto por R$ 10.000, desembolsaria de COFINS apenas R$ 706, mesmo revendendo a mercadoria com lucro de R$ 1.500, sinalizando uma tributação bem menor do que seria se aplicasse a alíquota cheia de 9,25%.

4.9 EMPRESAS TRIBUTADAS PELO LUCRO REAL, ALÍQUOTAS APLICADAS E O MÉTODO NÃO CUMULATIVO

A empresa tributada pelo lucro real, regra geral, será obrigada a utilizar o método não cumulativo, com um cálculo bem mais complexo em relação às empresas tributadas pelo lucro presumido ou que tenham seu lucro arbitrado.

As empresas obrigadas ao cálculo do PIS/PASEP e da COFINS pelo método não cumulativo pagam as contribuições com alíquotas de 1,65% e 7,6%, respectivamente. Mas estas empresas podem deduzir créditos permitidos expressamente em lei.

O sistema de registro de créditos do PIS/PASEP (MP 66/02) inicialmente parecia guardar similaridade com o modelo adotado para o ICMS e o IPI. Entretanto, não foi o que aconteceu na regulamentação feita pelas leis que instituíram o método não cumulativo para PIS/PASEP (Lei nº 10.637/02) e COFINS (Lei nº 10.833/03).

O legislador citou expressamente os itens que permitem crédito de PIS (e posteriormente confirmou isso na COFINS), definindo claramente, em alguns casos, os itens que não permitem crédito, como por exemplo, os gastos com mão de obra.

Importante destacar que existem empresas tributadas pelo lucro real que devem efetuar o cálculo das contribuições de outra forma, por exemplo:

1. As empresas submetidas ao modelo de tributação monofásica, por exemplo, as refinarias de petróleo e as indústrias de produtos de higiene. Estas empresas pagam alíquotas diferenciadas, sinalizando a contribuição de toda a cadeia produtiva.
2. As instituições financeiras e empresas equiparadas, que possuem uma base de cálculo diferenciada, com um conjunto maior de exclusões da base de cálculo, além de alíquota diferenciada para a COFINS.
3. As empresas com previsão de tributação de parte de suas receitas pelo método não cumulativo, por exemplo, do setor de telecomunicações. Estas empresas tributam suas receitas parte no método cumulativo e parte no método não cumulativo.

4.10 BASE DE CÁLCULO, CRÉDITOS, REGISTRO CONTÁBIL E DESPESA

A base de cálculo das empresas tributadas pelo lucro real será apurada, regra geral, pelo somatório das receitas menos as deduções permitidas pelo legislador. Sobre esta base são aplicadas as alíquotas de 7,6% para a COFINS e de 1,65% em relação ao PIS/PASEP.

Mas as empresas não precisarão pagar exatamente o valor apurado pela aplicação das alíquotas mais elevadas criadas para o método não cumulativo. O legislador define nos normativos um conjunto de itens que estas empresas podem utilizar como crédito para diminuir o valor das contribuições a pagar. Para fins de simplificação, veja a explicação:

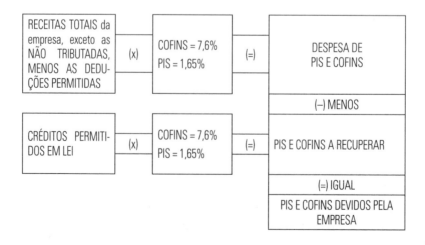

Apesar de o sistema de créditos de PIS e COFINS não ser igual ao sistema de créditos do ICMS, é fundamental seu registro contábil em contas de ativo, denominadas PIS A RECUPERAR e COFINS A RECUPERAR, no momento da entrada dos itens que a lei permite crédito.

A Interpretação Técnica nº 1, emitida pelo Instituto Brasileiro dos Auditores Independentes (IBRACON) em 22/JUN/04, referendou o modelo de registro contábil apresentado na segunda edição do livro *Manual de contabilidade tributária*, deste mesmo autor, cujo texto é reproduzido a seguir.

> *"Na escrituração contábil, quando a empresa adquirir estoques para revenda, deverá destacar o PIS e a COFINS do valor da mercadoria, como já faz com o ICMS. Assim, estas contribuições não serão pagas exatamente sobre a diferença entre o valor da venda e a compra dos bens vendidos. O valor pago será encontrado pela diferença entre o valor devido total (9,25% sobre as receitas, menos as exclusões permitidas) e o valor creditado nas aquisições de bens e serviços que a legislação permite. O PIS e a COFINS destacados nas compras devem ser registrados no ativo circulante, nas contas de PIS a Recuperar e COFINS a Recuperar." (PÊGAS, 2004, p. 185).*

Mais adiante, em capítulo específico, o tratamento contábil será mais bem esclarecido, debatido e explorado com muitos exemplos numéricos.

Já o detalhamento dos créditos permitidos em lei será feito já a seguir, no próximo capítulo, para permitir aprofundamento do tema. Alegria!

5
CRÉDITOS PERMITIDOS EM LEI

POR QUE LER ESTE CAPÍTULO? PARA:

- Identificar os créditos permitidos nas compras de estoque e insumos, nos bens do imobilizado e nas despesas.
- Conhecer os detalhes que cercam o confuso sistema de créditos das contribuições para PIS/PASEP e COFINS.
- Separar os gastos em três tipos: aqueles que permitem crédito conforme a lei, aqueles gastos em que não há qualquer possibilidade de crédito e as situações polêmicas, em que há discussão se há possibilidade de crédito ou não.

5.1 ASPECTOS INTRODUTÓRIOS

Os créditos representam a essência de um método não cumulativo. No Brasil, o ICMS e o IPI têm essa característica, em que o imposto pago na etapa anterior e destacado no documento fiscal é creditado pela empresa que compra um produto para revenda ou para transformação em um outro produto que será vendido.

Contudo, o modelo utilizado para o PIS e a COFINS é algo diferente, pois, conforme já apresentado nos capítulos anteriores, a legislação separou as empresas em dois tipos, conforme a forma de tributação. Com isso, o crédito de uma empresa compradora de um determinado bem não representa necessariamente o valor pago na empresa que vendeu este bem.

Portanto, os créditos de PIS e COFINS serão obtidos mediante aplicação das alíquotas de 1,65% e 7,6% sobre valores expressamente determinados em lei, desconsiderando a forma de tributação da empresa adquirente. O crédito será presumido, sendo considerado na essência como liberalidade concedida pelo legislador.

5.2 POSIÇÃO DA DOUTRINA JURÍDICA SOBRE OS CRÉDITOS

O ponto mais controverso da legislação das contribuições para PIS e COFINS diz respeito ao aproveitamento dos créditos. Há muita controvérsia e polêmica quando nos deparamos com análise dos itens que permitem crédito de PIS e COFINS.

Antes de entrar item a item, importante apresentar duas correntes: uma constitucionalista, mais ousada; outra, legalista, conservadora.

5.2.1 CORRENTE CONSTITUCIONALISTA

Os juristas que defendem esta corrente para os créditos de PIS e COFINS partem do dispositivo constitucional, que define a não cumulatividade para ICMS, IPI e para eventual imposto criado por competência residual. Entendem que a não cumulatividade, sendo um princípio constitucional, deve ser considerada por todos os tributos que adotem essa sistemática. Assim, o legislador não seria livre para descrever quais itens permitem ou não crédito. Nesta situação, a relação de créditos descritas nas Leis nos 10.637/02 e 10.833/03 seria meramente exemplificativa, talvez até inconstitucional.

Seguindo esta linha de interpretação, todos os custos e despesas necessários à geração de receitas (que compõem a base de tributação) deveriam permitir a apropriação de créditos. Despesas com telecomunicações e treinamento, por exemplo, estariam enquadrados nesta categoria e permitiriam o aproveitamento de créditos.

Observe que não entra em discussão aqui o que se considera ou não como insumos. O critério utilizado para permitir a apropriação de crédito é saber se as despesas e custos seriam necessários para a geração da receita. Contudo, é importante destacar que qualquer despesa com mão de obra, ainda que imprescindível à geração da receita, continuaria de fora, uma vez que pagamento a pessoa física, pela regra geral da não cumulatividade das contribuições, impede o aproveitamento de créditos.

5.2.2 CORRENTE LEGALISTA

Por outro lado, há autores que entendem o sistema de créditos utilizado pela não cumulatividade das contribuições sociais como simples concessão de favores fiscais. Neste caso, o legislador estaria livre para relacionar os créditos que podem ser apropriados ou não.

Para esta linha de raciocínio, que é seguida pelo Fisco, a relação de créditos prevista no art. 3º das Leis nos 10.637/02 e 10.833/03 é expressa. Com isso, para aproveitamento do crédito, não basta que o gasto (custo ou despesa) seja necessário para a geração da receita. É fundamental que ele esteja previsto na legislação.

Destaca-se que tais créditos não estão restritos à atividade industrial ou à prestação de serviços, ao contrário do que ocorre com a depreciação de "máquinas, equipamentos e outros bens incorporados ao ativo imobilizado", que geram créditos apenas quando "adquiridos ou fabricados para locação a terceiros, ou para utilização na produção de bens destinados à venda ou na prestação de serviços" (inciso VI).

A cada inciso a ser analisado, portanto, é necessário verificar a sua extensão, ou seja, se ele abrange todas as atividades da empresa ou se é limitado à produção de bens ou serviços. As limitações gerais contidas na legislação, como pagamentos a pessoas físicas, também devem ser observadas por esta corrente.

A Receita Federal do Brasil e as empresas de auditoria se alinham com a corrente LEGALISTA, o que é natural. Por outro lado, os operadores do direito que abraçam a corrente CONSTITUCIONALISTA têm seus argumentos amparados no zelo e na proteção do Estado Democrático de Direito.

5.2.3 POSIÇÃO DO CARF

O Conselho Administrativo de Recursos Fiscais (CARF) é um órgão paritário, de composição dividida entre representantes da Fazenda Nacional e dos contribuintes, vinculado ao Ministério da Fazenda. Foi criado por meio da Lei nº 11.941/09. O CARF é o órgão responsável pelo julgamento em grau recursal de ações de contribuintes relativas aos tributos administrados pela RFB. Também é responsável pela análise de recursos voluntários, que são apreciados pelo órgão nos casos em que a impugnação do contribuinte é acolhida pela primeira instância do contencioso administrativo, que se denomina Delegacia de Julgamento, os quais são manifestados pelos próprios julgadores de primeiro grau. Há, também, a competência do órgão para julgar, em Câmara Superior de Recursos Fiscais, os recursos especiais dos contribuintes e da Fazenda Nacional, nos casos de divergência entre as turmas julgadoras.

O CARF, atualmente, é formado por 130 conselheiros, dos quais a metade se constitui de Auditores da RFB, que representam a Fazenda Nacional e a outra metade se compõe de pessoas indicadas por confederações e entidades de classe, representando os contribuintes. Conforme dados divulgados na página eletrônica do CARF, nos oito primeiros meses de 2016, o órgão julgou um total de 5.996 recursos, dentre os quais 52% das irresignações dos contribuintes foram acolhidas pelo órgão administrativo. Em relação ao tipo de votação, dos 5.996 recursos, em 4.027 (67%) dos julgados a decisão se deu por unanimidade, o que evidencia a convergência de entendimento entre os conselheiros na grande maioria dos casos apreciados. As decisões por maioria de votos ocorreram em 1.564 (26%) dos casos e as decisões por voto de qualidade em apenas 417 (7%) recursos.

Em relação à posição do CARF no caso dos créditos de PIS e COFINS, o órgão tem feito os julgamentos analisando caso a caso, não se posicionando integralmente nem do lado legalista e tampouco do lado constitucionalista. Ao longo do capítulo será apresentada a legislação em vigor integrada com algumas decisões do conselho.

5.3 OS CRÉDITOS E A CADEIA PRODUTIVA

Para melhor ilustrar o tema, a análise inicial será com base em alguns exemplos numéricos, comprovando que o modelo adotado para PIS e COFINS é bem diferente do modelo utilizado pelo ICMS e IPI. Para fins de simplificação, a comparação levará em consideração apenas a COFINS e o ICMS, que terá alíquota hipotética de 18%. Os dois exemplos terão os mesmos valores, com mudança apenas da forma de tributação das empresas envolvidas.

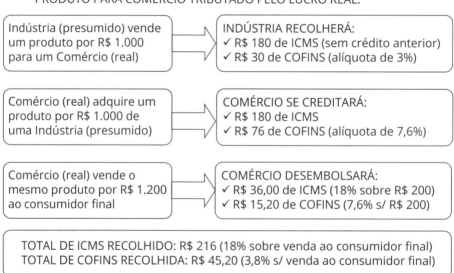

1º EXEMPLO: INDÚSTRIA TRIBUTADA PELO LUCRO PRESUMIDO VENDE PRODUTO PARA COMÉRCIO TRIBUTADO PELO LUCRO REAL.

Indústria (presumido) vende um produto por R$ 1.000 para um Comércio (real)

INDÚSTRIA RECOLHERÁ:
✓ R$ 180 de ICMS (sem crédito anterior)
✓ R$ 30 de COFINS (alíquota de 3%)

Comércio (real) adquire um produto por R$ 1.000 de uma Indústria (presumido)

COMÉRCIO SE CREDITARÁ:
✓ R$ 180 de ICMS
✓ R$ 76 de COFINS (alíquota de 7,6%)

Comércio (real) vende o mesmo produto por R$ 1.200 ao consumidor final

COMÉRCIO DESEMBOLSARÁ:
✓ R$ 36,00 de ICMS (18% sobre R$ 200)
✓ R$ 15,20 de COFINS (7,6% s/ R$ 200)

TOTAL DE ICMS RECOLHIDO: R$ 216 (18% sobre venda ao consumidor final)
TOTAL DE COFINS RECOLHIDA: R$ 45,20 (3,8% s/ venda ao consumidor final)

CONCLUSÃO: Em processos produtivos com empresa tributada pelo lucro real no final da cadeia produtiva e empresas tributadas pelo lucro presumido no início, a tendência é a alíquota efetiva de COFINS ser menor que 7,6%. Quanto menor for a margem de lucro do comércio, menor a alíquota efetiva.

O exemplo mostra uma empresa industrial de médio porte, tributada pelo lucro presumido, vendendo mercadorias a uma empresa comercial de grande porte, tributada pelo lucro real. A alíquota efetiva da COFINS foi bem reduzida, pouco maior que 3%, devido à pequena margem de lucro da empresa comercial e também devido ao crédito obtido por esta empresa (R$ 76,00) ser bem maior que a contribuição paga por ela (R$ 30,00).

No segundo exemplo, apresentado a seguir, acontece exatamente o contrário, pois a empresa que vende (indústria) é tributada pelo lucro real, pagando alíquota de 7,6%, valor este que não será creditado pela empresa que compra (comércio), que é tributada pelo lucro presumido, e que deverá pagar 3% sobre a venda realizada ao consumidor final.

Não considerei crédito de COFINS no caso 2, pois a cadeia teria que ser completa, incluindo as empresas que venderam mercadorias ou prestaram serviços para a indústria.

Percebe-se na leitura dos dois exemplos que o caso 2 teria uma tributação excessivamente maior de COFINS comparativamente ao caso 1. Considerando que são duas operações idênticas, com os mesmos valores envolvidos, conclui-se que o modelo é complexo em excesso e pode sim interferir na atividade econômica e na composição final dos preços dos bens e serviços. É evidente que, em uma situação aplicada no mundo real como a citada no exemplo, o produto do caso 1 seria vendido por um preço mais barato que o produto do caso 2.

Caso a empresa faça aquisições ou vendas a prazo e registre ajuste a valor presente em sua contabilidade, deverá eliminar este efeito para fins fiscais, considerando o total do valor para fins de receita (tributação) ou despesa (crédito).

5.4 BENS ADQUIRIDOS PARA REVENDA

Este valor refere-se a todas as compras efetuadas para revenda, seja de empresa comercial ou industrial, embora na maior parte das vezes o dispositivo se aplique às atividades de empresas comerciais.

Integram o custo de aquisição dos bens e mercadorias (e também dos insumos) o seguro e o frete pagos na aquisição, quando suportados pelo comprador. A Consulta nº 15, da Divisão de Tributação (DISIT) 6, de 27/FEV/07, diz que *"Os custos de transporte até o estabelecimento do contribuinte, pagos ou creditados a pessoa jurídica domiciliada no País, integram o custo de aquisição de mercadorias destinadas à revenda, constituindo base de cálculo dos créditos a serem descontados das contribuições devidas"*. A mesma consulta confirma a possibilidade de exclusão do ICMS ST na base de contribuinte substituto.

Os créditos de PIS e COFINS levam em consideração o valor da aquisição, incluindo o ICMS que vem destacado na nota fiscal, quando recuperável (IN SRF nº 404, art. 8º, § 3º, inciso II).

O IPI, quando recuperável, não integra o custo dos bens para fins de cálculo do crédito (IN SRF nº 404/04, art. 8º, § 3º, inciso I). Logo, quando o comércio adquirir bens da indústria para revenda, o valor do IPI, que não seria recuperável neste caso, integrará a base de créditos.

Tal situação cria mais um mecanismo interessante para reflexão. Veja o exemplo a seguir: Uma Indústria X vende um produto para um Comércio W por R$ 10.000, mais R$ 1.000 de IPI (alíquota de 10%), totalizando R$ 11 mil. As duas empresas são tributadas pelo lucro real e submetidas ao método não cumulativo para fins de PIS e COFINS. A Indústria X pagará R$ 760 (7,6% sobre R$ 10.000) de COFINS e o Comércio W se creditará de R$ 836 (7,6% sobre R$ 11.000). O IPI, no caso, fez a diferença, pois integra a base para fins de crédito no comércio, mas não integra a base da COFINS na indústria.

Caso a empresa adquira produtos para revenda com ICMS cobrado pelo modelo de substituição tributária, o problema aparece novamente. Mas não há definição clara na legislação, dando margem à interpretação por parte do contribuinte.

No caso, o valor da aquisição será maior por causa do ICMS cobrado antecipadamente do contribuinte substituído. Se o registro contábil apontar para o lançamento integral na conta de estoques, o crédito poderia incluir o ICMS ST. No entanto, caso este ICMS Substituição Tributária fique registrado em conta de ativo (ICMS a Apropriar, por exemplo), o crédito não consideraria seu valor.

Suponha que a Cia. Holanda (loja de departamentos) adquira pilhas pelo valor de R$ 1.100, sendo R$ 1.000 de preço de venda mais R$ 100 de ICMS ST. Neste caso, da forma como está disposto na lei, o crédito seria obtido sobre R$ 1.100 e não sobre R$ 1.000.

A RFB chegou a responder algumas consultas em 2004 permitindo a inclusão do ICMS ST no valor da aquisição. Porém, as consultas respondidas com a permissão foram revogadas, e desde então a posição da Fazenda tem sido no sentido de não permitir a inclusão do ICMS ST pago na compra na base de créditos. Tal orientação encontra amparo na instrução de preenchimento da DACON Mensal, que dizia o seguinte: <u>O ICMS integra o custo de aquisição dos insumos, exceto quando cobrado pelo vendedor na condição de substituto tributário</u>. O DACON foi substituído pela EFD-Contribuições, mas a lógica foi mantida.

Portanto, este é um ponto de dúvida para o contribuinte atacadista ou varejista com produtos objeto de substituição tributária de ICMS: Considerar ou não o valor do ICMS ST cobrado nas aquisições de mercadorias sujeitas a este dispositivo. As consultas recentes têm direcionado para a não inclusão do ICMS ST nas bases de PIS e COFINS, entendendo que se trata de mera antecipação do imposto estadual.

Alguns tributaristas e autores entendem que há possibilidade de buscar amparo judicial para esta dedução, pois a lei diz genericamente que o crédito será obtido pelo valor das compras, sem separar o que entra e o que não entra. E fazendo analogia com o IPI, pode-se buscar a inclusão do ICMS ST no valor das compras para fins de tomada de crédito de PIS e COFINS.

A aquisição para revenda de produtos objeto de substituição tributária de PIS e COFINS, como o cigarro, por exemplo, não permite crédito das contribuições, pois as revendas destes produtos não sofrem incidência de PIS e COFINS.

Não há crédito nas aquisições de produtos com tributação monofásica pelos contribuintes atacadistas, distribuidores e varejistas. O comércio atacadista ou varejista, ao adquirir produtos com tributação específica, deve separar estes produtos dos demais, pois não haverá cobrança de PIS e COFINS na venda e nem crédito na aquisição.

Importante também ficar atento para a discussão jurídica envolvendo a inclusão do ICMS nas bases de PIS e COFINS. Conforme explicado no Capítulo 2, o

Supremo Tribunal Federal decidiu a questão em favor dos contribuintes, retirando o valor do imposto estadual das bases das contribuições. Contudo, falta decidir como isso será realizado e a partir de quando. O ideal seria tornar a mudança válida somente a partir de 2018 ou 2019, por conta do enorme problema e da complexidade de apuração dos reais valores envolvidos na discussão judicial.

5.4.1 DEVOLUÇÕES DE VENDAS

A legislação diz que as devoluções de vendas geram crédito de PIS e COFINS. Na verdade, elas deduzem a base, o que causa, teoricamente, o mesmo efeito.

Todavia, as devoluções de vendas que tenham sido tributadas pelo método cumulativo não podem ser excluídas da base das contribuições no método não cumulativo, gerando crédito, no caso, pelas alíquotas antigas, em 12 parcelas iguais e sucessivas (*IN SRF nº 404, art. 8º, § 6º*).

Isso significa o seguinte: quando uma empresa mudar a forma de tributação de um período para o outro, passando do lucro presumido para o lucro real, e uma mercadoria vendida num período de apuração for devolvida no período seguinte, esta devolução não será deduzida da base de cálculo e sim gerará créditos com as alíquotas utilizadas no método cumulativo, 0,65% e 3%. E o crédito poderá ser aproveitado em 12 parcelas mensais.

A Consulta nº 4, da DISIT 5, de MAR/08, confirma este entendimento, inclusive afirmando claramente não ser permitido o crédito para empresas que revendam produtos com tributação monofásica.

5.5 BENS E SERVIÇOS UTILIZADOS COMO INSUMO NA PRESTAÇÃO DE SERVIÇOS E NA PRODUÇÃO OU FABRICAÇÃO DE BENS OU PRODUTOS DESTINADOS À VENDA

Insumo, conforme o *Novo dicionário Aurélio*, significa:

> *"Elemento que entra no processo de produção de mercadorias ou serviços (máquinas e equipamentos, trabalho humano, etc.); fator de produção; recurso usado na produção de algo".*

O legislador provocou enorme confusão nos contribuintes, com a utilização do termo insumos, principalmente em relação ao setor de serviços, onde este conceito carrega elevada dose de subjetividade, por não ser comum sua utilização. A IN nº 404/04, no art. 8º, tentou esclarecer melhor o conceito de insumos definido em Lei:

> *"§ 4º Para os efeitos da alínea 'b' do inciso I do* caput, *entende-se como insumos:*
> *I – Utilizados na fabricação ou produção de bens destinados à venda:*

Cap. 5 • CRÉDITOS PERMITIDOS EM LEI

a) *As matérias-primas, os produtos intermediários, o material de embalagem e quaisquer outros bens que sofram alterações, tais como o desgaste, o dano ou a perda de propriedades físicas ou químicas, em função da ação diretamente exercida sobre o produto em fabricação, desde que não estejam incluídas no ativo imobilizado;*

b) *Os serviços prestados por pessoa jurídica domiciliada no País, aplicados ou consumidos na produção ou fabricação do produto;*

II – Utilizados na prestação de serviços:

a) *Os bens aplicados ou consumidos na prestação de serviços, desde que não estejam incluídos no ativo imobilizado; e*

b) *Os serviços prestados por pessoa jurídica domiciliada no País, aplicados ou consumidos na prestação do serviço."*

O dispositivo legal diz que gera crédito o valor dos serviços prestados por pessoa jurídica que for aplicado ou consumido na produção ou fabricação de bens destinados à venda. Um pagamento a uma empresa de limpeza, que preste serviço diretamente na fábrica, teoricamente, deveria permitir creditamento de PIS e CO-FINS. Todavia, da forma como a legislação definiu o critério de créditos, deixou o contribuinte numa situação difícil, pois o termo <u>serviços prestados por pessoa jurídica, aplicados ou consumidos na produção ou fabricação do produto</u>, utilizado pela IN SRF nº 404/04, possui aplicação controversa.

Assim, se o contribuinte for conservador, pagará um encargo tributário bem mais elevado; por outro lado, se for mais ousado, corre o risco de ser autuado e arcar com pesados acréscimos de multa e juros, por desconhecimento e pela complexidade da legislação que alterou e continua modificando o método de tributação do PIS e da COFINS.

As respostas da RFB às consultas formuladas pelos contribuintes sempre foram bastante conservadoras, no sentido de não ser possível utilizar qualquer valor como crédito que não esteja claramente permitido em lei. As empresas com valores relevantes nos itens descritos, provavelmente irão procurar abrigo no Judiciário.

Há autores que defendem que quaisquer gastos incorridos pela pessoa jurídica para obtenção de sua receita devem ser considerados como insumos. Já as autoridades fiscais têm entendimento restrito com relação aos custos e despesas que permitem crédito para o PIS e a COFINS.

A Consulta nº 59/05, da DISIT 8, diz que para efeito de cálculo dos créditos do PIS/PASEP não cumulativo, somente são considerados insumos os bens, não incluídos no ativo imobilizado, e os serviços, desde que utilizados diretamente no respectivo serviço prestado. No conceito de insumo não se enquadra qualquer bem ou serviço que gere despesa necessária para a atividade da empresa, mas sim, tão somente, aqueles que efetivamente sejam aplicados ou consumidos no respectivo serviço prestado.

Já a Consulta nº 73/05, da mesma DISIT 8, esclarece que, na atividade de prestação de serviços de alimentação, por contrato de franquia empresarial, os valores pagos, pelo franqueado ao franqueador, a título de "royalties" e taxa de publicidade não são considerados "insumos", não podendo ser utilizados para fins de desconto de crédito na apuração da contribuição para o PIS não cumulativo.

Outra decisão diz que podem ser considerados insumos os bens ou serviços intrinsecamente vinculados à produção dos serviços, ou seja, quando aplicados ou consumidos diretamente na sua prestação, não podendo ser interpretados como todo e qualquer serviço que gere despesas, mas tão somente os que efetivamente se relacionem com a atividade-fim da empresa.

E para completar o conjunto de notícias ruins, uma consulta formulada por um prestador de serviços, a respeito da possibilidade do aproveitamento de créditos dos insumos utilizados na prestação de serviços, obteve a seguinte resposta da RFB: <u>Não geram direito a crédito os custos incorridos com manutenção de equipamentos de informática; serviços de segurança e vigilância; conservação e limpeza; consultoria em informática; e bonificações concedidas a clientes por absoluta falta de amparo legal.</u>

Uma consulta da 1ª DISIT (nº 15/03) diz que a empresa não poderá utilizar crédito de PIS sobre as despesas de água por falta de previsão legal. No comércio, a decisão é correta, mas na atividade industrial, a água normalmente é considerada insumo, que compõe o produto final. Mais uma vez o problema seria a complexidade para o cálculo da parcela da conta vinculada à produção, número disponível apenas para as empresas que possuem contabilidade de custos integrada na contabilidade geral.

A DISIT 5, em sua Consulta nº 7, de MAR/08 traz explicação interessante sobre o que se considera crédito ou não:

> "O sujeito passivo poderá, no cálculo da COFINS, no regime não cumulativo, descontar créditos calculados sobre valores correspondentes a insumos, assim entendidos os bens ou serviços aplicados ou consumidos diretamente na produção ou fabricação de bens e na prestação de serviços. A água somente será considerada como insumo quando for utilizada diretamente na fabricação ou produção de bens destinados à venda; Equipamentos de Proteção Industrial – EPI e fardamento; material de escritório e limpeza das obras, material de campanhas educacionais e materiais para utilização no ambulatório médico da obra não são considerados insumos, pois não atendem ao requisito de o desgaste ou dano ter ocorrido 'em função da ação diretamente exercida sobre o produto em fabricação'; os serviços

de vigilância, telefonia, passagens e hospedagens em hotéis, exames médico-admissional, cursos e treinamento, serviços de transportes, mesmo que referidos empregados estejam vinculados a obras, não geram direito a créditos a serem descontados do PIS/PASEP, por não se enquadrarem no conceito de insumos aplicados ou consumidos diretamente na produção ou fabricação de produtos; o aluguel de veículos não gera direito ao crédito por não se enquadrar no art. 3º, inciso IV da Lei nº 10.833/03".

Interessante mesmo foi a consulta respondida pela DISIT 10 (nº 5/10) para uma cooperativa do setor lácteo, sujeita ao método não cumulativo. Veja o detalhe (em negrito, o destaque, para reflexão):

*"A lenha adquirida por cooperativa, de pessoas jurídicas não associadas, utilizada na alimentação de caldeiras que geram o vapor d'água **utilizado no processo de pasteurização, concentração e secagem de leite, pode ser considerada insumo** para efeito de cálculo de créditos relativos à COFINS não cumulativa nos termos da Lei nº 10.833/03. A lenha adquirida para alimentação de caldeiras que geram o vapor d'água **utilizado na limpeza de equipamentos e da própria indústria não se enquadra no conceito de insumo** nos termos do art. 3º da Lei nº 10.833/03, não gerando, consequentemente, direito a crédito da COFINS".*

Quer dizer o seguinte: para se apropriar dos créditos na compra da lenha, a cooperativa deverá separar, na aquisição, a lenha que será utilizada no processo industrial da lenha que será utilizada para limpeza dos equipamentos.

Para as empresas prestadoras de serviços a análise será ainda mais subjetiva. Na verdade, estas empresas sofreram os mais pesados impactos com a aplicação do método não cumulativo para PIS e COFINS. Como a maior parte dos seus custos está concentrada na mão de obra e esta não gera direito a crédito, o peso das contribuições sobre o faturamento aumentou consideravelmente para as empresas tributadas pelo lucro real. Como a tributação pelo lucro presumido aumentou também[1] em SET/03, o contribuinte do setor ficou, desde então, numa situação bastante delicada em relação à elevação de seus encargos tributários.

Uma solução de divergência da COSIT (nº 17, de MAI/08) diz que *"Para efeito de cálculo dos créditos da COFINS não cumulativa, somente são considerados insumos, utilizados na prestação de serviços, os bens e os serviços aplicados ou consumidos diretamente no respectivo serviço prestado. Excluem-se, portanto, desse conceito,*

---

[1] A Lei nº 10.684/03 aumentou a CSLL para as empresas prestadoras de serviços a partir do mês de setembro de 2003. O aumento da contribuição foi da ordem de 167%, pois passou de 1,08% sobre o faturamento para 2,88%.

as despesas que se reflitam indiretamente na prestação do serviço, como, por exemplo, os gastos com passagens, transporte e hospedagem em hotéis feitos com funcionários os quais tenham de se deslocar até o local da respectiva prestação". Ora, uma empresa de prestação de serviços de auditoria, por exemplo, tem nestas despesas os insumos utilizados na prestação de serviços. Mas, percebe-se que o Fisco não aceitará o crédito num eventual procedimento de ofício.

Outra resposta interessante foi a fornecida em JUN/07 pela DISIT 9 para a Consulta nº 217, em que são relacionados itens que geram e que não geram crédito numa empresa de serviços de limpeza e manutenção. Veja o quadro a seguir:

CONSULTA Nº 217, DE 14/JUN/07 (DISIT 9) EMPRESA PRESTADORA DE SERVIÇOS DE LIMPEZA E CONSERVAÇÃO	
CRÉDITOS PERMITIDOS	CRÉDITOS NÃO PERMITIDOS
As partes e peças de reposição usadas em veículos, máquinas e equipamentos utilizados diretamente na prestação de serviços da pessoa jurídica acima aludida, desde que as despesas correspondentes não signifiquem acréscimo de vida útil superior a um ano ao bem em que forem aplicadas tais partes e peças de reposição.	Fornecimento, a seus empregados, de vale transporte, vale refeição ou alimentação, seguro de vida, seguro-saúde, plano de saúde, assistência médica ou odontológica, fardamento ou uniforme, equipamentos de proteção individual.*
	Treinamento de mão de obra.
	Seguros sobre veículos.
Serviços de manutenção em máquinas e equipamentos utilizados na prestação de serviços, que não acrescentem vida útil superior a um ano ao bem em que forem aplicados, desde que respeitados todos os demais requisitos normativos e legais atinentes à espécie.	Aquisição de combustíveis e lubrificantes utilizados em veículo da própria empresa destinado ao transporte de empregados.
	Emissão de folha de pagamento, juros e tarifas bancários, serviços advocatícios, de auditoria e contábeis.

* Crédito autorizado posteriormente pela Lei nº 11.898/09 (art. 25).

Embora o conceito de insumos definido no dicionário inclua também o trabalho humano, o custo que as empresas têm com pessoal não permite crédito de PIS e CO-FINS, pois a legislação determina claramente que apenas os pagamentos para pessoas jurídicas domiciliadas no país geram direito ao crédito. Veja a consulta a seguir:

"DISIT 6 – CONSULTA Nº 245 de 5/SET/05
ASSUNTO: COFINS
EMENTA: PRESTAÇÃO DE SERVIÇOS. INSUMOS.
Não configuram custos dos serviços prestados e sim despesas da atividade da empresa, não podendo servir de base aos créditos a serem descontados, os gastos relativos a despesas com alimentação, medicamentos, planos de saúde, assistência médica de empregados, serviços de transporte de fun-

cionários, compras de vales-transportes, material de limpeza, material de escritório e de informática, seguros de vida em grupo, seguros contra terceiros, telefone, correspondência postal, despesas de viagens de empregados, higiene, treinamento de funcionários".

A Consulta nº 166, da DISIT 9, de JUN/08, diz que *"Não se consideram insumos, para fins de desconto de créditos da COFINS, materiais de limpeza de equipamentos e máquinas, graxas, pinos, tarraxas e ferramentas, entre outros bens que não exercem função diretamente sobre o produto em fabricação. As despesas efetuadas com a aquisição de partes e peças de reposição e com serviços de manutenção em máquinas e equipamentos empregados diretamente na produção ou fabricação de bens ou produtos destinados à venda, pagas a pessoa jurídica domiciliada no País, a partir de 1º/FEV/04, geram direito a créditos a serem descontados da COFINS, desde que tais partes e peças de reposição não estejam incluídas no ativo imobilizado."*

A Lei inclui os gastos com combustíveis e lubrificantes no conceito de insumos, mas apenas os utilizados na fabricação de produtos ou na prestação de serviços, o que fecha eventuais brechas para dedução destes gastos relativos à área de vendas, por exemplo.

A mesma DISIT 9 foi dura na resposta à Consulta nº 443, de 18/DEZ/06, não permitindo crédito sobre gastos efetuados com combustíveis, lubrificantes, pneus, peças e partes de veículos, entre outros, realizados para transporte de mercadorias entre os diversos estabelecimentos das empresas comerciais. O entendimento do Fisco é que estes gastos não compõem o custo de aquisição dos bens adquiridos para revenda, nem configuram insumos na prestação de serviços ou na produção ou fabricação de bens, não sendo, por conseguinte, passíveis de gerar crédito para os fins previstos no art. 3º da Lei nº 10.833/03. O mesmo caminho foi seguido pela DISIT 10 na resposta à Consulta nº 163, de SET/07.

A DISIT 1 permitiu crédito para uma empresa prestadora de serviços em relação à aquisição de combustíveis e lubrificantes efetivamente empregados e consumidos em veículos utilizados para prestação de serviços. Além disso, a resposta diz que não há prazo limite para o desconto dos créditos da não cumulatividade, ou seja, os créditos que não forem descontados em determinado mês poderão sê-lo nos meses subsequentes.

No transporte de cargas, por exemplo, há uma interessante resposta na Consulta nº 317, de OUT/06, da DISIT 9, cuja ementa é apresentada a seguir:

"EMENTA: TRANSPORTE DE CARGAS. INSUMOS. Não configuram insumos utilizados na prestação de serviços das empresas de transporte de cargas em geral, para fins de crédito na forma prevista pelo art. 3º, II, da Lei nº 10.833/03, os gastos efetuados com seguros de qualquer espécie. Por outro

lado, incluem-se no conceito de insumos utilizados na prestação de serviços das empresas de transporte de cargas em geral, para fins dos créditos acima mencionados, desde que atendidos todos os requisitos legais e normativos atinentes à espécie, os gastos efetuados com: pneus, partes e peças para reposição nos mencionados veículos, desde que não estejam incluídos no ativo imobilizado; mão de obra de manutenção da frota, inclusive recauchutagem, desde que paga a pessoa jurídica; pedágios para conservação de rodovias; aluguéis pagos na locação de veículos para esse transporte; e encargos de depreciação, nos limites legais e temporais conforme a evolução legislativa da matéria".

O combustível usado pelos veículos que fazem o transporte entre a parte agrícola e a fábrica deveriam gerar crédito, pois estão integrados totalmente no processo de produção. Contudo, não só os gastos com combustíveis, como a própria depreciação referente a estes veículos não entram no conjunto de itens que permitem crédito. A RFB tem sido restritiva nas respostas às empresas que formulam consulta. Por exemplo, a consulta da DISIT 7 (RJ e ES) nº 83, de AGO/10, diz que os combustíveis utilizados em máquinas, equipamentos e veículos empregados na formação de florestas e no transporte de matéria-prima, produzida por essa floresta, até a unidade industrial produtora de celulose, destinada à venda, NÃO se enquadram no conceito de insumo, NÃO gerando, consequentemente, direito a crédito da COFINS. As despesas com combustíveis somente geram créditos da COFINS se forem consumidos em máquinas e equipamentos utilizados diretamente na prestação de serviços ou no processo de fabricação de bens e produtos destinados à venda. Por analogia, o caminhão que transporta a cana-de-açúcar até a usina não produz crédito nem referente à depreciação e nem em relação ao combustível utilizado. O mesmo se aplica aos demais veículos que fazem este tipo de transporte.

Em outra consulta respondida na DISIT 8 (SP) (nº 96, de ABR/13), a RFB mostra sua veia restritiva:

"EMENTA: COFINS NÃO CUMULATIVA. DIREITO DE CRÉDITO. INSUMO. Consideram-se insumos, para fins de desconto de créditos na apuração da COFINS não cumulativa, os bens e serviços adquiridos de pessoas jurídicas, aplicados ou consumidos diretamente na prestação de serviços ou na fabricação de bens destinados à venda. O termo insumo não pode ser interpretado como todo e qualquer bem ou serviço que gera despesa necessária para a atividade da empresa, mas, sim, tão somente, como aqueles, adquiridos de pessoa jurídica, que efetivamente sejam aplicados ou consumidos diretamente na prestação do serviço da atividade-fim ou na fabricação de bens destinados à venda. Não geram direito a crédito os valores relativos à contratação de mão de obra para as atividades-fim da empresa,

por pessoa jurídica interposta, por não configurarem pagamento de bens ou serviços enquadrados como insumos utilizados na fabricação ou produção de bens ou produtos destinados à venda ou na prestação de serviços. SERVI-ÇOS DE MANUTENÇÃO DE MÁQUINAS E EQUIPAMENTOS. Os valores referentes a serviços prestados por pessoa jurídica domiciliada no País, para manutenção das máquinas e equipamentos, empregados na produção de bens destinados à venda, podem compor a base de cálculo dos créditos a serem descontados da COFINS não cumulativa, desde que respeitados todos os requisitos legais e normativos atinentes à espécie".

Pelo exposto, a utilização de mão de obra na produção, contratada diretamente de empresa locadora de mão de obra, não permite crédito. Por outro lado, a manutenção de máquinas e equipamentos utilizados na fábrica, pela resposta da consulta, permite crédito.

Por outro lado, na DISIT 9 (PR e SC), a Consulta nº 30, de JAN/10, revisa uma consulta anterior e diz que as ferramentas adquiridas para utilização em máquinas da linha de produção, a contratação de mão de obra de pessoas jurídicas para operação e manutenção de equipamentos da linha de produção e a contratação de serviços de pessoas jurídicas aplicados diretamente sobre o produto em transformação ou sobre as ferramentas utilizadas nas máquinas pertencentes à linha de produção são considerados insumos, para fins de creditamento da COFINS.

Outra consulta, na mesma região fiscal (nº 174/09), trata de outro tema controverso, dizendo que o frete pago pelo adquirente à pessoa jurídica, para transportar bens adquiridos para serem utilizados como insumo na fabricação de produtos destinados à venda, compõe o custo do bem, podendo, portanto, ser utilizado como crédito a ser descontado da COFINS pelo método não cumulativo.

A DISIT 9 (PR e SC) também esclarece (Consulta nº 166, de AGO/13) que NÃO se caracterizam como insumos os materiais para treinamentos, como pilhas, giz, papéis, luvas, ou artigos para consumo de colaboradores, como café e copos plásticos, ou materiais de limpeza e manutenção.

Não há crédito de INSUMOS no comércio atacadista. É o que diz a Consulta nº 77, de ABR/13 da DISIT 8 (SP).

Os gastos com telecomunicações não entram no conceito de insumos. Veja a resposta da Solução de Divergência nº 10, de ABR/11:

"EMENTA: COFINS não cumulativa. Créditos. Insumos. As despesas realizadas com serviços de telefonia para a execução de serviços contratados, por mais necessários que sejam, não geram direito à apuração de créditos a serem descontados da COFINS, por não se enquadrarem na definição legal de insumos aplicados ou consumidos diretamente nos serviços prestados".

A Solução de Divergência nº 14, de ABR/11, diz que, por absoluta falta de amparo legal, os valores pagos em decorrência de contratos de cessão de direitos autorais, ainda que necessários para a edição e produção de livros, não geram direito à apuração de créditos a serem descontados da COFINS porque não se enquadram na definição de insumos utilizados na fabricação ou produção de bens destinados à venda.

Para concluir este tópico relacionado a INSUMOS e antes de passar para o tópico ALUGUEL, apresento a seguir a Consulta nº 9, de JAN/12, que revisa uma consulta anterior e lista um conjunto de gastos que se situam entre aluguel e insumos e NÃO podem ser considerados como créditos. Veja a lista com os respectivos motivos:

1. Serviços de transporte de máquinas e equipamentos do processo produtivo para manutenção externa, por não se constituírem insumos à fabricação de produtos destinados à venda.
2. Partes e peças de reposição e a serviços de manutenção de empilhadeiras e outros veículos utilizados no transporte interno no processo de fabricação de bens ou produtos destinados à venda, por não se constituírem insumos à fabricação de produtos destinados à venda.
3. Partes e peças de reposição e a serviços de manutenção de veículos utilizados no transporte de insumos entre o fornecedor e o comprador e suportados pelo comprador, por ausência de previsão legal.
4. Combustíveis e lubrificantes utilizados em veículos de transporte interno da produção e em veículos destinados ao transporte de insumos entre os fornecedores e o consulente, por não se constituírem insumos à fabricação de produtos destinados à venda.
5. Serviços de transporte de insumos para estabelecimentos de terceiros industrializadores por conta e ordem, realizados tanto pelo encomendante quanto pelo industrializador, por não se constituírem insumos à fabricação de produtos destinados à venda.
6. Serviços de transporte de insumos entre fornecedores e comprador, por ausência de previsão legal.
7. Materiais, partes e peças de reposição e a serviços de manutenção e conservação de instalações industriais e de redes elétricas industriais, por não se constituírem insumos à fabricação de produtos destinados à venda.
8. Materiais utilizados em embalagem de produtos destinada ao transporte, por falta de previsão legal.
9. Eletrodos, arames de solda, oxigênio, acetileno, dióxido de carbono e materiais de solda, utilizados na manutenção de máquinas da produção, e seus respectivos fretes, por não se constituírem insumos à fabricação.

Por fim, para encerrar este tópico, apresentamos a seguir a Consulta nº 161, de AGO/13, da DISIT 9, pelo seu caráter restritivo. Veja a transcrição:

> *"EMENTA: DESPESAS NÃO LIGADAS À PRODUÇÃO. IMPOSSIBI-LIDADE DE CRÉDITO COMO INSUMO. No regime de apuração não cumulativa da COFINS, não podem ser descontados créditos, por pessoa jurídica que exerça a atividade de fabricação de bens, em relação a despesas com mão de obra, telefone, condução, correios, seguros, material de expediente, anúncio e propaganda, conservação, associações e sindicatos, assistência médica, vale-transporte, uniformes, periódicos, sistemas, autenticações, farmácia, cursos de graduação, material de limpeza, manutenção e conservação, royalties, viagens, veículos, hotéis e restaurantes, comissões, propaganda e publicidade".*

5.6 ALUGUÉIS DE PRÉDIOS, MÁQUINAS E EQUIPAMENTOS PAGOS À PESSOA JURÍDICA E UTILIZADOS NAS ATIVIDADES DA EMPRESA

Teoricamente, toda despesa de aluguel que a empresa pagar a pessoas jurídicas permite crédito de PIS e COFINS, com as alíquotas de 1,65% e 7,6%, respectivamente. Contudo, não será permitido o crédito nos pagamentos feitos para pessoa física. A legislação diz que somente geram crédito aqueles valores utilizados nas atividades da empresa, o que elimina a possibilidade de creditamento, por exemplo, do aluguel de imóvel para um diretor.

A Lei também cita o termo <u>despesas incorridas</u>, permitindo o crédito do PIS e COFINS no registro da despesa, mesmo antes de seu pagamento. Caso o aluguel seja pago a uma empresa que esteja no lucro presumido e registre suas receitas pelo regime de caixa, em nada altera a possibilidade de registro do crédito pelo locatário, apesar de ser mais um caso interessante para análise. Veja a explicação a seguir:

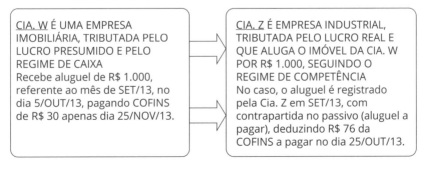

A Lei nº 10.865/04 proibiu o crédito, a partir de AGO/04, do aluguel de bens que já tenham integrado o patrimônio da pessoa jurídica. Este dispositivo está em consonância com o fim da dedução da depreciação dos bens adquiridos até ABR/04. Se o legislador não aceita a depreciação desses bens, não aceitará o aluguel deles, caso a empresa resolva buscar esta alternativa.

O aluguel de veículos não gera crédito, mesmo quando utilizado para transporte de empregados. Este entendimento foi confirmado na Consulta nº 267/03 e ratificado na Consulta nº 291/04 da DISIT 8, que confirma o crédito de aluguel de prédios, máquinas e equipamentos utilizados nas atividades da empresa, desde que pagos a pessoa jurídica, não permitindo, contudo, crédito em relação ao aluguel de veículos. A Solução de Divergência nº 15, de MAI/08, confirma esta proibição.

Por outro lado, quando o aluguel de veículos for enquadrado no conceito de insumos, poderá ser utilizado como crédito, conforme a Consulta nº 206/04, da DISIT 9. A consulta foi feita por uma empresa de engenharia, em relação às despesas com aluguel de veículos utilizados no transporte de engenheiros e funcionários para executarem serviços nas obras contratadas, às despesas com manutenção dos veículos próprios, aos gastos com aquisição de combustíveis, e às despesas de depreciação dos veículos incorporados ao ativo imobilizado. A resposta permite o crédito, desde que observadas as demais disposições legais e normativas pertinentes.

Em relação ao tratamento contábil, é importante que a despesa seja registrada pelo seu valor total. Posteriormente, a empresa deve abrir uma conta retificadora junto a esta despesa e destacar a parcela que permite crédito de PIS e COFINS, com contrapartida nas contas de PIS a Recuperar e COFINS a Recuperar, respectivamente.

Por exemplo, se a empresa pagar aluguel de R$ 10.000, registra a despesa por R$ 10.000. Depois, registra R$ 165 (1,65%) a crédito em conta redutora da conta de despesa de aluguel e um débito na conta de PIS a Recuperar. O mesmo deverá ser feito para a COFINS, registrando R$ 760 (7,6%) a crédito de conta redutora da despesa de aluguel, com contrapartida (débito) na conta de COFINS a Recuperar.

O importante é que seja fácil a identificação da despesa e do crédito, o que poderia ser mais difícil caso a despesa fosse registrada "pelo líquido".

A sublocação gera crédito para quem paga, conforme Consulta nº 132, de JUL/13, da DISIT 9.

A mesma região fiscal (Consulta nº 115, de JUN/12) diz que o valor pago a título de Taxa de Ocupação sobre imóvel de propriedade da União NÃO gera créditos da não cumulatividade da COFINS.

O aluguel de bens de informática também dá direito a crédito. Foi o que disse a resposta da RFB à Consulta nº 199/10, formulada na DISIT 8 por uma empresa prestadora de serviços, afirmando ser passível de crédito o aluguel de computadores e seus periféricos. Contudo, diz a RFB que o direito ao crédito em questão limita-se às despesas com a locação de máquinas e equipamentos, não contemplando, portanto, o valor do aluguel de programas de computador, mesmo se incorporados a esses equipamentos locados e utilizados nas atividades da empresa. As despesas de aluguéis de veículos para viagens não geram direito ao crédito da COFINS por falta de previsão legal. O pagamento a pessoa jurídica para manutenção destes bens e equipamentos também permite crédito de PIS e COFINS.

5.7 DESPESAS DE ARRENDAMENTO MERCANTIL

O legislador permitiu (Lei nº 10.684/03) o crédito de PIS para as despesas com o <u>valor das contraprestações de arrendamento mercantil</u> a partir de FEV/03. O crédito permitido no PIS/PASEP se estendeu para a COFINS em FEV/04. A Lei original (Lei nº 10.833/03, art. 3º, inciso V, com alterações da Lei nº 10.865/04) citou apenas o termo sublinhado acima para fins de aproveitamento de créditos, não citando tipos de bens cujos arrendamentos seriam permitidos, proibindo apenas o crédito de arrendamentos realizados com empresas optantes pelo SIMPLES. No caso dos bens importados, a Lei nº 10.865/04 limita o crédito de aluguéis e contraprestações de arrendamento mercantil para prédios, máquinas e equipamentos, embarcações e aeronaves, utilizados na atividade da empresa. Neste caso, o arrendamento dos demais bens importados não permitirá crédito.

Serão beneficiadas, no caso, as empresas que fizeram seus planejamentos tributários em anos anteriores e decidiram pelo arrendamento mercantil em vez de financiamento, exatamente com objetivo de diminuir a base fiscal de IR e CSLL de forma mais veloz, pois o prazo do arrendamento normalmente é menor que o prazo de vida útil dos bens que seriam registrados no ativo imobilizado.

Portanto, o pagamento a título de arrendamento mercantil permite crédito nas bases de PIS e COFINS. Contudo, a Lei nº 10.865/04 cancelou a permissão de crédito no arrendamento de bens que já tenham integrado o patrimônio da empresa. Esta proibição entrou em vigor a partir de AGO/04.

Na atividade comercial, excetuando os bens imóveis, praticamente não há permissão para crédito da depreciação dos bens adquiridos para o ativo imobilizado, proibição não estendida para o arrendamento mercantil.

As empresas tributadas pelo lucro real e que não podem deduzir créditos sobre os bens do ativo imobilizado devem analisar com critério a possibilidade de substituir as aquisições de novos bens por arrendamentos mercantis, para utilização do crédito de PIS e COFINS (9,25%).

Todo e qualquer bem adquirido na modalidade de arrendamento mercantil (no Brasil) permitirá crédito para a pessoa jurídica que efetuar o pagamento. Até se a empresa adquirir, por esta modalidade, um liquidificador para fazer sucos e vitaminas para os empregados da parte administrativa. A DISIT 8 (SP), na Consulta nº 122/09 ratifica este entendimento afirmando o seguinte:

> *"Nos termos da Lei nº 6.099/74, QUALQUER BEM arrendado integrará o ativo fixo do arrendatário apenas depois de exercida a opção de compra, devendo, antes disso, as contraprestações do arrendamento mercantil ser consideradas custo ou despesa da pessoa jurídica. Antes de exercida a opção de compra do bem arrendado, o arrendatário, exceto no caso de o arrendador ser optante pelo SIMPLES, deve apurar créditos de COFINS sobre o valor total das contraprestações das operações de arrendamento mercantil. A partir do exercício da opção de compra do bem arrendado, deve apurá-los sobre o valor dos encargos de depreciação do bem, desde que este tenha sido adquirido para locação a terceiros ou para utilização na produção de bens destinados à venda ou na prestação de serviços".*

A contabilidade moderna modificou a forma de registro do arrendamento mercantil financeiro, com o reconhecimento, na contratação do arrendamento, dos seguintes valores:

- No ATIVO IMOBILIZADO, o bem reconhecido pelo seu valor presente. O bem será apropriado e reconhecido como DESPESA DE DEPRECIAÇÃO durante seu prazo de vida útil.
- No PASSIVO (CIRCULANTE E NÃO CIRCULANTE), como financiamento, o valor total das contraprestações devidas, incluindo eventual valor residual garantido (VRG) a ser pago ao final do contrato. O valor será baixado durante a vigência do contrato, conforme o pagamento das contraprestações.
- Também no PASSIVO, mas em CONTA RETIFICADORA do financiamento, o valor dos juros a apropriar que será a diferença entre o total registrado no passivo como financiamento e o valor presente do bem, reconhecido no ativo imobilizado. O valor dos juros será apropriado em DESPESA FINANCEIRA no período do pagamento das contraprestações.

Portanto, a empresa terá os gastos com a compra de um bem oriundo de arrendamento mercantil distribuído em despesa na sua contabilidade da seguinte forma:

- despesa de depreciação, durante o prazo de vida útil do bem; e
- despesa de juros, durante o período de financiamento.

Já a dedução fiscal como crédito nas bases de PIS e COFINS será obtida pelo pagamento do arrendamento mercantil, que será realizado mensalmente.

O pagamento da opção de compra ao final (valor residual) não tem previsão para crédito de PIS e COFINS. Na regra anterior, este valor era registrado no ativo imobilizado, sendo reconhecido posteriormente em despesa de depreciação. E o crédito de PIS e COFINS seria obtido pela depreciação, desde que o bem depreciado fosse utilizado no processo de produção de bens ou na prestação de serviços. Na contabilidade moderna, o valor da opção de compra simplesmente será reduzido do passivo constituído na aquisição original do bem.

A Consulta nº 122/09 da DISIT 8 (SP) esclareceu a questão da proibição do crédito da opção de compra na época.

> *"Nos termos da Lei nº 6.099/74, qualquer bem arrendado integrará o ativo fixo do arrendatário apenas depois de exercida a opção de compra, devendo, antes disso, as contraprestações do arrendamento mercantil ser consideradas custo ou despesa da pessoa jurídica. Antes de exercida a opção de compra do bem arrendado, o arrendatário, exceto no caso de o arrendador ser optante pelo SIMPLES, deve apurar créditos de COFINS sobre o valor total das contraprestações das operações de arrendamento mercantil. A partir do exercício da opção de compra do bem arrendado, deve apurá-los sobre o valor dos encargos de depreciação do bem, desde que este tenha sido adquirido para locação a terceiros ou para utilização na produção de bens destinados à venda ou na prestação de serviços".*

O problema será o controle para obtenção do crédito, pois a contabilidade moderna não registrará a opção de compra em despesa, reduzindo o passivo.

5.8 DEPRECIAÇÃO DE BENS DO ATIVO IMOBILIZADO

A Lei nº 10.833/03 (alterada pela Lei nº 11.196/05) diz que as empresas poderão descontar crédito em relação às máquinas, equipamentos e outros bens incorporados ao ativo imobilizado, adquiridos ou fabricados para locação a terceiros, ou para utilização na produção de bens destinados à venda ou na prestação de serviços. Mais adiante, a lei diz que os créditos serão apurados com aplicação das alíquotas vigentes (1,65% para PIS e 7,6% para COFINS) sobre os encargos de depreciação.

Na própria Lei nº 10.833/03 (§ 14 do art. 3º, que foi ajustado pela Lei nº 10.865/04), há a opção para que o contribuinte possa calcular o crédito relativo à aquisição de máquinas e equipamentos destinados ao ativo imobilizado, no prazo de quatro anos, mediante a aplicação, a cada mês, das alíquotas de 1,65% e 7,6% sobre o valor correspondente a 1/48 do valor de aquisição do bem, de acordo com regulamentação da Secretaria da Receita Federal. Perceba que o legislador fez menção neste caso somente a máquinas e equipamentos, não incluindo aqui os demais bens do imobilizado. Na Lei nº 10.865/04 (art. 31, § 1º) foi inserido o dispositivo dizendo que o crédito seria obtido apenas para os bens adquiridos a partir de maio de 2004.

Outra mudança que é significativa diz respeito ao valor passível de crédito. Se o contribuinte utilizar a opção do crédito das máquinas e equipamentos em quatro anos, poderá considerar o valor total da aquisição do bem para fins de crédito, utilizando-o em 48 meses à razão de 1/48 ao mês. Se considerar no prazo original, o crédito seria obtido pelo valor da depreciação, deduzindo o ICMS. Por exemplo, suponha aquisição de uma máquina pelo valor de R$ 24.000, com ICMS de 15% (R$ 3.600). A contabilização referente à aquisição da máquina seria a seguinte:

DÉBITO: Máquinas (Imobilizado)	20.400
DÉBITO: ICMS a Recuperar	3.600 (900 no AC e o 2.700 no ARLP)
CRÉDITO: Disponibilidades	24.000

Admitindo um prazo de vida útil de dez anos para a máquina, esta seria depreciada mensalmente em R$ 170 (20.400/120), totalizando R$ 20.400 no final dos dez anos. Caso fosse utilizada a prerrogativa de deduzir em quatro anos, o valor mensal seria de R$ 500, totalizando R$ 24.000.

Posteriormente, a Lei nº 11.774/08 permitiu o crédito em 12 meses na aquisição de máquinas e equipamentos destinados à produção de bens e serviços.

Finalmente, o art. 4º da Lei nº 12.546/11 modificou o art. 1º da Lei nº 11.774/08, permitindo que as empresas, nas hipóteses de aquisição no mercado interno ou de importação de máquinas e equipamentos destinados à produção de bens e prestação de serviços, façam a opção pelo desconto dos créditos da contribuição para o PIS/PASEP e da COFINS, da seguinte forma:

- ✓ no prazo de onze meses, no caso de aquisições ocorridas em agosto de 2011;
- ✓ no prazo de dez meses, no caso de aquisições ocorridas em setembro de 2011;
- ✓ no prazo de nove meses, no caso de aquisições ocorridas em outubro de 2011;
- ✓ no prazo de oito meses, no caso de aquisições ocorridas em novembro de 2011;
- ✓ no prazo de sete meses, no caso de aquisições ocorridas em dezembro de 2011;
- ✓ no prazo de seis meses, no caso de aquisições ocorridas em janeiro de 2012;
- ✓ no prazo de cinco meses, no caso de aquisições ocorridas em fevereiro de 2012;
- ✓ no prazo de quatro meses, no caso de aquisições ocorridas em março de 2012;
- ✓ no prazo de três meses, no caso de aquisições ocorridas em abril de 2012;

Cap. 5 • CRÉDITOS PERMITIDOS EM LEI

✓ no prazo de dois meses, no caso de aquisições ocorridas em maio de 2012;

✓ no prazo de um mês, no caso de aquisições ocorridas em junho de 2012; e

✓ imediatamente, no caso de aquisições ocorridas a partir de julho de 2012.

Neste caso, os bens adquiridos (máquinas e equipamentos) desde JUL/12 têm crédito integral de PIS (1,65%) e de COFINS (7,6%) sobre o valor de aquisição, no mercado interno, dos bens novos e sobre a base de cálculo, conforme definida no art. 7º da Lei nº 10.865/04, dos bens adquiridos por importação.

O regime de desconto de créditos no prazo de 12 meses continuou aplicável aos bens novos, adquiridos ou recebidos entre maio de 2008 e agosto de 2011.

A IN SRF nº 457/04 teve como objetivo consolidar o tema créditos sobre bens do imobilizado. Contudo, tal normativo não foi atualizado (até MAR/18), dificultando o melhor entendimento do tema.

Para tornar a explicação menos complexa, apresentamos a seguir diversas interpretações em casos de aquisições de bens do imobilizado para facilitar o entendimento.

5.8.1 MÁQUINAS E EQUIPAMENTOS ADQUIRIDOS A PARTIR DE JUN/12 PARA USO NA PRODUÇÃO DE BENS E SERVIÇOS OU PARA LOCAÇÃO

Estes bens geram crédito pelo valor da aquisição, mesmo que o pagamento se dê por meio de financiamento. Portanto, uma indústria, quando efetua a compra de máquinas e equipamentos para sua fábrica, toma crédito integral de PIS e COFINS. Por exemplo, uma indústria compra em JAN/17 uma máquina por R$ 120.000,00. Pode utilizar crédito de PIS no valor de R$ 1.980,00 e de COFINS de R$ 9.120,00 em JAN/17.

Importante destacar que a empresa industrial poderia, no caso, considerar o crédito pelo prazo de 48 meses, utilizando base mensal de R$ 2.500,00, apurando crédito mensal de PIS de R$ 41,25 e COFINS de R$ 190,00.

Poderia, também, utilizar o crédito pelo prazo usual de depreciação do bem conforme legislação do imposto de renda. Assim, a depreciação mensal seria de R$ 1.000,00 e os créditos reconhecidos por R$ 16,50 o PIS e R$ 76,00 a COFINS.

Desconsiderando o problema do ICMS, que deduziria o registro no imobilizado, a forma de reconhecer o crédito vai modificar, consideravelmente, o modelo de controle e registro contábil.

Utilizando os dados do exemplo e admitindo um prazo de vida útil de dez anos para a máquina, teríamos a seguinte situação ao final do primeiro mês de apuração (JAN/17), com as três formas de apropriar o crédito:

OPÇÕES	SALDO IMOBILIZADO	DESPESA DE DEPRECIAÇÃO NO MÊS	REGISTRO CONTÁBIL DA DEPRECIAÇÃO E DO CRÉDITO
CRÉDITO INTEGRAL	107.992,50	907,50	CONTABILIZAÇÃO SIMPLES. O imobilizado seria registrado na compra por 108.900 (120.000 menos 9,25% de crédito, que dá 11.100).
CRÉDITO QUATRO ANOS	119.000,00	907,50	CONTABILIZAÇÃO COMPLEXA. A despesa de depreciação seria de 1.000 menos o crédito de 92,50 (9,25% sobre este valor). Contudo, o crédito seria de R$ 231,25 (9,25% sobre 2.500), registrado no ativo, sinalizando necessidade de registro do valor de R$ 138,75 no passivo, como Provisão para PIS e COFINS Diferido. Este valor, R$ 138,75, refere-se a 9,25% sobre 1.500, valor mensal de dedução da depreciação a maior do que a reconhecida na contabilidade.
CRÉDITO DEZ ANOS	119.000,00	907,50	CONTABILIZAÇÃO SIMPLES. O crédito seria deduzido da despesa de depreciação. Esta seria de 1.000 menos o crédito de PIS e COFINS de 92,50, referente a 9,25% sobre 1.000.

5.8.2 MÁQUINAS E EQUIPAMENTOS ADQUIRIDOS ENTRE MAI/08 E 2/AGO/11 PARA USO NA PRODUÇÃO DE BENS E SERVIÇOS OU PARA LOCAÇÃO

As empresas puderam se creditar do valor da aquisição destes bens em 12 meses, valendo a mesma regra do registro contábil aplicado aos bens com crédito obtido em 48 meses. No exemplo do tópico anterior, com aquisição de uma máquina por R$ 120.000,00, o crédito mensal seria de R$ 925, sendo 760 de COFINS (7,6% sobre 10.000) e 165 de PIS (1,65% sobre 10.000).

A empresa poderia, contudo, utilizar o crédito no prazo original de depreciação fiscal do bem, ou seja, dez anos.

5.8.3 MÁQUINAS E EQUIPAMENTOS ADQUIRIDOS ENTRE 2/AGO/11 E 31/MAI/12 PARA USO NA PRODUÇÃO DE BENS E SERVIÇOS OU PARA LOCAÇÃO

Neste caso, o crédito poderia ter sido obtido em menos de 12 meses. Veja o número de meses para utilização do crédito:

- bens adquiridos em AGO/11, crédito em onze meses;
- bens adquiridos em SET/11, crédito em dez meses;
- bens adquiridos em OUT/11, crédito em nove meses;
- bens adquiridos em NOV/11, crédito em oito meses;
- bens adquiridos em DEZ/11, crédito em sete meses;

- bens adquiridos em JAN/12, crédito em seis meses;
- bens adquiridos em FEV/12, crédito em cinco meses;
- bens adquiridos em MAR/12, crédito em quatro meses;
- bens adquiridos em ABR/12, crédito em três meses; e
- bens adquiridos em MAI/12, crédito em dois meses.

A partir de JUN/12, o crédito seria obtido no mês de aquisição.

5.8.4 MÁQUINAS E EQUIPAMENTOS ADQUIRIDOS ENTRE MAI/04 E ABR/08 PARA USO NA PRODUÇÃO DE BENS E SERVIÇOS OU PARA LOCAÇÃO

Nestes casos, o crédito poderia ser obtido em 48 meses. Alguns bens específicos, definidos nos Decretos nº 4.955/04 e nº 5.173/04, poderiam gerar crédito em 24 meses. Depois, os Decretos citados foram revogados pelo Decreto nº 8.950/16, mas continuaram válidas as relações de produtos para descontos de créditos das contribuições para PIS e COFINS.

5.8.5 OUTROS BENS UTILIZADOS NA ATIVIDADE INDUSTRIAL

Há permissão para desconto de crédito referente aos demais bens adquiridos para utilização na produção de bens destinados à venda, sem ser máquinas e equipamentos. Contudo, os créditos podem ser aproveitados somente por ocasião da depreciação. Antes de falar das restrições, importante debater qual prazo de depreciação será aceito pelo Fisco: o contábil ou aquele definido pelas regras fiscais.

Por conta do Regime Tributário de Transição (RTT), aplicava-se a legislação contábil-societária vigente até DEZ/07. E esta determinava a depreciação pelos prazos e taxas definidos na IN SRF nº 162/98 (atualizada na IN RFB nº 1.700/17). Portanto, vale a depreciação considerando as regras fiscais. Contudo, pela leitura da Lei nº 12.973/14, o crédito será considerado sobre a depreciação reconhecida na contabilidade para aqueles bens do imobilizado não contemplados nas situações específicas.

A RFB tem sido dura na resposta das consultas em relação à dedução de créditos de depreciação de outros bens na fábrica, que não sejam máquinas e equipamentos industriais. A Consulta nº 52/11 da DISIT 10 diz que não podem ser utilizados créditos em relação aos encargos de depreciação de veículos automotores que efetuam o transporte de produtos industrializados. Não há crédito de depreciação mesmo naqueles veículos que fazem o transporte de matéria-prima e de produtos em elaboração.

5.8.6 BENS UTILIZADOS NA PRESTAÇÃO DE SERVIÇOS

Na atividade de prestação de serviços, a depreciação dos bens utilizados na produção do serviço também permite crédito. Em regra, há crédito na depreciação dos bens de informática como computadores e impressoras utilizados diretamente na prestação de serviços. A consulta da DISIT 5 (BA e SE) nº 8, de MAR/09, ilustra bem a relação de créditos permitidos em uma empresa prestadora de serviços:

"EMENTA: EPI. CRÉDITO NA AQUISIÇÃO.

a) *As aquisições de Equipamentos de Proteção Individual utilizados na prestação de serviços não geram direito a crédito na apuração da COFINS não cumulativa. VEÍCULOS UTILIZADOS NAS ATIVIDADES DA EMPRESA. ATIVO IMOBILIZADO.*
CRÉDITO.

b) *Os veículos incorporados ao ativo imobilizado por empresa prestadora de serviço e utilizados diretamente na coleta e transporte de substâncias, nos casos em que essa coleta e transporte sejam objeto de contrato de prestação de serviços, geram direito a crédito na apuração da COFINS não cumulativa. Não geram o direito ao crédito, os veículos utilizados no deslocamento de pessoas e materiais entre estabelecimentos da pessoa jurídica, ou de estabelecimento para um outro local qualquer, ainda que esses deslocamentos façam parte de processo operacional das atividades da consulente.*
EQUIPAMENTOS DE INFORMÁTICA UTILIZADOS NAS ATIVIDADES DA EMPRESA. ATIVO IMOBILIZADO. CRÉDITO.

c) *Os equipamentos de informática incorporados ao ativo imobilizado geram direito ao crédito na apuração da COFINS não cumulativa somente se utilizados diretamente na prestação dos serviços, não se aplicando esse direito quanto aos equipamentos utilizados em atividades administrativas ou em procedimentos operacionais, mesmo que afetos às atividades da consulente, mas que não consistam na prestação de serviço contratado.*
AQUISIÇÃO DE LICENÇA DE USO DE PROGRAMA DE COMPUTADOR UTILIZADO NAS ATIVIDADES DA EMPRESA. AMORTIZAÇÃO. CRÉDITO.

d) *A aquisição de licença de uso de programa de computador não gera direito a crédito na apuração da COFINS não cumulativa, ainda que o dispêndio seja contabilizado em conta do ativo sujeita a amortização".*

5.8.7 EDIFICAÇÕES CONSTRUÍDAS OU ADQUIRIDAS

Os bens imóveis devem ser segregados pelas pessoas jurídicas em terrenos e edificações. O crédito de PIS e COFINS alcança todas as edificações construídas ou adquiridas a partir de MAI/04, independentemente da sua utilização na atividade produtiva, de vendas, administrativa ou em qualquer outra parte da empresa. Não há crédito sobre a aquisição de terrenos. A separação entre terrenos e edificações pode ser feita por laudo pericial.

Contudo, o prazo de utilização do crédito é diferente em relação ao uso das edificações, na produção ou não.

Conforme Lei nº 11.488/07, a partir de JAN/07 as empresas poderão utilizar em 24 meses o crédito da depreciação das edificações incorporadas ao ativo imobilizado, adquiridas ou construídas para utilização na produção de bens destinados à venda ou na prestação de serviços. O crédito poderá ser reconhecido no caso de edificações construídas apenas a partir do mês de conclusão da obra. Contudo, a lei diz que não se inclui no custo de aquisição ou construção da edificação o valor:

a) de terrenos;

b) de mão de obra paga a pessoa física; e

c) da aquisição de bens ou serviços não sujeitos ao pagamento das contribuições previstas no *caput* deste artigo em decorrência de imunidade, não incidência, suspensão ou alíquota zero da Contribuição para o PIS/PASEP e da COFINS.

Já se a edificação se referir a bens utilizados em outras atividades (comerciais e administrativas, por exemplo), o crédito de PIS e COFINS será possível pela depreciação, mas no prazo de 25 anos, ou 300 meses. Logicamente estamos admitindo aqui que a depreciação contábil seguirá o prazo fiscal.

Então, suponha a aquisição de um imóvel por R$ 450.000,00, destacado da seguinte forma: 1/3 do valor de terrenos e 2/3 referente a edificações. O crédito mensal seria apropriado da seguinte forma, conforme a utilização:

✓ Se utilizado na produção, o crédito mensal de COFINS seria de R$ 950 (7,6% sobre a depreciação mensal de R$ 12.500). A depreciação mensal seria obtida pela divisão 300.000 / 24 meses.

✓ Se utilizado na parte administrativa, o crédito mensal de COFINS seria de R$ 76 (7,6% sobre a depreciação mensal de R$ 1.000). A depreciação mensal seria obtida pela divisão 300.000 / 300 meses.

5.8.8 BENS REAVALIADOS OU COM AJUSTE POR CUSTO ATRIBUÍDO EM 2010

Não há sentido em liberar crédito para a depreciação da parcela reavaliada dos bens do imobilizado. Não houve desembolso por aquele valor, não fazendo sentido permitir o uso do crédito. Contudo, por esquecimento ou negligência, o legislador permitiu o uso deste crédito no PIS por longos 20 meses, de DEZ/02 a JUL/04 e na COFINS por seis meses, de FEV/04 a JUL/04. O item foi proibido a partir da Lei nº 10.865/04 (art. 31, § 2º). Por analogia, a mesma situação se aplica à depreciação da parcela acrescida por ocasião do custo atribuído em 2010, que elevou o valor de muitos bens do imobilizado, em contrapartida com a conta AJUSTE DE AVALIAÇÃO PATRIMONIAL no patrimônio líquido, não sendo permitido o crédito referente à parcela acrescida na depreciação.

5.8.9 BENS UTILIZADOS POR EMPRESAS COMERCIAIS DISTRIBUIDORAS, ATACADISTAS E VAREJISTAS

No setor comercial, praticamente não há bens que permitam crédito de PIS e COFINS pela depreciação. A depreciação da parte edificada do imóvel, quando este for próprio e integrar o ativo imobilizado da empresa, gera crédito. Em um supermercado, apenas a depreciação de bens da padaria, por exemplo, seria considerada como crédito para dedução nas bases de PIS e COFINS.

Os supermercados não podem deduzir como crédito os gastos com sacolas plásticas (Consulta nº 176/12 da DISIT 9). A mesma região fiscal diz que não cabe o reconhecimento de créditos nos bens utilizados pelos supermercados para fatiar frios (Consulta nº 16/12). Outras consultas formuladas pelo setor varejista apontaram a impossibilidade de crédito nos gastos de propaganda, serviços de transportes de valores, serviços de impressão e distribuição de folhetos comerciais, além do serviço de manutenção de instalações em geral. Nada disso permite redução na base, mostrando como é restrita a possibilidade de créditos nas empresas comerciais.

Sobre os veículos adquiridos para transporte de mercadorias, o tema será apresentado no tópico relacionado aos créditos sobre frete na venda. Mas, já adianto aqui que a depreciação desses bens não permitiria direito a crédito de PIS e COFINS.

5.8.10 BENS DO IMOBILIZADO E OUTROS CRÉDITOS DE EMPRESAS EM FASE PRÉ-OPERACIONAL

Enquanto a empresa não iniciar sua atividade operacional, não há possibilidade de descontar créditos de PIS e COFINS, pois não há receita para contrapor os créditos. A Consulta nº 283/09 da DISIT 8 esclarece tal impossibilidade. Veja:

> *"EMENTA: CRÉDITOS. ALUGUEL. ENERGIA ELÉTRICA. ARMAZENAMENTO. FASE PRÉ-OPERACIONAL. Não havendo a empresa iniciado suas operações, não há que se falar em estabelecimento, cujo conceito de forma nenhuma se confunde, por exemplo, com a existência do imóvel onde funcionará a empresa. O imóvel se trata apenas de um dos elementos do estabelecimento, o conjunto de bens, tanto corpóreos como incorpóreos, organizado para exercício da atividade empresarial. Atividade a qual, estando a empresa em fase de implantação, ainda não teve início. Dado*

inexistente estabelecimento, descabe cogitar da apuração de créditos de COFINS relativos à energia elétrica, conhecidas as previsões do art.3º, III, da Lei nº 10.833, de 2003. Inexistente atividade empresarial, tampouco cabe se cogitar da apuração de créditos em relação a pagamentos a pessoas jurídicas a título de aluguel de prédio, máquina ou equipamento, nos termos do inciso IV do referido artigo. No que toca ao ônus com o armazenamento de mercadoria, há previsão legal para sua apuração apenas quando relativo à operação de venda, não havendo como se conceber de seu cabimento em fase pré-operacional. Estando ou não a empresa em fase pré-operacional, nenhum dispêndio referente à aquisição ou à construção de bens a serem registrados no Ativo Imobilizado enseja apuração de créditos de COFINS. No entanto, acaso se trate de bens relacionados nos incisos VI e VII do art. 3º da Lei nº 10.833, de 2003, os dispêndios podem futuramente ensejar desconto de créditos na forma do § 1º, III, do mesmo artigo".

5.8.11 BENS ADQUIRIDOS ATÉ ABRIL DE 2004

A depreciação dos bens adquiridos antes de MAI/04 não permite crédito de PIS e COFINS, conforme determinado na Lei nº 10.865/04. Todavia, tal proibição, que entrou em vigor em AGO/04, não faz sentido pelo seguinte motivo: quando foi publicada a Lei nº 10.637/02 (PIS), sendo válida a partir de DEZ/02, o crédito sobre a depreciação de bens do imobilizado foi permitido, sem qualquer restrição, ou seja, valia a depreciação dos bens novos, adquiridos a partir daí e dos bens que integrassem o ativo imobilizado naquele momento. O mesmo se aplicou à COFINS, que entrou em vigor em FEV/04 sem restrição em relação à depreciação.

Com isso, as empresas podem, atendidas as demais condições, deduzir crédito de depreciação dos bens adquiridos até ABR/04, da seguinte forma:

- ✓ na Base do PIS, deduzindo a depreciação dos bens adquiridos entre DEZ/02 e ABR/04; e
- ✓ na Base da COFINS, deduzindo a depreciação dos bens adquiridos entre FEV/04 e ABR/04.

O Ato Declaratório Interpretativo nº 2/04 disciplinou que o crédito da depreciação, até 31/JUL/04, abrangia todos os bens, inclusive os adquiridos até ABR/04.

Muitos juristas entendem que a restrição do crédito dos bens citados sofre vício de inconstitucionalidade, por infringir a regra da não cumulatividade, do direito adquirido, da segurança jurídica, da razoabilidade e da não surpresa, pelo fato de ter atingido fato passado, impedindo crédito nascido no curso da sistemática da não cumulatividade e na vigência das Leis nos 10.637/02 e 10.833/03. Em resumo, as regras foram modificadas com o jogo em andamento. O contribuinte pode, por exemplo, ter comprado várias máquinas para sua empresa industrial entre fevereiro e abril de 2004 com o incentivo das novas leis, para aproveitar o crédito de PIS e COFINS e depois fica impedido de utilizar este crédito? Não faz sentido.

5.8.12 BENS USADOS

Não há crédito na aquisição de bens usados. Na legislação do imposto de renda, a depreciação deste tipo de bem é dedutível, mas não permite crédito para fins de PIS e COFINS. Esta proibição, contudo, consta na IN SRF nº 457/04, o que a torna, teoricamente, frágil. A RFB vem respondendo consultas dos contribuintes ratificando esta posição, em relação à dedução do crédito mensal por ocasião da depreciação de bens usados. Em relação ao crédito obtido com base no valor de aquisição ou fabricação, a limitação foi prevista em lei, não havendo polêmica.

Apesar de fazer sentido a vedação do crédito dos bens usados, o fato de tal limitação não ter amparo em lei deixa sempre espaço para questionamento.

5.8.13 DEPRECIAÇÃO ACELERADA PELO USO E INCENTIVADA

A legislação diz que é vedada a utilização de créditos calculados sobre encargos de depreciação acelerada incentivada, conforme art. 313 do Decreto nº 3.000/99 (Regulamento do Imposto de Renda de 1999). No caso da depreciação acelerada pelo uso em dois ou três turnos, o crédito poderá ser calculado sobre a depreciação registrada na contabilidade. Caso a contabilidade registre seus bens pelas modernas técnicas contábeis existentes, integradas às normas internacionais, o crédito continuará sendo apurado pelas regras vigentes até DEZ/07, considerando inclusive a depreciação acelerada incentivada pelo uso em dois turnos (150%) ou em três turnos (200%). Isso aconteceu enquanto perdurou o Regime Tributário de Transição (RTT).

Com a edição da Lei nº 12.973/14, a depreciação acelerada pelo uso, teoricamente, deixa de existir, pois a legislação original dizia que ela somente seria permitida se reconhecida na contabilidade.

5.8.14 BENFEITORIAS EM IMÓVEIS PRÓPRIOS OU DE TERCEIROS, UTILIZADOS NAS ATIVIDADES DA EMPRESA

A despesa com a amortização desses valores também dá direito ao crédito de PIS e COFINS, qualquer que seja a data em que tiver ocorrido a benfeitoria.

5.9 ENERGIA ELÉTRICA CONSUMIDA NOS ESTABELECIMENTOS DA PESSOA JURÍDICA

Os gastos com energia elétrica também permitem crédito de PIS e COFINS. Assim, ao registrar a despesa ou o custo, recomenda-se separar as parcelas de PIS (1,65%) e de COFINS (7,6%), que serão recuperadas posteriormente.

Na empresa industrial, a energia consumida na fábrica será registrada em IN-SUMOS, dentro da conta ESTOQUES, sendo refletida no resultado do período pela apuração do CUSTO DOS PRODUTOS VENDIDOS. Pela aplicação do texto da lei, os créditos de PIS e COFINS serão reconhecidos neste momento.

Nos demais casos, quando o registro contábil for diretamente à conta de DES-PESA, ela será registrada (líquida) por um valor menor do que a parcela paga ou registrada em contas a pagar. O crédito acontece, mesmo quando do registro da despesa, com contrapartida no passivo, em <u>Contas a Pagar.</u>

Apesar de o dispositivo legal citar que estará gerando crédito de PIS e COFINS apenas o valor da energia elétrica consumida nos estabelecimentos da pessoa jurídica, o fato é que não deve haver questionamento com relação ao crédito da conta de energia nos imóveis alugados, ou até mesmo em imóveis de terceiros, desde que o custo de energia seja do contribuinte.

A resposta da DISIT 10 na Consulta nº 141, de AGO/07 é interessante, pois confirma a possibilidade de crédito integral dos dispêndios com energia elétrica, mesmo nos casos em que a empresa tenha parte de suas receitas sujeita à alíquota concentrada (tributação monofásica) ou sujeita à alíquota zero. A DISIT 9 tem respostas parecidas nas Consultas nos 351/07 e 107/10.

Pela resposta das consultas e analisando a legislação, uma indústria de refrigerantes, por exemplo, poderia deduzir créditos sobre os gastos de energia, embora suas vendas sejam tributadas com alíquota concentrada. Um supermercado, por exemplo, revende produtos com tributação normal (produtos de limpeza, biscoitos), produtos com tributação concentrada e que não são tributados por isso (refrigerantes, produtos de higiene) e revende também produtos com alíquota zero (ovos, feijão etc.). Toda a energia elétrica consumida, pelo entendimento manifestado na consulta e na legislação, gera crédito.

A Lei nº 11.488/07 acrescentou a energia térmica, inclusive sob a forma de vapor, na lista de créditos permitidos nas bases de PIS e COFINS.

O valor do crédito deve ser obtido pela despesa de energia elétrica registrada na contabilidade da empresa. Esta, por sua vez, deve ser reconhecida sem o valor da Contribuição sobre a Iluminação Pública, cobrada na conta, mas que se trata de tributo municipal e, como tal, deve ser reconhecido na contabilidade. Não há crédito sobre o valor da CIP.

5.10 ARMAZENAGEM DE MERCADORIA E FRETE NA OPERAÇÃO DE VENDA, QUANDO O ÔNUS FOR SUPORTADO PELO VENDEDOR

Este crédito somente foi permitido nas bases de PIS e COFINS a partir da Lei nº 10.833/03, valendo apenas a partir de FEV/04. São as despesas com fretes e armazenagem de mercadorias. Os frigoríficos, por exemplo, que têm despesas elevadas com armazenagem, serão beneficiados com essa medida.

Sobre gastos com serviços postais, a Consulta nº 131/05, da DISIT 10 teve uma resposta bastante dura, dizendo que os gastos efetuados com a prestação de serviços de correio, objetivando a entrega de bens industrializados, não constituem insumos utilizados na sua fabricação, nem tampouco podem ser caracterizados como sendo pagamentos efetuados a título de frete. Diz a resposta da RFB que a dedução de crédito calculado na apuração da COFINS deve estar expressamente prevista em lei, sendo inadmissível eventual interpretação extensiva de norma tributária que provoque desoneração fiscal. Na DISIT 9, contudo, a Consulta nº 40/09 diz que o valor pago aos correios e suportado pelo vendedor pela entrega de mercadoria por ele revendidas, produzidas ou fabricadas pode ser descontado como crédito na sistemática não cumulativa. Os créditos devem ser tomados de acordo com o regime de competência, ou seja, devem corresponder às encomendas vinculadas às vendas de cada mês civil.

Também não é permitido crédito de PIS e COFINS no pagamento de frete na revenda de gasolina, conforme a Consulta nº 93/06, da DISIT 7. A Consulta nº 275/04, da mesma divisão, diz que não permite crédito o valor pago como comissão de vendas, ainda que a pessoas jurídicas.

A sequência de respostas negativas serve como alerta ao contribuinte, que deve ter muito cuidado na utilização de créditos nas bases de PIS e COFINS. A fiscalização, quando não há previsão expressa de utilização do credito em lei, não permitirá seu uso.

A Consulta nº 255, da DISIT 8, de AGO/08, diz que o valor do frete contratado com pessoa jurídica domiciliada no país para a realização de transferências de mercadorias dos estabelecimentos industriais aos estabelecimentos distribuidores da mesma pessoa jurídica não pode ser utilizado como crédito a ser descontado da COFINS devida sob a forma não cumulativa, por não caracterizar serviço utilizado na produção ou fabricação de bens, e tampouco despesa/custo incorrido na operação de venda. A Solução de Divergência COSIT nº 2, de JAN/11, confirmou o entendimento da DISIT 8.

Já a DISIT 9, na resposta à Consulta nº 90, de ABR/08, diz que *o frete relativo à transferência de produtos da unidade produtora para outro estabelecimento da mesma pessoa jurídica situado fisicamente nas instalações do cliente e que faça parte de um sistema de industrialização e comercialização de fornecimento sincronizado, é considerado frete na operação de venda e, em consequência, é passível de creditamento na sistemática não cumulativa.*

Na mesma DISIT 9, em consulta posterior (*nº 168, de JUN/08*), a resposta diz que *as despesas com movimentações e transporte de mercadorias não são consideradas despesas com armazenagem, para fins de creditamento na sistemática não cumulativa. No entanto, poderão dar direito a crédito caso correspondam a despesas com frete na operação de venda.* Ou seja, recomenda-se análise detalhada de cada caso, pois a legislação diz que o crédito só alcança os gastos de armazenagem e frete nas operações de vendas e não nas transferências entre estabelecimentos da pessoa jurídica.

Portanto, não há crédito nos gastos com transferências entre os centros de distribuições e os estabelecimentos comerciais, sendo esta posição definitiva por parte da RFB.

Gastos com fretes internacionais arcados pela vendedora, decorrentes de exportação de produtos de sua fabricação, somente dão direito a crédito para desconto dos valores devidos a título de COFINS, na sistemática de não cumulatividade, se o transportador for pessoa jurídica domiciliada no País. Também dão direito a crédito as despesas de armazenagem de mercadoria na operação de venda, quando o ônus for suportado pelo vendedor, não podendo o conceito de armazenagem ser estendido para abarcar outras despesas portuárias como a carga e descarga ou a movimentação de mercadorias *(Consulta nº 182, da DISIT 9, de 9/JUL/08).*

O frete pago na aquisição de máquinas, equipamentos e outros bens incorporados ao ativo imobilizado, adquiridos para locação a terceiros ou para utilização na produção de bens destinados à venda ou na prestação de serviços compõe o custo de aquisição destes bens para fins de cálculo do crédito referente ao encargo de depreciação incorrido no mês *(Consulta nº 204, da DISIT 8, de 2/JUL/08).*

Os créditos calculados em relação à armazenagem dos defensivos agrícolas classificados na posição 38.08 da TIPI, cuja venda é efetuada com alíquota zero da COFINS, e em relação ao frete contratado para a entrega desses defensivos agrícolas diretamente aos clientes adquirentes, poderão ser descontados da COFINS apurada segundo a sistemática não cumulativa, desde que a aquisição desses serviços esteja sujeita ao pagamento dessa contribuição, observados os demais requisitos legais relativos ao desconto de crédito *(Consulta nº 31, da DISIT 10, de JAN/08).*

O Ato Declaratório Interpretativo nº 2, de 17/FEV/05, esclarece que não gera crédito, por falta de previsão legal, o valor gasto com seguros, nas operações de vendas de produtos ou mercadorias, ainda que pagos ou creditados a pessoas jurídicas domiciliadas no País.

A RFB também vem respondendo negativamente as consultas sobre a possibilidade de dedução dos gastos com pedágio.

5.10.1 DESPESA COM FRETE PRÓPRIO: VEDAÇÃO AO CRÉDITO

Quando a empresa arcar com as despesas de frete com frota própria para entrega de seus produtos, o crédito não será permitido. A despesa de frete que permite crédito é aquela desembolsada a uma empresa transportadora. Se a empresa contratar motoristas, ajudantes, comprar caminhões, pagar seguro, IPVA, manutenção e combustíveis não poderá calcular crédito sobre estes valores. A Consulta nº 70, da DISIT 7, de JUN/10, confirma a posição.

Na DISIT 2 (norte do País), a Consulta nº 17, de DEZ/10, diz que para fins de desconto de crédito de PIS e COFINS, as operações de armazenagem, separação, manuseio e transporte de produtos, executadas pela própria empresa dedicada à atividade comercial, entre seus estabelecimentos ou destes para os clientes, não caracterizam utilização como insumo de bens e serviços na prestação de serviço, tampouco se enquadram na hipótese de armazenagem de mercadoria e frete na operação de venda de que trata a legislação.

Todavia, é importante ressaltar que a empresa pode ter outra empresa do próprio grupo para realizar este transporte. Neste caso, o crédito também seria permitido.

5.11 VALE-TRANSPORTE, ALIMENTAÇÃO E VESTUÁRIO

A Lei nº 11.898/09 (art. 25) permitiu, a partir de 9/JAN/09, a dedução de créditos referentes aos gastos com vale-transporte, vale-refeição ou vale-alimentação, fardamento ou uniforme fornecidos aos empregados por pessoa jurídica que explore as atividades de prestação de serviços de limpeza, conservação e manutenção. O Ato Declaratório Interpretativo nº 7, de ABR/07, proibia o desconto de créditos sobre tais valores até o dia 8/JAN/09.

Interessante esse benefício, pois estas empresas têm um gasto significativo com pessoal e as empresas que fornecem os vales pagam PIS e COFINS, garantindo a lógica do sistema não cumulativo. Contudo, não dá para entender o benefício para um segmento de serviços e não para os demais prestadores de serviços e para as empresas industriais, por exemplo.

Veja a Solução de Divergência nº 9, de ABR/11:

> *"EMENTA: COFINS não cumulativa. Créditos. Insumos. Os valores das despesas realizadas com a aquisição de equipamentos de proteção individual (EPI) tais como: respiradores; óculos; luvas; botas; aventais; capas; calças e camisas de brim e etc., utilizados por empregados na execução dos serviços prestados de dedetização, desratização e lavação de carpetes e forrações, NÃO GERAM DIREITO à apuração de créditos a serem descontados da COFINS, porque não se enquadram na categoria de insumos aplicados ou consumidos diretamente nos serviços prestados. Os gastos realizados com a aquisição de produtos aplicados ou consumidos diretamente nos serviços prestados de dedetização, desratização e na lavação de carpetes e forrações contratados com fornecimento de materiais, den-*

tre outros: inseticidas; raticidas; removedores; sabões; vassouras; escovas; polidores e etc., desde que adquiridos de pessoa jurídica domiciliada no Brasil ou importados, se enquadram no conceito de insumos aplicados ou consumidos diretamente nos serviços prestados, gerando, portanto, direito à apuração de créditos a serem descontados da COFINS".

Observe que a empresa que presta serviços de dedetização e afins teve seu crédito negado pela consulta em tela. Sem entrar na discussão jurídica, entendo que a isonomia tributária fica prejudicada neste caso, pois a empresa que presta serviços de limpeza e conservação tem crédito e a outra com atividade de prestação de serviços, em linha similar, não tem. Alegar que as margens de lucros são diferentes me parece uma justificativa sem amparo técnico e legal.

5.12 CRÉDITO PRESUMIDO SOBRE SALDO DE ESTOQUE

Além da permissão para utilização de crédito sobre diversos gastos, o legislador permitiu a apuração de crédito presumido sobre o estoque de mercadorias e demais insumos existentes a partir do mês em que a empresa passe a calcular PIS e COFINS pelo método não cumulativo. O crédito será obtido pela aplicação das alíquotas utilizadas no método cumulativo (3% de COFINS e 0,65% de PIS), com a empresa utilizando-o em 12 parcelas mensais, iguais e sucessivas, sem atualização monetária.

Esta regra valeu para o estoque existente no dia 30/NOV/02, no caso do PIS e em relação à COFINS o mesmo procedimento foi adotado para o estoque existente em 31/JAN/04. E será sempre aplicada quando a empresa modificar sua forma de tributação, passando do lucro presumido para o lucro real, caracterizando a mudança na tributação de PIS e COFINS do método cumulativo para o não cumulativo.

O conceito de estoques para fins de registro do crédito presumido abrange não só os produtos acabados, como também matéria-prima, produtos em elaboração, produtos intermediários, materiais de manutenção, embalagens e outros itens agregados ao grupo.

O IBRACON recomenda, na Interpretação Técnica nº 01/04, o registro deste crédito em conta de ativo, a partir do mês em que a empresa passe a calcular as contribuições pelo método não cumulativo, pois o direito de redução dos tributos devidos se dá quando há a mudança da forma de tributação de lucro presumido para lucro real.

A decisão de registrar ou não este crédito nos livros contábeis é fundamental para não causar diferenças nos resultados durante os 12 meses de utilização do crédito presumido.

As devoluções de vendas de períodos tributados pelo método cumulativo devem ter o mesmo tratamento do crédito sobre o estoque inicial, ou seja, crédito pelas alíquotas cumulativas (0,65% e 3%) e utilização em 12 meses.

5.12.1 EXEMPLO NUMÉRICO DO USO DO CRÉDITO PRESUMIDO

Suponha que a Cia. Barca seja uma empresa comercial, tributada até o ano de 2016 pelo lucro presumido, passando a partir de 1º/JAN/17 para o lucro real. Admita que a empresa possuía um estoque, em DEZ/16, no valor de R$ 2.000.000,00. No dia 1º/JAN/17, procederá ao seguinte registro contábil:

Débito:	COFINS a Recuperar	R$ 60.000,00	3% sobre o estoque de R$ 2.000.000,00.
Débito:	PIS a Recuperar	R$ 13.000,00	0,65% sobre o estoque de R$ 2.000.000,00.
Crédito:	Estoques	R$ 73.000,00	Crédito permitido ao contribuinte.

O crédito sobre estoque inicial deduzirá a COFINS a pagar em JAN/17 em R$ 5.000. Ou seja, admitindo que a base de cálculo da contribuição no mês seja de R$ 2.000.000, a Cia. Barca desembolsará R$ 147.000, sendo R$ 152.000 (7,6% sobre a base de R$ 2 milhões) menos R$ 5.000 do crédito sobre o estoque inicial.

5.13 ESTORNO DE CRÉDITO DE BENS NÃO UTILIZADOS PARA PRODUÇÃO OU REVENDA

A empresa deverá estornar o crédito dos bens não utilizados para seu objetivo fim. A Lei nº 10.833/03 (art. 3º, § 13) diz que "Deverá ser estornado o crédito da COFINS relativo a bens adquiridos para revenda ou utilizados como insumos na prestação de serviços e na produção ou fabricação de bens ou produtos destinados à venda, que tenham sido furtados ou roubados, inutilizados ou deteriorados, destruídos em sinistro ou, ainda, empregados em outros produtos que tenham tido a mesma destinação".

Por exemplo, se um supermercado tributado pelo lucro real adquirir mercadorias para revenda, tem direito a crédito. Contudo, suponha que as mercadorias sejam utilizadas no refeitório, para preparar refeição dos empregados. Neste caso, os créditos referentes a elas deveriam ser estornados, devolvidos à conta original e, de lá, destinados conforme o uso.

5.14 CRÉDITOS ESPECÍFICOS

Há outros créditos específicos para alguns setores e produtos. Contudo, o tema será apresentado em capítulo próprio, mais adiante.

5.15 CRÉDITOS NÃO PERMITIDOS PELA LEGISLAÇÃO

O legislador definiu expressamente alguns itens que não geram crédito de PIS e COFINS, conforme pode ser observado na leitura do § 2º do art. 3º da Lei nº 10.833/03, com as alterações da Lei nº 10.865/04:

"§ 2º Não dará direito a crédito o valor:

I – De mão de obra paga a pessoa física; e

II – Da aquisição de bens ou serviços não sujeitos ao pagamento da contribuição, inclusive no caso de isenção, esse último quando revendidos ou utilizados como insumo em produtos ou serviços sujeitos à alíquota 0 (zero), isentos ou não alcançados pela contribuição."

Para fins de simplificação, vamos separar o debate. Primeiro, vamos comentar o tema mais polêmico: a aquisição de bens e serviços que não serão incluídos nas bases de PIS e COFINS. Em seguida, voltaremos ao tema da mão de obra. Por fim, vamos falar de outros itens que não são proibidos expressamente, mas também não são autorizados.

5.15.1 REVENDAS DE PRODUTOS COM TRIBUTAÇÃO MONOFÁSICA

O tema será mais bem explorado num capítulo um pouco mais a frente. Todavia, é importante registrar, de imediato, que não há crédito na aquisição das mercadorias adquiridas para revenda e que foram objeto de tributação concentrada ou monofásica em alguma etapa anterior do processo produtivo.

Nas consultas respondidas nos últimos anos, a RFB tem sido incisiva, afirmando que os comerciantes atacadistas e varejistas, submetidos ao método não cumulativo de PIS e COFINS, não podem aproveitar créditos em relação às aquisições para revenda de produtos farmacêuticos, de perfumaria, toucador e higiene pessoal, quando estes produtos forem submetidos à tributação concentrada no importador ou industrial.

Resumindo: uma empresa varejista do setor de drogaria e perfumaria, supostamente tributada pelo lucro real e submetida ao método não cumulativo para fins de apuração de PIS e COFINS, não terá direito a crédito na compra de um desodorante ou de um medicamento, pois estes produtos terão alíquota zero por ocasião de sua venda.

Nas consultas, a RFB esclarece que a mesma lógica aplicada na revenda de medicamentos e produtos de higiene e beleza nas drogarias vale para os comerciantes varejistas que revendem combustíveis, produtos com tributação concentrada nas refinarias e para todas as demais empresas que revendem produtos com tributação concentrada ou monofásica.

O tema será mais bem explorado no capítulo específico sobre a tributação monofásica, mas é importante lembrar que os créditos genéricos que as empresas têm direito podem ser utilizados integralmente em uma drogaria tributada pelo lucro real, por exemplo. Este tipo de empresa deve ter em torno de 95% de seus produtos com alíquota zero, mas pode utilizar o crédito integral da energia consumida em suas filiais e do aluguel destas, desde que pago a pessoa jurídica, além dos outros créditos genéricos, sem ser os bens e mercadorias adquiridos e que foram revendidos com alíquota zero por conta da tributação concentrada ocorrida anteriormente. A Consulta nº 61, de MAR/13, da DISIT 8 confirma o direito ao crédito integral nestes casos e foi reflexo de diversas outras consultas respondidas com a mesma lógica citada.

5.15.2 REVENDAS DE PRODUTOS COM ALÍQUOTA ZERO

Antes de falar dos normativos vigentes e das consultas respondidas pela RFB, acho importante explicar o processo e o que será analisado aqui. São alguns pontos, a saber:

- ✓ Em uma empresa industrial tributada pelo lucro real, alguns itens (insumos e matéria-prima) são adquiridos com alíquota zero. Todavia, no processo de industrialização, o produto industrializado será submetido à tributação de PIS e COFINS. Se fosse seguido o modelo do ICMS, por exemplo, a empresa industrial não teria crédito neste caso. Contudo, teria que pagar ICMS pela alíquota aplicada sobre a venda do produto.

- ✓ Em uma empresa industrial, alguns itens (insumos e matéria-prima) são adquiridos de empresas que pagaram as respectivas contribuições. No processo industrial, o produto industrializado será vendido com alíquota zero ou com isenção. Na legislação do ICMS, por exemplo, o crédito seria ANULADO, parcial ou integralmente, dependendo do uso dos insumos e matéria-prima na produção dos bens vendidos com isenção ou não incidência.

- ✓ Uma empresa industrial ou comercial compra um item (matéria-prima, insumos ou mercadorias para revenda) sem tributação de PIS e COFINS, ou seja, a empresa que vendeu não pagou as contribuições. Posteriormente, a saída do produto, seja na indústria ou no comércio, será sem tributação de PIS e COFINS. Na legislação do ICMS, não haveria crédito nem débito, sendo o processo neutro para fins do imposto estadual.

Analisando a forma como foi escrito o § 2º do art. 3º da Lei nº 10.833/03 (citado aqui, na página anterior), fica nítida a impossibilidade de utilização de créditos sobre os bens adquiridos que tiverem saídas isentas ou não tributadas (alíquota zero inclusive). Portanto, supermercado tributado pelo lucro real que adquirir feijão para revenda não reconhece crédito, já que este produto terá alíquota zero quando revendido.

Mas algumas respostas da RFB deixaram dúvida nessa informação. Veja a consulta respondida pela DISIT 10:

> *"DISIT 10 – CONSULTA Nº 124 de 19/JUL/05*
>
> *ASSUNTO: COFINS*
>
> *EMENTA: REGIME NÃO CUMULATIVO. RECEITAS SUJEITAS À ALÍQUOTA ZERO. MANUTENÇÃO DE CRÉDITO. É assegurada, no regime não cumulativo de incidência da COFINS, a manutenção, pelo vendedor, dos créditos vinculados a operações de vendas efetuadas com alíquota zero".*

Observe também outra consulta, dessa vez na DISIT 9, esclarecendo o uso do crédito quando as vendas não forem tributadas por PIS e COFINS.

> *"DISIT 9 – CONSULTA Nº 391 de 23/DEZ/05*
>
> *ASSUNTO: COFINS*
>
> *EMENTA: A vedação contida no § 4º, II, do art. 8º da Lei nº 10.925/04, refere-se unicamente à situação específica de vendas com suspensão efetuadas às pessoas jurídicas de que trata o* caput *do mencionado artigo, não conflitando com a previsão do art. 17 da Lei nº 11.033/04, que permite ao vendedor manter os créditos vinculados às operações de venda efetuadas com suspensão, isenção, alíquota zero ou não incidência das Contribuições ao PIS/PASEP e COFINS, previsão esta genérica e atinente às operações em geral".*

A Consulta nº 391/05 diz que a proibição do uso de créditos da Lei nº 10.925/04 refere-se APENAS às vendas efetuadas para pessoas jurídicas, inclusive cooperativas, que produzam mercadorias de origem animal ou vegetal, classificadas em códigos específicos da TIPI.

A Lei nº 11.033/04 instituiu nos arts. 13 a 16 o Regime Tributário para Incentivo à Modernização e à Ampliação da Estrutura Portuária (REPORTO), alterado posteriormente pelas Leis nº 11.726/08 e nº 12.715/12.

Mas incluiu na mesma Lei nº 11.033/04 o art. 17, que diz o seguinte, em relação aos créditos de PIS e COFINS:

> *"As vendas efetuadas com suspensão, isenção, alíquota 0 (zero) ou não incidência da Contribuição para o PIS/PASEP e da COFINS não impedem a manutenção, pelo vendedor, dos créditos vinculados a essas operações".*

O texto diz que a empresa não perde os créditos reconhecidos na entrada. Mas, teoricamente, somente aqueles que foram objeto de pagamento de PIS e COFINS pela empresa do outro lado. Todavia, essa regra não está nítida na lei. Por exemplo, quando uma empresa varejista compra um produto para revenda não procura saber se quem vendeu está no lucro real, presumido ou até no SIMPLES. O crédito é automático, não sendo necessário vincular a empresa vendedora com sua forma de tributação. A princípio, a mesma situação se aplicaria aqui.

Trata-se de um assunto complexo e que deve ser tratado com cautela pelas empresas, pois a tendência é a autoridade fiscal aplicar sempre a lei na forma literal, não permitindo o crédito nos casos citados.

Mas aqui há um conflito entre os normativos. Há consultas curtas e diretas, como a nº 150, de MAR/10, que diz o seguinte: não gera direito a crédito o valor da aquisição de produtos com alíquota zero (não sujeitos ao pagamento da COFINS). A Solução de Divergência nº 5, de MAR/08, confirma a veia mais restritiva, dizendo que *"com o advento da Lei nº 10.865/04, que deu nova redação ao art. 3º da Lei nº 10.833/03, não mais se poderá descontar créditos relativos à COFINS, decorrentes de aquisições de insumos com alíquota zero, utilizados na produção ou fabricação de produtos destinados à venda"*.

Já a Solução de Divergência nº 9, de DEZ/10, diz que desde JUL/04 NÃO mais se poderá descontar créditos relativos à COFINS, decorrentes de aquisições de insumos sem o pagamento da citada contribuição, utilizados na produção ou fabricação de produtos destinados à venda, à exceção dos isentos quando a saída é tributada. Portanto, quando a empresa tiver saída tributada, poderá se creditar dos insumos, mesmo que as contribuições não tenham sido pagas anteriormente.

Portanto, regra geral, o sistema de crédito pode ser ilustrado no quadro a seguir:

- ✓ FORNECEDOR PAGOU PIS + COFINS ➜ EMPRESA COMPRADORA TEM DIREITO AO CRÉDITO, INDEPENDENTEMENTE DAS SAÍDAS, SE TRIBUTADAS OU NÃO.
- ✓ FORNECEDOR NÃO PAGOU PIS + COFINS ➜ EMPRESA COMPRADORA SOMENTE TERÁ DIREITO AO CRÉDITO SE SUAS SAÍDAS FOREM TRIBUTADAS.

De qualquer forma, recomenda-se cautela devido à complexidade que envolve a legislação específica. E recomenda-se sempre a consulta aos normativos, pois trata-se de uma legislação em constante mutação. Infelizmente.

5.15.3 CRÉDITOS DECORRENTES DE USO DE MÃO DE OBRA PAGA À PESSOA FÍSICA

A Lei foi bem clara dizendo que não seria permitido o crédito das despesas relacionadas aos gastos de mão de obra, pagos a pessoa física. Por esse raciocínio, não há permissão para crédito de todos os gastos relacionados com pessoal, sejam os salários, encargos sociais, benefícios e até mesmo treinamento.

Como a lei cita mão de obra paga a pessoa física, uma pergunta se faz de imediato: se a empresa contratar operadores para suas máquinas industriais de uma empresa locadora de mão de obra teria direito a crédito sobre este pagamento? O gasto se enquadraria no conceito de insumos?

Em um primeiro momento, poderíamos pensar em deduzir o gasto, mas essa não é a posição oficial, manifestada na consulta da DISIT 8, nº 96, de ABR/11, onde a RFB diz que não geram direito a crédito os valores relativos à contratação de mão de obra para as atividades-fim da empresa, por pessoa jurídica interposta, por não configurarem pagamento de bens ou serviços enquadrados como insumos utilizados na fabricação ou produção de bens ou produtos destinados à venda ou na prestação de serviços.

Já a DISIT 9 (PR e SC) diz na Consulta nº 30, de JAN/10, que o crédito seria permitido. Veja a transcrição:

> *"EMENTA: AQUISIÇÃO DE FERRAMENTAS. MÃO DE OBRA PARA OPERAÇÃO E MANUTENÇÃO DE EQUIPAMENTOS DA PRODU-ÇÃO. SERVIÇOS APLICADOS SOBRE O PRODUTO. DIREITO A CRÉDITO. UNIFORMES, EPI'S, PAT, TRANSPORTE DE PESSOAL, VIGILÂNCIA, JARDINAGEM, MANUTENÇÃO DA REDE ELÉTRICA E DE PRÉDIOS. IMPOSSIBILIDADE DE CRÉDITO. Revisa a Consulta RRF/9ª RF/DISIT nº 377, de 9/NOV/06. As ferramentas adquiridas para utilização em máquinas da linha de produção, a contratação de mão de obra de pessoas jurídicas para operação e manutenção de equipamentos da linha de produção e a contratação de serviços de pessoas jurídicas aplicados diretamente sobre o produto em transformação ou sobre as ferramentas utilizadas nas máquinas pertencentes à linha de produção são considerados insumos, para fins de creditamento da COFINS. Todavia não são considerados insumos a aquisição de uniformes e de Equipamentos de Proteção Individual, os dispêndios com o Programa de Alimentação do Trabalhador, a contratação dos serviços de transporte de pessoal, de limpeza, vigilância e jardinagem e de manutenção da rede elétrica e de prédios administrativos e de produção".*

A DISIT 6 (MG) tem o mesmo pensamento da DISIT 9, referendado na Consulta nº 136, de SET/09, e transcrita a seguir:

> *"EMENTA: LOCAÇÃO DE MÃO DE OBRA APLICADA DIRETAMEN-TE NA PRODUÇÃO OU FABRICAÇÃO DE BENS. DIREITO A CRÉDI-*

TO. Desde que atendidos os demais requisitos da legislação de regência, geram direito a créditos da COFINS os valores pagos a outra pessoa jurídica em decorrência da locação de mão de obra diretamente aplicada na produção ou na fabricação de bens destinados à venda".

Portanto, aí estão os elementos para que você, leitor, analise e reflita sobre qual caminho seguir. A legislação que rege PIS e COFINS vigente no primeiro semestre de 2018 era isso aí: uma colcha de retalhos, um queijo cheio de buracos, com muitos problemas e espaço para interpretações diversas. Lamentável. Se estivesse em uma atividade industrial e tivesse este tipo de situação, com contratação de mão de obra por pessoa jurídica, iria buscar a possibilidade de considerar os itens passíveis de crédito, pois a empresa locadora de mão de obra, do outro lado, paga a COFINS e o PIS.

5.15.4 RESTRIÇÕES E OUTROS DETALHES SOBRE CRÉDITOS

A maior parte das respostas às consultas formuladas pelos contribuintes mostra que a RFB vem apresentando postura conservadora em relação ao aproveitamento de créditos.

Existem muitos gastos não previstos pela legislação para fins de crédito na apuração das contribuições para PIS e COFINS. Um deles, o gasto com serviços de telecomunicações, tem peso relevante em diversas empresas. Mas não houve permissão do legislador, contrariando, inclusive, a essência de um método não cumulativo, pois a empresa do setor de telecomunicações é contribuinte de PIS e COFINS.

Por exemplo, a DISIT 9, na Consulta nº 161, de AGO/13, diz que a legislação proíbe a dedução de crédito de gastos com telefone, condução, correios, seguros, material de expediente, anúncio e propaganda, conservação, associações e sindicatos, assistência médica, vale-transporte, uniformes, periódicos, sistemas, autenticações, farmácia, cursos de graduação, material de limpeza, manutenção e conservação, *royalties*, viagens, veículos, hotéis e restaurantes, comissões, propaganda e publicidade.

Na Solução de Divergência COSIT nº 15, de NOV/07, a RFB diz que não se consideram como insumos utilizados na prestação do serviço, para fins de direito ao crédito da COFINS, os gastos efetuados com telecomunicações para rastreamento via satélite, com seguros de qualquer espécie, sobre os veículos, ou para proteção da carga, obrigatórios ou não, e com pedágios para a conservação de rodovias, quando pagos pela empresa terceirizada prestadora do serviço. Por outro lado, consideram-se como insumos utilizados na prestação do serviço, para fins de direito ao crédito da COFINS, e desde que atendidos os requisitos legais e normativos atinentes à espécie, os gastos efetuados com serviços de cargas e descargas, e ainda, com pedágios para a conservação de rodovias, desde que pagos pela Pessoa Jurídica, e não pela empresa terceirizada prestadora do serviço, e a Pessoa Jurídica não utilizar o benefício de que trata o art. 2º da Lei nº 10.209/01.

A Consulta nº 453, de SET/07, da DISIT 8 (SP), ratifica que despesas realizadas com serviços de limpeza e conservação, de segurança, de fornecimento de refeições aos funcionários, de fornecimento de água e de telecomunicações não geram direito a créditos a serem descontados da COFINS, por não se enquadrarem no conceito de insumos aplicados ou consumidos diretamente na produção ou fabricação de bens destinados à venda e na prestação de serviços.

Existem outras situações onde as respostas da RFB às consultas formuladas pelos contribuintes trazem importantes subsídios para análise da legislação vigente.

A consulta COSIT nº 27, de SET/08, esclarece sobre créditos na atividade de distribuição de energia elétrica. A RFB esclarece o que pode ser entendido como prestação de serviço nesta atividade, explicando que para fins de desconto de créditos da COFINS, no regime de apuração não cumulativa, considera-se insumo na atividade de distribuição de energia elétrica:

a) o encargo de uso do Sistema de Transmissão, deduzidas as parcelas não correlacionadas com prestação de serviço;

b) o encargo de Uso do Sistema de Distribuição, deduzidas as parcelas não correlacionadas com prestação de serviço;

c) o encargo decorrente do Contrato de Conexão ao Sistema de Transmissão (CCT);

d) o Encargo de Serviços do Sistema (ESS);

e) os gastos com materiais aplicados ou consumidos na atividade de fornecimento de energia elétrica, desde que não estejam, nem tenham sido incluídos, no ativo imobilizado; e

f) os encargos de depreciação de máquinas, equipamentos e outros bens do ativo imobilizado, observado o art. 31 da Lei nº 10.865/04.

A RFB diz que não se considera insumo na atividade de distribuição de energia elétrica, não concedendo direito a desconto de créditos da COFINS, no regime de apuração não cumulativa, os seguintes itens:

a) a quota da Conta de Consumo de Combustíveis (CCC);

b) a quota da Reserva Global de Reversão (RGR); e

c) os gastos a serem destinados à Conta de Desenvolvimento Energético (CDE).

A Consulta nº 224, de AGO/08, da DISIT 9, explica sobre a não possibilidade de utilização de créditos em aportes de capital, sinalizando, pelo que se pode entender, o seguinte: um sócio aporta como capital de uma empresa uma máquina, para uma atividade industrial, por exemplo. A depreciação da máquina não seria considerada crédito para fins de PIS e COFINS.

Interessante também foi a consulta da DISIT 8, nº 286, de AGO/08, onde a RFB diz que geram direito a créditos a serem descontados da COFINS os valores referentes à aquisição de partes e peças de reposição para máquinas e equipamentos empregados diretamente na produção de bens destinados à venda, desde que tais partes e peças sofram alterações (desgaste, dano, perda de propriedades físicas ou químicas) decorrentes de ação diretamente exercida sobre o produto em fabricação, e caso as referidas partes e peças de reposição não estejam incluídas no ativo imobilizado, sejam pagas a pessoa jurídica domiciliada no País e sejam respeitados os demais requisitos legais e normativos pertinentes. Respeitados tais requisitos, a partir daquela data também os serviços de manutenção em máquinas e equipamentos empregados diretamente na produção ou fabricação de bens ou produtos destinados à venda, pagos a pessoa jurídica domiciliada no País, geram direito a créditos a serem descontados da COFINS, desde que dos dispêndios com tais serviços não resulte aumento de vida útil superior a um ano. Caso resulte aumento de vida útil superior a um ano de dispêndios com partes e peças de reposição para máquinas e equipamentos empregados diretamente na produção de bens destinados à venda ou com serviços de manutenção dessas máquinas e desses equipamentos, devem tais dispêndios ser capitalizados para servirem de base a depreciações futuras, deles não decorrendo geração de direito a créditos a descontar da COFINS. A partir de 1º/MAI/04, por consequência das disposições da Lei nº 10.865/04, os bens e serviços importados utilizados como insumos na prestação de serviços e na produção ou fabricação de bens ou produtos destinados à venda também podem gerar créditos, atendidos todos os requisitos legais e regulamentares.

A Consulta nº 9, da DISIT 2, de AGO/08, confirma o não aproveitamento de crédito dos varejistas e atacadistas de veículos e autopeças de que tratam o art. 1º da Lei nº 10.485/02, e seus Anexos I e II. Assim, as receitas auferidas pelos comerciantes varejistas com a venda desses produtos são submetidas à alíquota zero da COFINS, sendo expressamente vedado, de outra parte, o aproveitamento de créditos em relação às aquisições desses bens.

Não há crédito nas despesas administrativas em geral, embora também não exista proibição expressa na legislação. Muitos profissionais da área jurídica oferecem às empresas tributadas pelo lucro real a opção de buscar dedução dos créditos não aproveitados de PIS e COFINS, em relação a essas despesas.

5.16 O CARF E OS CRÉDITOS DE PIS E COFINS

Conforme dados extraídos em sua página eletrônica, a missão do CARF é assegurar à sociedade imparcialidade e celeridade na solução dos litígios tributários, com o objetivo de ser reconhecido pela excelência no julgamento dos litígios tributários, com valores como ética, transparência, prudência, impessoalidade e cortesia.

Em relação aos créditos, os julgamentos devem ser analisados caso a caso. Portanto, não há direcionamento para reconhecer todos os gastos dedutíveis, necessários para a atividade da empresa, seguindo a linha do imposto de renda. E também não há direcionamento para que só sejam aceitos os gastos aplicados na produção, seguindo a linha do IPI. Veja, como exemplo, uma ementa de 6/JAN/14, oriunda do Acórdão nº 3302-002.263, de uma empresa agroindustrial do setor de sucos.

> *"EMENTA: Assunto: PIS/PASEP. Período de apuração: 31/OUT/04 a 31/DEZ/04. PIS NÃO CUMULATIVO. CONCEITO DE INSUMOS. APLICAÇÃO CASO A CASO. Não se aplica, para apuração do insumo de PIS não cumulativo previsto no inciso II, artigo 3º, Lei nº 10.637/02, o critério estabelecido para insumos do sistema não cumulativo de IPI/ICMS, uma vez que não importa, no caso das contribuições, se o insumo consumido obteve ou não algum contato com o produto final comercializado. Da mesma forma não interessa em que momento do processo de produção o insumo foi utilizado. Por outro giro, também não se aplica o conceito específico de imposto de renda que define custo e despesas necessárias.* **O conceito de insumo para o sistema não cumulativo do PIS é próprio, sendo que deve ser considerado insumo aquele que for UTILIZADO direta ou indiretamente pelo contribuinte na produção/fabricação de produtos/serviços; for INDISPENSÁVEL para a formação do produto/serviço final e for RELACIONADO ao objeto social do contribuinte.** *Em virtude destas especificidades, os insumos devem ser analisados caso a caso. FRETES ENTRE ESTABELECIMENTOS. PÓS FASE DE PRODUÇÃO. Não gera direito a crédito o custo com fretes entre estabelecimentos do mesmo contribuinte de produtos acabados, pós fase de produção. INSUMOS TRIBUTADOS À ALÍQUOTA ZERO. IMPOSSIBILIDADE DE GERAR CRÉDITOS DA NÃO CUMULATIVIDADE DO PIS. A aquisição de insumos tributados à alíquota zero não gera direito a crédito da não cumulatividade do PIS. CRÉDITO PRESUMIDO AGROINDUSTRIAL. IMPOSSIBILIDADE DE RESSARCIMENTO. ART 8º DA LEI Nº 10.925/04. ATO DECLARATÓRIO IN-*

TERPRETATIVO SRF 15/05. ILEGALIDADE INEXISTENTE. O crédito presumido previsto na Lei nº 10.925/04 só pode ser utilizado para a dedução de PIS e COFINS no mês de sua apuração, não podendo ser utilizado em pedido de ressarcimento ou de compensação de períodos diversos de apuração. Precedentes do STJ. Recurso Voluntário Provido em Parte".

Outra empresa, do setor industrial de alimentos, teve outra decisão interessante do CARF, onde o órgão afirma que no regime não cumulativo de PIS e COFINS o conteúdo semântico de insumo é mais amplo do que aquele da legislação do IPI e mais restrito do que aquele da legislação do IR, abrangendo os bens e serviços que integram o custo de produção. Veja alguns pontos da decisão do CARF, de 7/JAN/14:

- ✓ É legítima a apropriação do crédito das contribuições em relação às aquisições de tambores empregados como embalagem de transporte e sobre o gás empregado em empilhadeiras, por integrarem o custo de produção dos produtos.
- ✓ Devem ser glosados os créditos tomados sobre gastos com comissões sobre vendas, abatimentos concedidos em desconto de duplicatas e em decorrência de bonificações em mercadorias, por se tratarem de despesas redutoras de vendas e não de custos de produção.
- ✓ É vedada a apropriação de créditos sobre aquisições de combustível (lenha) efetuadas de pessoas físicas.

Outra empresa industrial, no mesmo período, teve negada a possibilidade de deduzir crédito nas bases de PIS e COFINS dos seguintes gastos:

- a) serviços de alteamento;
- b) serviços de limpeza e passagem;
- c) serviço de locação de equipamentos para extração do minério;
- d) fornecimento de alimentação para os funcionários;
- e) serviço de decapeamento;
- f) serviço de lavra;
- g) serviço de transporte de funcionário;
- h) serviço especializado de vigilância;
- i) serviço de melhoria das estradas que conduzem às jazidas minerais; e
- j) gasolina comum, óleo diesel e óleo combustível TP ABPF.

O frete pago na aquisição de matéria-prima e insumos em geral permite crédito, foi a decisão tomada em favor de empresa industrial do setor de alimentos.

Os resultados podem ser obtidos na página eletrônica do órgão (<www.carf. fazenda.gov.br>). O mais importante é entender que o CARF tem analisado a questão caso a caso, sem direcionar o modelo de créditos de PIS e COFINS para aceitar todos os gastos dedutíveis nas bases de IR e CSLL e também não limitando tanto os créditos em relação aos gastos da parte industrial, seguindo a lógica do IPI.

5.17 CONCEITO DE INSUMO – POSIÇÃO E JULGAMENTO DO STJ

O Superior Tribunal de Justiça vinha se posicionado, nos últimos anos em relação ao conceito de insumos na mesma linha do CARF, ou seja, sem posicionamento específico, tomando decisões, caso a caso. O STJ entende que o conceito de insumos para fins de créditos não cumulativos de PIS e COFINS não se coaduna com a definição de insumos dada na legislação do IPI e tampouco com a do IRPJ, mas sim deve-se buscar um sentido próprio, para abranger todos os bens e serviços pertinentes, inerentes e indispensáveis a todo o processo produtivo (e não somente a produção em si). O termo INSUMO deve compreender todos os bens e serviços pertinentes ao processo produtivo e à prestação de serviço *que neles possam ser direta ou indiretamente empregados e **cuja subtração importe na impossibilidade mesma da prestação do serviço ou da produção, isto é, cuja subtração obste a atividade da empresa ou implique substancial perda de qualidade do produto ou serviço**.* (Destaque do autor)

Didaticamente seria o seguinte: O serviço de limpeza da fábrica seria considerado como insumo em empresa fabricante de produtos alimentícios. Contudo, não teria o mesmo tratamento em outras atividades em que sua ausência não interfira significativamente na produção.

Conforme informação enviada pelo autor do prefácio deste livro, Gérson Stocco, em FEV/18, decorridos mais de dois anos do início do julgamento, a 1ª Seção do STJ finalizou a análise do Recurso Especial nº 1.221.170, em que se discute o conceito de "insumos" empregado nas Leis nos 10.637/02 e 10.833/03, para o fim de definir o direito ao crédito de PIS e COFINS dos valores incorridos na aquisição, cujo posicionamento será de observância obrigatória para todo o Judiciário, bem como para o CARF.

Para a maioria dos Ministros é ilegal a disciplina de crédito prevista nas Instruções Normativas RFB nos 247/02 e 404/04 porque compromete a eficiência do sistema não cumulativo das contribuições para o PIS e a COFINS definidas nas Leis nº 10.637/02 e nº 10.833/03, na medida em que o conceito de insumos deve ser aferido à luz dos critérios da essencialidade ou relevância, considerando-se a importância de determinado item, bem ou serviço para o desenvolvimento da atividade econômica desempenhada pelo contribuinte.

Os Ministros vencidos admitiram o direito ao crédito decorrente da aquisição de insumos somente quando a matéria-prima, os produtos intermediários, o material de embalagem e quaisquer outros bens sofram alterações ao longo do processo produtivo.

Não obstante a análise do STJ, caberá ao juízo de origem definir, no caso concreto, se a empresa tem direito ao crédito pleiteado no processo que decorreria da aquisição de uma série de insumos, tais como despesa de água, combustíveis e lubrificantes, despesas com vendas, veículos, viagens e conduções, promoções e propagandas, materiais e exames laboratoriais, dentre outros.

6
EMPRESAS COM TRIBUTAÇÃO MISTA

POR QUE LER ESTE CAPÍTULO? PARA:

- Conhecer os muitos casos de empresas tributadas pelo lucro real e que têm a cobrança de PIS/PASEP e COFINS pelo método cumulativo para as receitas de sua atividade-fim.

- Compreender os detalhes do tratamento fiscal dos créditos nas empresas com modelo de tributação mista.

6.1   A EXCEÇÃO QUE QUASE VIRA REGRA

A legislação que rege as contribuições para PIS e COFINS, que era relativamente simples até o final de 2002, ganhou uma elevada dose de complexidade com a instituição do método não cumulativo para o PIS a partir de dezembro daquele ano e, posteriormente, com a extensão para a legislação da COFINS das regras não cumulativas definidas para o PIS.

O que aconteceu a partir daí foi um fenômeno interessante, pois diversos setores da economia, principalmente do setor de serviços, pediram para permanecer no método cumulativo, quando as alíquotas cobradas eram 0,65% de PIS e 3% de COFINS sobre as receitas sem deduzir qualquer valor como crédito. O legislador atendeu alguns casos, iniciando com o setor de telecomunicações e de radiodifusão sonora, itens que foram considerados excepcionalidade desde a edição da MP nº 66/02 (que foi convertida na Lei nº 10.637/02).

E assim seguiu o processo legislativo, sendo que a cada lei um novo setor da atividade econômica era incluído nas exceções, em que uma empresa submetida à tributação pelo lucro real tinha parte de suas receitas apurada pelo método cumulativo.

A Instrução Normativa RFB nº 404/04 (art. 21) traz os detalhes para o cálculo dos créditos nas empresas com tributação mista de PIS e COFINS. Os créditos com vínculo direto associado às receitas tributadas pelo método não cumulativo serão deduzidos destas. Já os créditos de itens comuns às receitas tributadas pelos dois métodos serão permitidos na proporção das receitas tributadas pelo método não cumulativo sobre a receita bruta total da empresa. A legislação cita receita bruta e não receita total. A receita financeira e as demais receitas operacionais, teoricamente, não entram no cômputo da apuração percentual. As receitas financeiras são tributadas no método não cumulativo com alíquotas reduzidas (4% de COFINS e 0,65% de PIS/PASEP), enquanto as outras receitas operacionais que entram na base das contribuições, pagam 9,25% de alíquota combinada, sendo 7,6% de COFINS e 1,65% de PIS.

Vamos passar, caso a caso, as situações em que a legislação fez menção à tributação diferenciada apenas para parte das receitas, criando um modelo misto para diversas empresas tributadas pelo lucro real. Haja paciência para entender a complexidade da legislação de PIS/PASEP e COFINS.

6.2 RECEITAS DE SERVIÇOS DE TELECOMUNICAÇÕES

Desde a MP nº 66/02 (convertida na Lei nº 10.637/02) que as receitas de telecomunicações são tributadas pelo método cumulativo, independentemente da forma de tributação da empresa. Importante destacar que apenas receitas com prestação de serviços de telecomunicações são tributadas pelo método cumulativo. As demais receitas auferidas pelas empresas do setor que estiverem no lucro real são tributadas pelo método não cumulativo, com as regras referentes a este método. Por isso chamamos de modelo misto.

Para o leitor compreender a relevância dessa informação, o Grupo TIM obteve receita com vendas de aparelhos e acessórios em torno de R$ 1.378 milhões em 2016 de um total de R$ 22,7 bilhões de receita bruta. Estas receitas foram tributadas pelo método não cumulativo, com desconto de créditos.

Conforme determina a IN RFB nº 404/04, deve ser feita a proporcionalidade na apuração dos valores que permitem crédito de PIS e COFINS, com apropriação direta em relação aos gastos vinculados às receitas tributadas pela alíquota combinada de 9,25%.

Da receita com venda de aparelhos, portanto, pode ser creditado o valor da compra. Contudo, este crédito não poderá ser aproveitado nas receitas com serviços de telecomunicações. Uma estratégia do setor que verificamos no dia a dia é a oferta de aparelhos a preços subsidiados, com objetivo comercial de trazer o cliente para a operadora e, com isso, obter posteriormente uma boa receita de serviços.

Por exemplo, caso uma operadora compre um aparelho por R$ 250 e depois faça a revenda por R$ 100, com prejuízo de R$ 150, ela nada pagará de PIS e COFINS. Contudo, o crédito sobre R$ 150 de prejuízo não poderá ser aproveitado com as contribuições apuradas no método cumulativo. A Consulta nº 30/06, da DISIT 7, esclarece o assunto.

Além disso, a definição do que se caracteriza como serviços de telecomunicações não é tão simples, trazendo ainda mais complexidade ao tema. A princípio, a definição é a seguinte:

- SERVIÇOS DE TELECOMUNICAÇÕES – Voz e Dados.
- OUTROS SERVIÇOS (VALOR ADICIONADO) – Facilidades e Serviços Complementares.

A DISIT 6 diz na Consulta nº 220/04 que as receitas decorrentes da prestação de serviço de TV a cabo e o provimento de acesso à Internet, na forma denominada de banda larga, utilizando o meio físico mediante o qual são transmitidos os sinais de vídeo e/ou áudio, permanecem submetidas às normas da legislação da contribuição na forma cumulativa, por se tratar de serviços de telecomunicações.

A DISIT 7 esclarece na Consulta nº 329/04 que receita, que não se confunde com o lucro, significa o preço recebido pela prestação de serviço contratado de modo bilateral com o cliente, sem qualquer consideração a respeito dos custos e despesas necessários à prestação. Explica que, se o ajuste de vontade se dá única e exclusivamente entre a operadora de telefonia e seu cliente, que não conhece e nem se relaciona com eventuais empresas cujas redes são necessárias para o complemento da ligação, o valor pago pelo segundo é receita exclusiva da primeira. Portanto, complementa a RFB, não é lícito que uma prestadora de serviços de telecomunicações possa excluir da base de cálculo da COFINS os custos conhecidos como *roaming*.

A mesma DISIT 7, na Consulta nº 73/06, descaracterizou o serviço de informação, a chamada Consulta nº 102, dizendo que não são receitas decorrentes da prestação de serviços telefônicos as receitas de serviços que simplesmente utilizam como instrumento os serviços de telecomunicações. Determinou, portanto, que estas receitas sejam apuradas pelo regime não cumulativo.

Na DISIT 8, a Consulta nº 228/06 foi respondida pela RFB da seguinte forma: *"As receitas decorrentes da prestação de serviços de assessoria e consultoria técnica no ramo da telefonia não se enquadram como serviços de telecomunicações, nos termos da legislação específica que regulamenta o setor, estando sujeitas à sistemática não cumulativa de apuração da COFINS à alíquota de 7,6%"*.

Na mesma região fiscal (DISIT 8), a Consulta nº 274, de JUL/10 esclareceu os itens que são caracterizados como receitas decorrentes de serviços de telecomunicações, quais sejam, os serviços de transmissão, emissão ou recepção, por fio, radioeletricidade, meios ópticos ou qualquer outro processo eletromagnético, de símbolos, caracteres, sinais, escritos, imagens, sons ou informações de qualquer natureza. Diz a RFB que as receitas auferidas com o chamado serviço de provedor de banda larga para Internet seriam tributadas pelo método não cumulativo, não alcançando a permissão dada para as receitas de telecomunicações.

As receitas decorrentes de prestação de serviços de telecomunicações, aí incluídas as receitas de multa e juros cobrados em decorrência do inadimplemento dos usuários, permanecem sujeitas às normas da legislação da COFINS, vigentes anteriormente à edição da Lei nº 10.833/03, ou seja, tributação cumulativa, com alíquota de 3%, sem permissão para dedução de créditos *(Consulta nº 32/08 da DISIT 7)*. Todavia, tal item não se refere às multas por encerramento de contratos. Tal receita será caracterizada como outras receitas operacionais, sendo incluída na base de cálculo de PIS/PASEP e COFINS nas empresas do setor de telecomunicações tributadas pelo lucro real.

6.2.1 EXEMPLOS NUMÉRICOS

Neste cálculo vamos considerar, para fins de simplificação, somente a COFINS. Suponha que a Cia. Alfa seja uma empresa de serviços de telefonia com as seguintes receitas apuradas no mês de NOV/17:

- Receita de Prestação de Serviços de Telecomunicações R$ 68.000
- Receita de Vendas de Aparelhos e Acessórios R$ 12.000
- Receita de Multa por Encerramento de Contrato R$ 2.000
- Receitas Financeiras R$ 1.000
- TOTAL DE RECEITAS R$ 83.000
- Compra de Aparelhos R$ 8.500
- Despesa de Energia Elétrica R$ 5.000

Esta empresa deverá separar os créditos permitidos pela legislação. Os custos associados diretamente às vendas de mercadorias permitem crédito de 7,6% de COFINS (e 1,65% de PIS). Já em relação aos demais gastos que a legislação permite o registro do crédito, o cálculo será feito de forma proporcional. Por exemplo, a conta de energia elétrica de R$ 5.000 gera crédito de R$ 57 de COFINS, aplicando este critério. Veja a explicação no quadro a seguir:

Receitas tributadas pelo método não cumulativo	R$ 12.000,00
Receita bruta total da empresa	R$ 80.000,00
Percentual de participação	15% (12 sobre 80)
Despesa de energia elétrica	R$ 5.000,00
Parcela que gera crédito de COFINS (15%)	R$ 750,00
Crédito de COFINS (7,6% sobre R$ 750)	R$ 57,00

Cap. 6 • EMPRESAS COM TRIBUTAÇÃO MISTA

CÁLCULO DA COFINS DEVIDA PELA CIA. ALFA em NOV/17:

- TRIBUTAÇÃO MÉTODO CUMULATIVO
  - ✓ Receita de Telecomunicações 68.000
  - ✓ **COFINS DEVIDA PELO MÉTODO CUMULATIVO – 3%** **2.040**
- TRIBUTAÇÃO MÉTODO NÃO CUMULATIVO
  - ✓ Receita de Vendas 12.000
  - ✓ Receita de Multa por Encerramento de Contrato 2.000
  - ✓ (–) Crédito Compra Aparelho .... (8.500)
  - ✓ (–) Crédito Energia Elétrica .... (750)
  - ✓ BASE DE CÁLCULO 4.750
  - ✓ COFINS Devida – 7,6% 361
- TRIBUTAÇÃO RECEITA FINANCEIRA
  - ✓ RECEITA FINANCEIRA 1.000
  - ✓ COFINS Devida – 4% 40
  - ✓ **COFINS TOTAL DEVIDA PELO MÉTODO NÃO CUMULATIVO** .... **R$ 401**
- **COFINS TOTAL DEVIDA DE 2.441 (2.040 + 441)**

Portanto, a COFINS total devida pela Cia. Alfa montou R$ 2.441, sendo R$ 2.040 recolhidos pelo método cumulativo e R$ 401 recolhidos pelo método não cumulativo.

A explicação do cálculo está em consonância com o recomendado pela RFB nas instruções de preenchimento da DACON (substituída pela EFD-Contribuições), onde é apresentado o seguinte exemplo numérico:

RECEITA BRUTA	VALOR (R$)	(%) do Total
Sujeita à incidência **não cumulativa**	300.000,00	30,0000
Sujeita à incidência **cumulativa**	700.000,00	70,0000
TOTAL	1.000.000,00	100,0000

CUSTOS, DESPESAS E ENCARGOS – CRÉDITOS ADMISSÍVEIS	VALOR (R$)
Vinculados exclusivamente às receitas sujeitas à incidência **não cumulativa**	100.000,00
Vinculados exclusivamente às receitas sujeitas à incidência **cumulativa**	300.000,00
Vinculados às receitas sujeitas à incidência não cumulativa e às receitas sujeitas à incidência cumulativa (**comuns**)	200.000,00
TOTAL	600.000,00

CÁLCULO DOS CRÉDITOS – RATEIO PROPORCIONAL DOS CUSTOS, DESPESAS E ENCARGOS COMUNS		
Custos, despesas e encargos vinculados às receitas sujeitas à incidência não cumulativa (A)		100.000,00
Custos, despesas e encargos comuns (B)	200.000,00 × 30%	60.000,00
Base de cálculo dos créditos **(Valor a ser informado na <u>Linha 06A/02</u>)**	A + B	160.000,00

6.3 RECEITAS DE SERVIÇOS DE TRANSPORTE COLETIVO

Uma empresa do setor de transporte coletivo rodoviário, metroviário, ferroviário e aquaviário de passageiros com tributação pelo lucro real, calculava PIS e COFINS pelos dois métodos, em função das receitas obtidas até abril de 2013. A receita da atividade principal, obtida com a venda de passagens e bilhetes, era tributada pelo método cumulativo, com alíquota combinada de 3,65%. Já as demais receitas eram tributadas com alíquota combinada de 9,25%, com possibilidade de dedução de créditos apurados diretamente ou de forma proporcional, conforme o caso. As empresas de transporte têm como demais receitas, principalmente, o aluguel de espaço para propaganda (cada vez mais comum nos transportes coletivos) e os serviços de fretamento.

Sobre os serviços de fretamento, o Ato Declaratório nº 27/08 incluiu os serviços na modalidade de fretamento ou para fins turísticos no método cumulativo.

Na DISIT 10, a Consulta nº 75, de OUT/11, diz que a taxa de gerenciamento devida a empresa pública municipal responsável pela gestão do sistema de transporte coletivo urbano de passageiros, explorado por concessionárias reunidas em câmara de compensação tarifária, compõe o preço dos serviços prestados e, por conseguinte, integra a receita bruta da pessoa jurídica concessionária dos serviços de transporte, não havendo previsão legal para sua exclusão da base de cálculo da COFINS. Tanto faz a empresa ser tributada pelo lucro real ou lucro presumido, tal receita integrará sua base, com alíquotas de 0,65% para PIS e 3% de COFINS.

São excluídas da sistemática de apuração não cumulativa da COFINS as receitas decorrentes da prestação de serviços de transporte escolar, transporte turístico e de fretamento (DISIT 9, Consulta nº 53/11). A novidade aqui tinha sido a inclusão do transporte escolar.

As sociedades cooperativas de prestação de serviços de transporte rodoviário de cargas são contribuintes da COFINS na modalidade cumulativa. Desde DEZ/05 pode ser excluído da base de cálculo o ingresso decorrente de ato cooperativo, assim entendida a parcela da receita repassada ao associado, quando decorrente de serviços de transporte rodoviário de cargas por este prestado à cooperativa.

A Lei nº 12.860/13 reduziu a zero, a partir de MAI/13[1], as alíquotas de PIS e COFINS sobre a receita decorrente da prestação de serviços regulares de transporte

---

[1] Entrada em vigor referendada pela Consulta COSIT nº 300/17.

coletivo municipal rodoviário, metroviário, ferroviário e aquaviário de passageiros, incluindo prestação dos referidos serviços no território de região metropolitana regularmente constituída. Teoricamente, a receita obtida com fretamento seguiria o mesmo caminho, com isenção, seguindo o modelo utilizado para inclusão do fretamento no método cumulativo. Contudo, acredito que a interpretação do legislador seja no caminho de que a alíquota zero alcance APENAS as receitas com transporte coletivo mediante linhas regulares, com as receitas oriundas de transporte escolar, transporte turístico e de fretamento sendo tributadas pelo método cumulativo, independentemente da forma de tributação utilizada. As consultas respondidas pela RFB em 2017 têm confirmado isso.

6.4 TRANSPORTE AÉREO

A Lei nº 10.865/04 estendeu o método cumulativo para as receitas decorrentes de prestação de serviço de transporte coletivo de passageiros, efetuado por empresas regulares de linhas aéreas domésticas, e as decorrentes da prestação de serviço de transporte de pessoas por empresas de táxi aéreo.

Interessante observar que o legislador citou a terminologia transporte coletivo, o que nos leva a interpretar que a receita obtida com transporte de cargas e documentos será tributada pelo método não cumulativo nas companhias aéreas. O mesmo se aplica às demais receitas obtidas por estas empresas, inclusive as receitas obtidas por fretamento.

Conforme dados obtidos na página eletrônica da própria empresa, a GOL Linhas Aéreas Inteligentes S/A obteve receita com transporte de cargas de R$ 325 milhões em 2016, representando 3% de toda a receita bruta do consolidado. Esta receita foi tributada pelo método não cumulativo. A receita bruta com transporte de passageiros da GOL atingiu R$ 9 bilhões em 2016.

As receitas decorrentes de prestação de serviços com aeronaves de uso agrícola inscritas no Registro Aeronáutico Brasileiro (RAB) também permanecem no método anterior, cumulativo.

6.5 RECEITAS DE PRESTAÇÃO DE SERVIÇOS DAS EMPRESAS JORNALÍSTICAS E DE RADIODIFUSÃO SONORA E DE SONS E IMAGENS

O mesmo caso das empresas de telecomunicações e de transportes será aplicado para as empresas jornalísticas e de radiodifusão sonora e de sons e imagens. Como apenas estas receitas foram citadas na legislação, entende-se que as demais serão tributadas pelo método não cumulativo, com dedução dos créditos e alíquota de 9,25%. Mais uma vez recomenda-se o critério da proporcionalidade como forma de controle dos créditos comuns.

Não são incluídas nestas regras as receitas decorrentes de serviços de redação, edição e distribuição de boletins semanais (periódicos) e de locação de espaço em jornal informativo, auferidas por empresas não jornalísticas. Portanto, estas receitas são tributadas pelo método não cumulativo (Consulta nº 212/04, da DISIT 8).

A Consulta nº 422/07, da DISIT 8, é didática ao explicar o tratamento que deve ser dado aos créditos permitidos para empresas submetidas ao método cumulativo para parte das suas receitas, mesmo quando tributadas pelo lucro real.

> *"EMENTA: PRESTAÇÃO DE SERVIÇOS DE RADIODIFUSÃO SONORA E DE SONS E IMAGENS. INCIDÊNCIA. As empresas de radiodifusão sonora e de sons e imagens estão excluídas da incidência não cumulativa da COFINS somente em relação às receitas decorrentes de sua prestação de serviços. Qualquer outra receita auferida por estas pessoas jurídicas está sujeita à incidência não cumulativa da contribuição. CRÉDITO. RATEIO PROPORCIONAL. As pessoas jurídicas sujeitas à incidência não cumulativa da COFINS em relação apenas a parte de suas receitas devem apurar crédito exclusivamente em relação aos custos, despesas e encargos vinculados a essas receitas. No caso de custos, despesas e encargos vinculados às receitas sujeitas à incidência não cumulativa e à incidência cumulativa (comuns), a pessoa jurídica deve determinar o crédito pelo método de apropriação direta ou de rateio proporcional. Se a opção for pelo método de rateio proporcional (à razão entre a receita bruta sujeita à incidência não cumulativa e a receita bruta total), o percentual apurado deve ser aplicado somente sobre os custos, despesas e encargos comuns; por conseguinte, no montante de custos, despesas e encargos a serem rateados não devem ser computados os vinculados exclusivamente às receitas submetidas ao regime cumulativo, pois não geram direito a crédito, nem os exclusivamente vinculados às receitas sujeitas à incidência não cumulativa, que podem ser integralmente considerados na base de cálculo do crédito a que faz jus a pessoa jurídica".*

6.6 RECEITAS COM VENDAS DE JORNAIS E PERIÓDICOS

As empresas que vendem jornais e periódicos devem tributar PIS e COFINS sobre o valor destas vendas pelo método cumulativo, com as alíquotas de 0,65% e 3%, respectivamente.

O problema é a definição exata do que sejam os periódicos citados pelo legislador. A venda de revistas, teoricamente, também poderia ser classificada como periódico.

Esta determinação foi estendida para as receitas auferidas por pessoas jurídicas, decorrentes da edição de periódicos e de informações neles contidas, que sejam relativas aos assinantes dos serviços públicos de telefonia.

6.7 RECEITAS DE SERVIÇOS MÉDICOS

São tributadas no método cumulativo, as receitas decorrentes de serviços:

a) prestados por hospital, pronto-socorro, clínica médica, odontológica, de fisioterapia e de fonoaudiologia, e laboratório de anatomia patológica, citológica ou de análises clínicas; e

b) de diálise, raios X, radiodiagnóstico e radioterapia, quimioterapia e de banco de sangue.

Estas empresas, mesmo quando tributadas pelo lucro real, são obrigadas ao cálculo do PIS e da COFINS pelas alíquotas de 0,65% e 3% sobre a receita de sua atividade principal.

O legislador não citou as clínicas médicas na Lei nº 10.833/03, deixando a entender que elas não seriam enquadradas no conceito de hospital ou pronto-socorro. A Lei nº 10.865/04 corrigiu o equívoco, permitindo a estas empresas (quando tributadas pelo lucro real) a utilização do método cumulativo, pagando alíquotas de 0,65% (PIS) e 3% (COFINS).

Portanto, toda receita bruta das empresas citadas deve ser submetida ao método cumulativo. Qualquer outra receita do hospital ou clínica tributada pelo lucro real integrará as bases de PIS e COFINS com alíquotas de 1,65% e 7,6%, respectivamente. E os créditos somente serão permitidos se atrelados diretamente à receita tributada pelo método não cumulativo.

O Ato Declaratório nº 26/04 esclareceu que os medicamentos utilizados pelas empresas de saúde listadas não podem ser segregados do total cobrado. Entendeu o legislador que os remédios aplicados são insumos utilizados na prestação do serviço. As empresas tentaram deduzir os medicamentos, pois eles têm tributação monofásica, na indústria ou no importador, não sendo cobrado pelos distribuidores, atacadistas e varejistas. Então, a empresa de saúde entende que não deveria pagar PIS e COFINS sobre o valor destes medicamentos aplicados no tratamento.

Por outro lado, as refeições incluídas nos serviços médicos também não precisam ser segregadas, podendo ser tributadas dentro do método cumulativo, mesmo nas empresas tributadas pelo lucro real.

6.8 RECEITAS DECORRENTES DE PRESTAÇÃO DE SERVIÇOS DE EDUCAÇÃO

A instituição de ensino (infantil, fundamental, médio e superior) que optar pelo lucro presumido pagará PIS e COFINS com alíquotas de 0,65% e 3% sobre o total de receitas obtidas, de forma cumulativa.

Já a instituição que optar pelo lucro real pagará estas alíquotas apenas sobre a receita obtida com sua atividade principal. As demais receitas serão tributadas com as alíquotas de 1,65% para o PIS e 7,6% para a COFINS, com possibilidade de dedução dos créditos comuns na proporção destas receitas sobre o total da receita bruta obtida pela empresa.

6.9 PARQUES TEMÁTICOS

As receitas auferidas por parques temáticos são tributadas pelo método cumulativo, não se aplicando o método não cumulativo, mesmo nas empresas tributadas pelo lucro real.

Pela interpretação da lei, diferentemente de outros setores, todas as receitas obtidas pelos parques temáticos seriam tributadas no método cumulativo, não apenas a receita obtida com a bilheteria. Como essas empresas costumam apresentar outros tipos de receitas, como aluguel de espaço, por exemplo, estas seriam tributadas com alíquotas de 0,65% para o PIS e 3% para a COFINS.

A Portaria Conjunta dos Ministérios da Fazenda e Turismo nº 33, de 3/MAR/05, explica o que seria enquadrado como parque temático:

> *"Serviços de entretenimento, lazer e diversão, com atividade turística, mediante cobrança de ingresso dos visitantes, prestados em local fixo e permanente e ambientados tematicamente".*

A DISIT 9, em resposta a um contribuinte, esclareceu na Consulta nº 318/07 que as receitas de restaurantes, lanchonetes, cafeterias e lojas de lembranças, situados nas dependências de parques temáticos, não são consideradas receitas decorrentes de exploração de parques temáticos, estando sujeitas à sistemática não cumulativa da Contribuição para o PIS/PASEP e da COFINS.

As receitas financeiras não foram tributadas, se enquadrando na isenção permitida no Decreto nº 5.442/05 para as empresas submetidas ao lucro real até JUN/15 e não se caracterizando como receita bruta para fins de empresa submetida à tributação pelo lucro presumido. A partir de JUL/15, com o Decreto nº 8.426/15, as receitas financeiras passaram a ser tributadas nas empresas tributadas pelo método não cumulativo, ainda que parcialmente, com alíquotas de 0,65% (PIS) e 4% (COFINS).

6.10 SERVIÇOS DE HOTELARIA

As receitas provenientes dos serviços de hotelaria são tributadas pelo método cumulativo. A Consulta nº 3/08 da COSIT explica que as receitas de serviços de hotelaria a que se refere o inciso XXI do art. 10 da Lei nº 10.833/03 compreendem somente as provenientes das diárias pagas pelos hóspedes. As receitas decorrentes da prestação de outros serviços pelos estabelecimentos hoteleiros ou similares, por não se enquadrarem na definição de serviço de hotelaria dada pela Portaria Interministerial nº 33, de 3/MAR/05, sujeitam-se ao regime de apuração não cumulativa da COFINS e do PIS.

A Portaria Conjunta dos Ministérios da Fazenda e Turismo nº 33/05 definiu o que seria enquadrado como serviços de hotelaria, para fins de tributação de PIS e COFINS pelo método não cumulativo.

> *"Oferta de alojamento temporário para hóspedes, por meio de contrato tácito ou expresso de hospedagem, mediante cobrança de diária pela ocupação de unidade habitacional com as características definidas pelo Ministério do Turismo".*

Por outro lado, o fornecimento de alimentação em restaurante é considerado serviço de hotelaria, quando incluso no preço das diárias, sendo tributado pelo método cumulativo (Consulta nº 57/05, da DISIT 4).

Somente foram excluídas do regime da não cumulatividade do PIS as receitas decorrentes de serviços de hotelaria (pousada), onde não se incluem outros serviços prestados pelo estabelecimento (Consulta nº 405/05, da DISIT 7).

A DISIT 8, na Consulta nº 292/12, explica que as receitas decorrentes de pagamentos por serviço de hotelaria se referem à cobrança de diária pela ocupação de unidade habitacional com as características definidas pelo Ministério do Turismo. Tal conceito pode abranger o fornecimento de alimentos e bebidas, porém apenas na medida em que esse fornecimento estiver incluído no valor regular da diária cobrada.

Portanto, pelas respostas da RFB, as receitas obtidas pelos restaurantes dos hotéis e pousadas cobradas à parte dos clientes, se sujeitam ao método não cumulativo. E os créditos devem ser apropriados de forma total, se vinculados exclusivamente à receita ou então de forma proporcional, quando os itens forem comuns às receitas tributadas pelos dois métodos. A Consulta nº 177 da DISIT 8, de ABR/10, confirma tal situação para os hotéis tributados pelo lucro real.

Com isso, o controle gerencial de um hotel tributado pelo lucro real deve ser eficiente, pois o crédito dos produtos utilizados no preparo das refeições poderá ser utilizado apenas em relação às refeições tributadas pelo método não cumulativo.

Por exemplo, um hotel que compre pães e frutas para o café da manhã no valor de R$ 1.000 não poderá se creditar de PIS e COFINS sobre esta compra, pois a refeição seria incluída na diária. Já as frutas adquiridas e utilizadas no almoço com estilo "buffet livre" permitem crédito integral, se a refeição não estiver incluída na diária. Neste caso, o crédito precisará seguir o critério de proporcionalidade da receita bruta, pois seria inimaginável a apuração específica, separando a quantidade utilizada no café da manhã (método cumulativo) da quantidade aproveitada no almoço e jantar (método não cumulativo).

A decisão do preço cobrado na diária e por refeição é do estabelecimento e, a princípio, não cabe ao órgão fiscalizador questionar estes preços. O hotel pode e deve, sempre que possível, separar o valor da diária e o valor das refeições, mesmo para aqueles clientes que peçam para incluir as refeições no preço da diária.

A verdade é que o legislador criou um modelo extremamente complexo e praticamente impossível de ser apurado ou fiscalizado. Como comprar frutas que serão utilizadas no café da manhã (incluso na diária) e no almoço (cobrado a parte) e segregar o valor do crédito? Neste caso, a proporcionalidade será aplicada, com o creditamento sendo feito pelo cálculo da receita bruta de vendas de refeições sobre a receita bruta total.

6.10.1 NÃO INCIDÊNCIA DE PIS E COFINS NOS SERVIÇOS A ESTRANGEIROS

Não há tributação nas prestações de serviços ao exterior, desde que representem ingresso de divisas, ou seja, o recebimento seja feito em moeda conversível. No caso dos hotéis que recebem hóspedes estrangeiros, que efetuem o pagamento em moeda conversível, não há incidência de PIS e COFINS. O tema já foi explorado nos Capítulos 4 e 5 e vamos completá-lo aqui.

A Consulta nº 153/13, da DISIT 8, diz que não há incidência de COFINS sobre as receitas decorrentes das operações de prestação de serviços para pessoa física ou jurídica residente ou domiciliada no exterior, cujo pagamento represente ingresso de divisas – por exemplo, mediante *traveller's checks* ou cartão de crédito internacional. Essa conclusão se aplica, inclusive, aos serviços de hotelaria, à venda de bebida e alimentação (café da manhã) incluída no preço da diária, bem como ao valor das ligações telefônicas efetuadas no hotel e sua respectiva "taxa de serviço", incluídas na nota fiscal.

A DISIT 5, na Consulta nº 10/06, segue a mesma linha da DISIT 8, com uma leve discordância em relação à alimentação. A resposta explica que são isentas da COFINS as receitas decorrentes da prestação de serviços a pessoas físicas ou jurídicas residentes ou domiciliadas no exterior, desde que o pagamento que remunere esses serviços represente ingresso de divisas. A intermediação do pagamento por empresa brasileira administradora de cartões de crédito não descaracteriza a relação e, portanto, não compromete a isenção. Não estão inseridas entre as receitas de prestação de serviço, estando sujeitas à tributação pela COFINS, as decorrentes da venda de comidas e bebidas por estabelecimentos do ramo de hotelaria.

Para completar, a DISIT 4, na Consulta nº 29/07, diz que a COFINS não incide sobre as receitas relativas à prestação de serviços de hotelaria, conceituados pela Portaria MF/MTUR nº 33, de 2005, executados no Brasil, a pessoa física ou jurídica residente ou domiciliada no exterior, desde que o respectivo pagamento represente ingresso de divisas, em conformidade com a Circular BACEN nº 3.280/05, revogada e substituída em 2013 pela Circular nº 3.691.

6.11 PRESTAÇÃO DE SERVIÇOS DE CONCESSIONÁRIAS OPERADORAS DE RODOVIAS

Estas empresas pagam PIS e COFINS com alíquotas de 0,65% e 3%, respectivamente, sobre as receitas obtidas com exploração da rodovia, mesmo se tributadas pelo lucro real. As consultas respondidas pela RFB têm caracterizado somente as receitas com pedágio como provenientes da exploração das rodovias. Demais receitas devem ser tributadas pelo método não cumulativo. As receitas financeiras serão tributadas caso a empresa apresente qualquer receita tributada pelo método não cumulativo. Caso a empresa somente tenha receitas com pedágio, não estaria, teoricamente, enquadrada no Decreto nº 8.426/15. Neste caso, não incluiria as receitas financeiras nas bases de PIS e COFINS.

Estas empresas foram obrigadas a instalar equipamento emissor de cupom fiscal em seus estabelecimentos (art. 7º da Lei nº 11.033/04).

6.12 SERVIÇOS DE ORGANIZAÇÃO DE FEIRAS E EVENTOS

As empresas de organização de feiras e eventos são tributadas pelo método cumulativo, em relação à sua receita de serviços. Esta definição vale apenas para as empresas tributadas pelo lucro real, pois aquelas tributadas pelo lucro presumido pagam PIS e COFINS no método cumulativo sobre todas as receitas, incluindo a de serviços, com alíquotas de 0,65% e 3%, respectivamente.

Veja a definição dada pela mesma Portaria Conjunta nº 33/05 para este tipo de serviço:

> *"O planejamento, a promoção e a realização de feiras, congressos, convenções, seminários e atividades congêneres, em eventos, que tenham por finalidade:*
>
> *a)   A exposição, de natureza comercial ou industrial, de bens ou serviços destinados a promover e fomentar o intercâmbio entre produtores e consumidores, em nível regional, nacional ou internacional;*
>
> *b)   A divulgação ou o intercâmbio de experiências e técnicas pertinentes a determinada atividade profissional, empresarial ou área de conhecimento;*
>
> *c)   O congraçamento profissional e social dos participantes;*
>
> *d)   O aperfeiçoamento cultural, científico, técnico ou educacional dos participantes".*

6.13 SERVIÇOS DE ATENDIMENTO

As empresas com receitas decorrentes de prestação de serviços das empresas de *call center, telemarketing*, telecobrança e de teleatendimento em geral e que são tributadas pelo lucro real, devem calcular PIS e COFINS sobre estas receitas pelo método cumulativo. O legislador entendeu que nestas atividades, o maior custo representa a mão de obra, que não gera crédito, o que iria onerá-las demasiadamente.

6.14 VENDAS DE MERCADORIAS NAS LOJAS LOCALIZADAS NOS PORTOS OU AEROPORTOS

Na zona primária de porto ou aeroporto poderá ser autorizado, conforme regras fixadas pelo Ministro da Fazenda, o funcionamento de lojas francas para venda de mercadoria nacional ou estrangeira a passageiros de viagens internacionais, saindo do País ou em trânsito, contra pagamento em cheque de viagem ou moeda estrangeira conversível.

Somente poderão explorar estas lojas pessoas ou firmas habilitadas pela Receita Federal do Brasil, através de um processo de pré-qualificação.

A mercadoria estrangeira importada diretamente pelos concessionários das referidas lojas permanecerá com suspensão do pagamento de tributos até sua venda.

Quando se tratar de aquisição de produtos nacionais, estes sairão do estabelecimento industrial ou equiparado com isenção de tributos.

Atendidas as condições estabelecidas pelo Ministro da Fazenda, estas lojas poderão fornecer produtos destinados ao uso ou consumo de bordo de embarcações ou aeronaves, de bandeira estrangeira, aportadas no País.

As vendas destes produtos são tributadas pelo PIS e pela COFINS no método cumulativo, com alíquotas de 0,65% e 3%, respectivamente, mesmo para empresas tributadas pelo lucro real.

6.15 DEMAIS RECEITAS TRIBUTADAS NO MÉTODO CUMULATIVO COM EMPRESA TRIBUTADA PELO LUCRO REAL

Apresentamos a seguir outras situações em que a legislação definiu que a empresa mantenha o método cumulativo para fins de apuração de PIS (0,65%) e COFINS (3%), mesmo que apure seu resultado pelo lucro real:

a) prestação de serviços postais e telegráficos pela empresa brasileira de correios e telégrafos;

b) prestação de serviços das agências de viagem e de viagens e turismo;

c) receitas auferidas por empresas de serviços de informática, decorrentes das atividades de desenvolvimento de *software* e o seu licenciamento ou cessão de direito de uso, bem como de análise, programação, instalação, configuração, assessoria, consultoria, suporte técnico e manutenção ou atualização de *software*, compreendidas ainda como *softwares* as páginas eletrônicas;

d) receitas decorrentes da execução por administração, empreitada ou subempreitada, de obras de construção civil;

e) receitas relativas às atividades de revenda de imóveis, desmembramento ou loteamento de terrenos, incorporação imobiliária e construção de prédio destinado à venda, quando decorrentes de contratos de longo prazo firmados antes de 31/OUT/03; e

Cap. 6 • EMPRESAS COM TRIBUTAÇÃO MISTA

f) receitas decorrentes de operações de comercialização de pedra britada, de areia para construção civil e de areia de brita.

A Lei nº 13.043/14 determinou que as receitas decorrentes das alienações de participações societárias deverão ser tributadas pelo método cumulativo. Tal dispositivo se aplica nas empresas de participações societárias e não para empresas que tenham simplesmente participações em empresas controladas e coligadas. E outro detalhe importante é a possibilidade de dedução do custo de aquisição das participações, ou seja, a cobrança é apenas sobre o ganho de capital. As alíquotas aplicadas são de 4% para a COFINS e de 0,65% para PIS/PASEP.

6.16 RECEITAS DE REVENDAS DE VEÍCULOS USADOS

As empresas que comercializam veículos usados podem deduzir da base do PIS e da COFINS o valor dos veículos adquiridos para revenda, conforme definido no art. 5º da Lei nº 9.716/98.

Como as Leis nº 10.637/02 e nº 10.833/03 permitiram que as receitas referidas neste art. 5º permaneçam tributadas pela legislação anterior, entende-se que elas continuem com a alíquota combinada de 3,65%. Já as demais receitas das empresas que revendem veículos usados (tributadas pelo lucro real) serão tributadas pelo método não cumulativo.

Mais uma vez, cria-se um sistema de apuração complexo da base do PIS e COFINS. Será apresentado na tabela a seguir um exemplo de uma concessionária de automóveis, tributada pelo lucro real, para análise de quantas regras diferentes uma mesma empresa tem que seguir.

SITUAÇÃO DE UMA EMPRESA COMERCIAL DO SETOR DE VEÍCULOS, COM TRIBUTAÇÃO PELO LUCRO REAL		
RECEITAS OBTIDAS	**NORMATIVO**	**TRATAMENTO (PARA FINS DE PIS E COFINS)**
Revenda de Veículos Novos e peças tributadas no modelo monofásico	Lei nº 10.485/02	Não tributada, pois tem tributação monofásica, concentrada na indústria.
Revenda de Veículos Usados	Lei nº 9.716/98	Tributado pelo valor da venda, menos o da compra, com alíquota combinada de 3,65%.
Revendas de peças e acessórios, não enquadradas na tributação monofásica	Leis nº 10.637/02, nº 10.833/03...	Tributada pelo método não cumulativo, com dedução das aquisições e dos demais créditos permitidos pela legislação.
Receitas Financeiras	Decreto nº 8.426/15	Tributada com alíquotas de 0,65% para PIS e de 4% para COFINS.
Demais Receitas Operacionais	Leis nº 10.637/02, nº 10.833/03...	Tributada pelo método não cumulativo, com dedução dos créditos permitidos em lei.

6.17 QUEM GANHOU COM A MUDANÇA DO MÉTODO CUMULATIVO PARA O MÉTODO NÃO CUMULATIVO

No modelo anterior de tributação de PIS e COFINS, as empresas pagavam 3,65% sobre o total de receitas, sem possibilidade de dedução de gastos e despesas. Era a conhecida tributação em cascata.

Com as mudanças introduzidas a partir da MP nº 66/02 (convertida na Lei nº 10.637/02), a cobrança passou a ser pelo método não cumulativo, com aplicação de alíquotas maiores, alcançando 9,25% e possibilidade de dedução de gastos e despesas, notadamente naquelas situações em que as contribuições foram pagas anteriormente.

A legislação não deixou espaço para escolhas em relação a PIS e COFINS, vinculando a cobrança das contribuições à forma de tributação sobre o lucro da empresa. Se for utilizado o lucro presumido ou o lucro arbitrado, será aplicado o método cumulativo. Se aplicar o lucro real, a tributação das contribuições para PIS e COFINS deverá seguir o método não cumulativo.

Mas quem foi beneficiado ou prejudicado quando as mudanças passaram a ser exigidas por lei? Se uma empresa tributada pelo lucro real pudesse utilizar o método cumulativo, pelo menos para sua receita principal, valeria a pena fazer a opção?

A conta é relativamente simples. Se a empresa tiver margem aplicada sobre suas despesas que permitem crédito na faixa de 65%, os dois métodos teriam o mesmo impacto, apresentando o mesmo valor devido. Para simplificar o entendimento, considere uma empresa comercial, cujo único crédito permitido fosse a mercadoria adquirida para revenda. As contribuições teriam o mesmo valor pelos dois métodos se a compra fosse por R$ 100,00 e a venda por R$ 165,20. Veja o quadro a seguir:

Compra de mercadoria por R$ 100,00 e venda posterior, por R$ 165,20 (margem de 65,2% aplicada sobre o custo da mercadoria vendida)	
MÉTODO CUMULATIVO	**MÉTODO NÃO CUMULATIVO**
BASE ➜ 165,20 ALÍQUOTA ➜ 3,65% PIS + COFINS ➜ 6,03	BASE ➜ 65,20 ALÍQUOTA ➜ 9,25% PIS + COFINS ➜ 6,03

A explicação matemática para este percentual de 65% é a seguinte: até o montante de 3,65% a empresa pagava as contribuições sobre a receita. Quando o legislador permite crédito na compra, mas aumenta a tributação para 9,25%, ele eleva a alíquota em 5,6%. Contudo, este percentual (5,6%) de aumento, ele cobra, mas

Cap. 6 • EMPRESAS COM TRIBUTAÇÃO MISTA

deixa a empresa se creditar. Na verdade, o incremento veio aplicando a alíquota anterior (3,65%) sobre esse incremento (5,6%). Veja:

$$3,65\% / 5,6\% \rightarrow 65,2\%$$

Fazendo uma outra conta, quando o total de créditos chegar na faixa de 60,5% das receitas tributadas aí reside o ponto de equilíbrio. 60,5% é o percentual encontrado pela seguinte conta:

$$5,60\% / 9,25\% \rightarrow 60,5\%$$

A análise deve ser feita da seguinte forma:

1. pegar a DRE da empresa;
2. em seguida, deixar na DRE somente as receitas e as despesas que são consideradas na base de cálculo de PIS + COFINS. Aqui é importante lembrar que alguns itens de despesa não permitem o crédito diretamente, mas eles é que devem ser considerados na análise. Por exemplo:
   a. CMV – Na empresa comercial, o crédito é nas compras de mercadorias. Porém a despesa que será registrada oriunda das compras é o custo das vendas;
   b. CPV – Na empresa industrial, seria necessário abrir este item para extrair dele apenas os itens que permitem crédito: matéria-prima, insumos, depreciação e alguns gastos gerais de fabricação. A mão de obra, por exemplo, não seria considerada;
   c. despesa de depreciação – O crédito pode ter sido obtido na compra do bem, mas a despesa que o representa é a depreciação. Também é importante considerá-la (junto com a despesa financeira) nos itens de arrendamento mercantil financeiro.
3. com a nova DRE, contemplando apenas receitas e despesas que integram as bases de PIS e COFINS, deve-se verificar qual o percentual de custos e despesas sobre o total de receitas. O resultado será o seguinte:
   ✓ empresas que têm custos e despesas (somente os que permitem crédito de PIS e COFINS) MAIOR que 60,5% GANHARAM com a mudança, pagando um valor menor de contribuições do que pagavam anteriormente;
   ✓ empresas que têm custos e despesas (somente os que permitem crédito de PIS e COFINS) MENOR que 60,5% PERDERAM com a mudança, pagando um valor maior de contribuições do que pagavam anteriormente.

Por exemplo, nas mudanças de 2002 (PIS) e 2004 (COFINS) os setores varejistas em geral foram beneficiados com a mudança, pois suas margens estão longe de atingir os 65% e seus custos e despesas tendem a ultrapassar os 60,5%. Por outro lado, setores intensivos em investimentos como o setor de telecomunicações seriam prejudicados, por isso a legislação definiu que as receitas do setor permaneceriam tributadas pelo método cumulativo.

As receitas financeiras, que voltaram a ser incluídas na base pelas empresas tributadas no método não cumulativo, devem ser analisadas em conjunto com a posição acima. Quando o percentual ficar menor que 60,5%, não é necessário analisar as receitas financeiras, pois o método cumulativo ficou menor e este não tem tributação destas receitas. Por outro lado, se o percentual ficar muito acima de 60,5%, a tendência é a receita financeira tributada não mudar este resultado. A análise deve ser intensificada quando o percentual citado (custos e despesas/receitas) estiver pouco acima de 60,5%.

7
TRIBUTAÇÃO MONOFÁSICA E REGIMES ESPECIAIS

POR QUE LER ESTE CAPÍTULO? PARA:

- Conhecer os casos de setores em que a cobrança de PIS/PASEP e COFINS será feita pelo modelo monofásico (concentrado), no início da cadeia produtiva, liberando a cobrança das contribuições nas etapas seguintes.

- Entender como serão tratados os créditos nas empresas industriais tributadas pelo lucro real e submetidas a este modelo.

7.1 ASPECTOS INTRODUTÓRIOS

A regra geral de cobrança das contribuições para PIS/PASEP e COFINS foi apresentada nos Capítulos 3 a 6. A estrutura básica é a seguinte:

- ✓ LUCRO PRESUMIDO/ARBITRADO pago sobre a Receita Bruta, com alíquota combinada de 3,65%. É o MÉTODO CUMULATIVO.
- ✓ Empresas tributadas pelo LUCRO REAL (maioria) pagam sobre a Receita Total, com desconto de Créditos e alíquota combinada de 9,25%. É o MÉTODO NÃO CUMULATIVO.
- ✓ Um grupo (menor) de empresas tributadas pelo LUCRO REAL paga as contribuições de forma combinada. A receita principal é tributada pelo MÉTODO CUMULATIVO, enquanto as demais receitas da empresa devem ser tributadas pelo MÉTODO NÃO CUMULATIVO. É o chamado MODELO MISTO, que foi explicado no capítulo anterior.

Mas, além da regra geral, há diversos outros detalhes específicos e que serão apresentados a seguir.

7.2 TRIBUTAÇÃO MONOFÁSICA

Após o alargamento das bases do PIS e da COFINS, ocorrido em 1999, algumas atividades passaram a ter tratamento específico, para simplificar a fiscalização e o controle por parte da SRF, atual Receita Federal do Brasil (RFB).

Assim, as contribuições passaram a ser devidas em uma única etapa da cadeia produtiva, com alcance em todo o processo e elevação da alíquota. Este modelo é mais conhecido como tributação monofásica ou concentrada, pois acontece uma única vez, normalmente no início do processo produtivo, com alíquota zero para as operações seguintes.

O modelo de tributação monofásica ou concentrada é similar ao modelo de substituição tributária (para a frente) adotado no ICMS. A diferença principal é que na ST a indústria calcula e recolhe dois documentos: um com o ICMS próprio, devido por ela, indústria; e outro, a título de substituição tributária, quando estima o ICMS total que seria devido pelas empresas das etapas seguintes do processo produtivo. Por outro lado, no modelo concentrado ou monofásico, os tributos (PIS e COFINS) são recolhidos integralmente, com alíquota maior que a usual e correspondente aplicação da alíquota zero para as operações seguintes, notadamente as realizadas por atacadistas, distribuidores e varejistas.

Existem outros detalhes integrados entre o modelo de tributação monofásica ou concentrada e os métodos cumulativo e não cumulativo, mas eles serão apresentados nas situações específicas, a seguir.

7.2.1 COMBUSTÍVEIS DERIVADOS DE PETRÓLEO E BIODIESEL

Com a Lei nº 9.718/98, as contribuições para PIS e COFINS incidentes sobre gasolina (exceto de aviação), óleo diesel, GLP, querosene de aviação e nafta petroquímica passaram a ser calculadas aplicando-se alíquotas diferenciadas concentradas sobre a receita bruta obtida com as vendas destes produtos, efetuadas pelos produtores, importadores, refinarias de petróleo e distribuidores de álcool para fins carburantes. Com isso, são reduzidas a zero as alíquotas aplicadas sobre a receita auferida com as vendas realizadas pelos distribuidores e comerciantes varejistas (postos de combustíveis).

A Lei nº 10.865/04 modificou a tributação do PIS e da COFINS sobre combustíveis e derivados de petróleo, com objetivo de facilitar a fiscalização e diminuir a sonegação.

Assim, o importador ou o fabricante dos combustíveis e derivados de petróleo poderá escolher entre a tributação com alíquota percentual ou com base num valor fixo, cobrado por unidade de medida, sendo mil litros (m^3), no caso da gasolina.

Vamos entender, passo a passo, como funciona o cálculo de PIS e COFINS sobre as vendas de combustíveis. Nas tabelas a seguir serão apresentadas as alíquotas

Cap. 7 • TRIBUTAÇÃO MONOFÁSICA E REGIMES ESPECIAIS

vigentes até o mês de fechamento desta edição (ABR/18), além das alíquotas com valor fixo, definidas em decretos do Poder Executivo.

Inicialmente, veja na primeira tabela as alíquotas máximas permitidas para os combustíveis.

TABELA 1: ALÍQUOTAS MÁXIMAS DE PIS E COFINS COBRADAS DOS PRODUTORES OU IMPORTADORES DE PETRÓLEO – EM PERCENTUAL		
ALÍQUOTAS COBRADAS SOBRE A VENDA DE	COFINS	PIS
Gasolina e suas correntes, menos a de aviação e Nafta Petroquímica destinada à formulação de gasolina ou óleo diesel	23,44%	5,08%
Óleo diesel e suas correntes e Nafta Petroquímica destinada à formulação exclusivamente de óleo diesel	19,42%	4,21%
Gás liquefeito de petróleo (GLP)	47,40%	10,20%
Querosene de aviação	23,20%	5,00%
Biodiesel	28,32%	6,15%
Nafta Petroquímica vendida pelo produtor às centrais petroquímicas ou importada por estas	4,6%	1,0%

Fonte: art. 4º da Lei nº 9.718/98, art. 3º da Lei nº 11.116/05, art. 2º da Lei nº 10.560/02 e art. 14 da Lei nº 10.336/01.

Todavia, foi instituído por meio de lei um modelo alternativo, denominado Regime Especial, permitindo às empresas do setor efetuarem o pagamento das contribuições para PIS/PASEP e COFINS com base em quantidade vendida e alíquota em reais. E a própria lei autorizou o Poder Executivo a reduzir e restabelecer alíquotas, via decreto.

Veja a tabela a seguir com as alíquotas em vigor em NOV/17, conforme definidas em lei e decretos, estes quando autorizados por lei:

TABELA 2: REGIME ESPECIAL – ALÍQUOTAS DE PIS E COFINS MODELO ALTERNATIVO (ALÍQUOTA FIXA) – Valores em reais		
PRODUTOS MEDIDOS POR METROS CÚBICOS (MIL LITROS) OU TONELADAS	PIS DEVIDO	COFINS DEVIDA
Gasolina e suas correntes, menos a de aviação (m³)	141,10	651,40
Óleo diesel e suas correntes (m³)	82,20	379,30
Querosene de aviação (m³)	12,69	52,51
GLP Derivado de Petróleo e Gás Natural (Ton.)	29,85	137,85
Biodiesel	26,41	121,59
Nafta Petroquímica destinada à produção ou formulação exclusivamente de óleo diesel	26,36	121,64
Nafta Petroquímica destinada à produção ou formulação de óleo diesel ou gasolina	46,58	215,02

Fonte: Decretos nº 5.059/04, nº 9.101/17 e nº 7.768/12, art. 4º da Lei nº 9.718/98, art. 2º da Lei nº 10.560/02 e art. 14 da Lei nº 10.336/01.

A princípio, produtores e importadores devem aplicar as alíquotas da primeira tabela (*ad valorem*). A opção pela aplicação das alíquotas fixas (específicas) da segunda tabela foi disciplinada na IN RFB nº 876/08, com modificações da IN RFB nº 894/08. A primeira IN regulamentou o Regime Especial de Apuração e Pagamento da Contribuição para PIS e COFINS incidentes sobre Combustíveis e Bebidas (RECOB).

A opção pelo RECOB produzirá efeitos a partir:

a) de 1º/JAN do ano-calendário subsequente, quando efetuada até o último dia útil do mês de novembro;

b) de 1º/JAN do ano seguinte ao ano-calendário subsequente, quando efetuada no mês de dezembro; e

c) do 1º dia do mês de opção, quando efetuada por pessoa jurídica que iniciar suas atividades no ano-calendário em curso.

A opção pelo RECOB será irretratável durante o ano-calendário em que estiver produzindo seus efeitos, sendo automaticamente prorrogada para os anos seguintes. Caso o contribuinte resolva desistir do RECOB, terá que fazê-lo até o último dia útil do mês de outubro, para que produza efeitos a partir do dia 1º/JAN do ano seguinte. Se efetuada a desistência após esse prazo, somente produzirá efeitos no ano seguinte ao próximo ano. Ou seja, admitindo uma empresa que tivesse feito a opção pelo RECOB até 2017 e desistisse da opção, enviando formulário específico para a RFB, em 14/NOV/17, deixaria de aplicar o regime a partir de JAN/18.

O Decreto nº 5.297/04 prevê alíquotas menores, em casos de biodiesel fabricado a partir de:

a) Mamona ou fruto, caroço ou amêndoa de palma produzidos nas regiões norte e nordeste e no semiárido – R$ 22,48 de PIS e R$ 103,51 de COFINS.

b) Matérias-primas adquiridas de agricultor familiar enquadrado no PRONAF – R$ 10,39 de PIS e R$ 47,85 de COFINS.

c) Matérias-primas produzidas nas regiões norte, nordeste e semiárido, adquiridas de agricultor familiar enquadrado no PRONAF – Alíquota Zero.

Para mais detalhes e informações sobre a tributação de biodiesel, recomendamos a leitura da Lei nº 11.116/05, além do Decreto nº 5.297/04 e suas respectivas alterações.

A empresa que produzir ou importar combustíveis derivados de petróleo poderá descontar créditos normalmente, mesmo que utilize a opção pelo regime especial.

Nunca é demais lembrar que distribuidores e varejistas não têm direito a crédito da COFINS e PIS pelos combustíveis derivados de petróleo adquiridos, tendo direito de aplicação da alíquota zero por ocasião da venda respectiva.

> **FIQUE ATENTO:** Acompanhe o CANAL DO PROFESSOR PÊGAS no Youtube e veja eventuais mudanças na cobrança de PIS/PASEP e COFINS sobre combustíveis, bebidas, perfumaria e medicamentos e outros setores com tributação monofásica.

7.2.2 ÁLCOOL COMBUSTÍVEL

O Álcool, também chamado de Etanol, pode ser basicamente, de dois tipos: utilizado para fins carburantes e para outros fins. Inicialmente, vamos ver os demais tipos de etanol existentes e, em seguida, conversamos sobre o álcool carburante.

O Álcool Etílico Hidratado Neutro é aquele de melhor qualidade, virtualmente isento de impurezas, sendo próprio para qualquer aplicação que envolva o consumo humano ou veterinário. Sua qualidade olfativa é superior e típica de álcool, por não apresentar impurezas, que lhe confere padrão necessário para utilização na indústria farmacêutica, cosmética, bebidas e alimentos.

Já o Álcool Etílico Hidratado Industrial pode ser utilizado em uma grande variedade de produtos industriais. Sua qualidade atende à necessidade das aplicações específicas. Em geral é requerida a graduação alcoólica mínima de 95,12% v/v (92,6%m/m), e teores relativamente baixos de impurezas.

Há, ainda, o Álcool Etílico Anidro Industrial, utilizado, basicamente, como reativo e solvente na indústria química e de embalagens. O Neutro é aquele álcool 100% v/v, e o teor de água controlado em máximo de 0,06% v/v (0,1% m/m). Seu alto grau de pureza e superior qualidade olfativa permitem sua utilização na indústria cosmética, farmacêutica, alimentos e análises.

Por outro lado, o álcool combustível pode ser de dois tipos: o Anidro, que é misturado à Gasolina; e o Hidratado, que é utilizado diretamente como combustível nos automóveis.

A Lei nº 11.727/08 definiu as alíquotas aplicadas na venda de todo tipo de álcool, incluindo o combustível, direcionados os percentuais, conforme o tipo de empresa. A legislação permite, ainda, a tributação por alíquotas fixas, conforme apresentado a seguir.

ALÍQUOTAS APLICADAS NA VENDA DE ÁLCOOL COMBUSTÍVEL				
PRODUTO	VENDEDOR	COMPRADOR	ALÍQUOTA *ad valorem*	ALÍQUOTA sobre m³ VENDIDO
Álcool Hidratado	PRODUTOR (Usina) ou IMPORTADOR	DISTRIBUIDOR	1,5% PIS 6,9% COFINS	R$ 23,38 PIS R$ 107,52 COFINS
Álcool Hidratado	DISTRIBUIDOR	VAREJISTA	3,75% PIS 17,25% COFINS	R$ 58,45 PIS R$ 268,80 COFINS
Álcool Hidratado	VAREJISTA	CONSUMIDOR FINAL	ALÍQUOTA ZERO	ALÍQUOTA ZERO
Álcool Anidro	PRODUTOR (Usina) ou IMPORTADOR	DISTRIBUIDOR	1,5% PIS 6,9% COFINS	R$ 23,38 PIS R$ 107,52 COFINS

Fonte: art. 5º da Lei nº 9.718/98.

A alíquota fica reduzida a zero também nas operações de álcool realizadas em bolsa de mercadorias e futuros. As demais pessoas jurídicas que comerciem álcool e que não sejam enquadradas como produtor, importador, distribuidor ou varejista ficam sujeitas às disposições da legislação da contribuição para o PIS/PASEP e da COFINS aplicáveis à pessoa jurídica distribuidora.

A Lei procurou fechar brechas para planejamento tributário nessas operações, cobrando, inclusive, alíquotas elevadas para operações com empresas que tenham relação de interdependência.

A Lei autorizou o Poder Executivo a aplicar coeficientes de redução de alíquotas. Assim, o Decreto nº 6.573/08 (com diversas alterações) definiu as alíquotas, que são apresentadas na tabela a seguir.

ALÍQUOTAS APLICADAS NA VENDA DE ÁLCOOL COMBUSTÍVEL			
PRODUTO	VENDEDOR	COMPRADOR	ALÍQUOTA sobre m³ VENDIDO
Álcool Hidratado	PRODUTOR (Usina) ou IMPORTADOR	DISTRIBUIDOR	R$ 23.38 PIS R$ 107,52 COFINS TOTAL = R$ 130,90
Álcool Hidratado	DISTRIBUIDOR	VAREJISTA	R$ 19,81 PIS R$ 91,10 COFINS TOTAL = R$ 110,91
Álcool Hidratado	VAREJISTA	CONSUMIDOR FINAL	ALÍQUOTA ZERO
Álcool Anidro	PRODUTOR (Usina) ou IMPORTADOR	DISTRIBUIDOR	R$ 23.38 PIS R$ 107,52 COFINS TOTAL = R$ 130,90

Fonte: Decreto nº 6.573/08, alterado pelos Decretos nos 8.164/13, 9.101/17 e 9.112/17.

No caso da aquisição de álcool anidro para adição à gasolina, os valores dos créditos da contribuição para o PIS/PASEP e da COFINS foram zerados nos decretos publicados em 2017.

7.2.3 INDÚSTRIA FARMACÊUTICA E DE COSMÉTICOS

A Lei nº 10.147/00 (com alterações diversas, a última da Lei nº 12.859/13) criou a tributação monofásica do PIS e COFINS para produtos da indústria farmacêutica e de cosméticos (produtos de perfumaria, de toucador e de higiene pessoal). Assim, as empresas que industrializam ou importam estes produtos pagam o PIS e a COFINS utilizando alíquotas mais elevadas, permitindo às demais empresas do processo produtivo o não pagamento das contribuições. Portanto, distribuidores, atacadistas e comerciantes varejistas que revenderem produtos farmacêuticos, de perfumaria, toucador e de higiene pessoal, estão isentos do pagamento de PIS e COFINS sobre a revenda destes produtos.

Serão aplicadas alíquotas de 2,2% para o PIS e 10,3% para a COFINS sobre as receitas com a venda pelo industrial ou importador, de produtos classificados na TIPI nas posições 33.03 a 33.07 e nos códigos 3401.11.90, 3401.20.10 e 96.03.21.00. São exemplos de produtos incluídos na lista: perfumes e águas-de-colônia, produtos de maquilagem para os lábios e olhos, cremes de beleza, xampus, creme de barbear, desodorante e fio dental.

Na industrialização ou importação de produtos farmacêuticos classificados nas posições 30.01, 30.03, exceto no código 3003.90.56, 30.04, exceto no código 3004.90.46, nos itens 3002.10.1, 3002.10.2, 3002.10.3, 3002.20.1, 3002.20.2, 3006.30.1 e 3006.30.2 e nos códigos 3002.90.20, 3002.90.92, 3002.90.99, 3005.10.10, 3006.60.00, as alíquotas aplicadas serão de 2,1% para o PIS e de 9,9% para a COFINS.

Contudo, foi concedido regime especial de utilização de crédito presumido da contribuição para PIS e COFINS às pessoas jurídicas que procedam à industrialização ou à importação dos produtos classificados na posição 30.03, exceto no código 3003.90.56, nos itens 3002.10.1, 3002.10.2, 3002.10.3, 3002.20.1, 3002.20.2, 3006.30.1 e 3006.30.2 e nos códigos 3001.20.90, 3001.90.10, 3001.90.90, 3002.90.20, 3002.90.92, 3002.90.99, 3005.10.10 e 3006.60.00 e na posição 30.04, exceto no código 3004.90.46, todos da TIPI, pelas alíquotas utilizadas no regime monofásico. Na prática, os produtos farmacêuticos listados neste parágrafo não pagam PIS e COFINS.

As distribuidoras de remédios e as farmácias, quando revendem os medicamentos com tributação monofásica não pagam PIS e COFINS. No entanto, devem recolher as duas contribuições calculadas sobre as demais receitas não tributadas no modelo monofásico, aplicando as alíquotas de 0,65% e 3% (se estiver no lucro presumido) ou 1,65% e 7,6% (se estiver no lucro real), para PIS e COFINS, respectivamente.

A Lei nº 10.865/04 disciplinou que nas importações de alguns produtos farmacêuticos sejam aplicadas alíquotas de 2,1% para o PIS e 9,9% para a COFINS. Nas importações de produtos de perfumaria, de toucador ou de higiene pessoal, as alíquotas serão de 2,2% e 10,3%.

Em relação à dedução de créditos, a Instrução Normativa nº 594, de 26/DEZ/05, esclarece o assunto no art. 26, permitindo às empresas com tributação monofásica a dedução de créditos nos mesmos moldes permitidos para as demais empresas tributadas pelo lucro real e submetidas ao método não cumulativo.

Para facilitar o entendimento, veja um processo produtivo simples, na produção de um desodorante pela Cia. LALA. Para fins de simplificação, o desodorante terá como composição apenas três produtos: B, adquirido da Cia. LILI (está no lucro presumido e o produto B tem tributação normal); W, comprada da Cia. LELE (está no lucro real e o produto W tem tributação normal) e Z, adquirida da Cia. LOLO (está no lucro presumido e o produto Z tem tributação monofásica).

Pois bem, a Cia. LALA irá comprar os insumos, produzir o desodorante, vendê-lo ao Distribuidor LEN, que repassará ao comerciante varejista LAR, que revenderá ao consumidor final. Vamos ao processo produtivo:

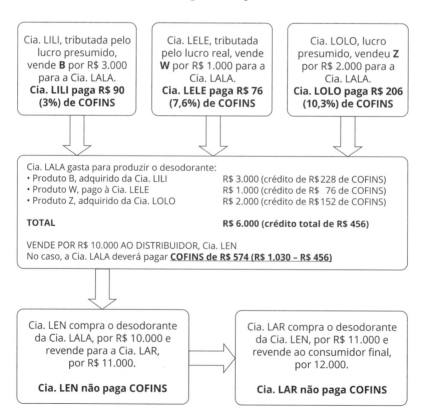

Importante ressaltar que consideramos somente a COFINS, mas todo o exposto aqui se aplicaria também ao PIS/PASEP.

O interessante do fluxograma é que a indústria de desodorante tem direito de deduzir créditos sobre os insumos permitidos às demais pessoas jurídicas, embora a receita obtida com a venda de seus produtos tenha a saída com tributação concentrada, descaracterizando, no caso, a não cumulatividade pensada pelo legislador.

E o crédito que a Cia. LALA tem direito é outro ponto que intriga a quem estuda o tema, pois apenas a Cia. LELE pagou exatamente a COFINS creditada pela Cia. LALA. As outras fornecedoras de insumo pagaram valores diferentes de COFINS, com a Cia. LILI (lucro presumido) pagando menos e a Cia. LOLO (tributação concentrada) pagando mais.

Caso a Cia. LALA, por algum motivo, comprasse desodorantes para revenda de outra indústria, a empresa vendedora teria pago PIS e COFINS pelas alíquotas vigentes no modelo concentrado, ou seja, 2,2% para PIS e 10,3% para COFINS. E o crédito da Cia. LALA seria obtido considerando estas alíquotas, 2,2% e 10,3%, respectivamente para PIS e COFINS. Tal dispositivo foi inserido pelo art. 24 da Lei nº 11.727/08, que inclui o § 4º no art. 24 da Lei nº 9.430/96.

7.2.4 CERVEJAS, ÁGUAS E REFRIGERANTES

A Lei nº 10.833/03 instituiu em seus arts. 49 a 52, tratamento diferenciado para tributação do PIS e COFINS nas empresas industriais fabricantes de cervejas, refrigerantes e água mineral. Posteriormente, o tema foi modificado pela Lei nº 11.727/08, que acrescentou os arts. 58-A ao 58-U à Lei nº 10.833/03. Todos estes artigos foram revogados pela Lei nº 13.097/15. A legislação muda tanto que traz dificuldade para todos que atuam na área, desde os contadores e advogados que trabalham nas empresas, passando por nós, professores e autores de livros e chegando ao estudante. Mas vamos tentar entender como funciona a tributação de cervejas, água mineral e refrigerantes (e demais bebidas) no primeiro trimestre de 2018.

O tema está regulamentado nos arts. 14 e 24 a 36 da Lei nº 13.097/15 e no Decreto nº 8.442/15. Os produtos incluídos são as chamadas bebidas frias: cerveja chope, água mineral, refrigerantes, isotônicos, energéticos e refrescos, exceto os de frutas e de produtos hortículas.

Nas vendas realizadas das empresas industriais para atacadistas, distribuidores e outras empresas industriais serão aplicadas as alíquotas de 2,32% para o PIS e 10,68% para a COFINS, totalizando 13%. Já nas vendas para empresas varejistas ou diretamente a consumidor final, serão aplicadas as alíquotas de 1,86% para o PIS e 8,54% para a COFINS, totalizando 10,4%.

Nas vendas realizadas por pessoa jurídica industrial ou atacadista, o valor do frete integrará as bases de cálculo das contribuições para PIS/PASEP e COFINS apuradas pela pessoa jurídica vendedora dos citados produtos.

Para fins da aplicação das alíquotas de PIS e COFINS, é considerada varejista a empresa cuja receita decorrente da venda de bens e serviços a consumidor final no ano-calendário imediatamente anterior ao da operação houver sido igual ou superior a 75% de sua receita total de venda de bens e serviços no mesmo período, depois de excluídos os impostos e contribuições incidentes sobre a venda. O varejista em início de atividade pode estimar sua receita durante o ano, tendo que atender ao mesmo percentual de 75% em vendas a consumidor final.

As empresas varejistas nada pagam de PIS e COFINS nas revendas dos produtos listados neste tópico.

A tributação de PIS e COFINS do setor de bebidas vem sofrendo constantes modificações, mostrando como é instável e frágil nosso modelo tributário. O legislador está sempre buscando atender às determinações superiores, procurando espaço para aumento de arrecadação nos produtos considerados de menor necessidade, incluídos aí as bebidas frias. Há um complexo modelo de créditos que deixarei de apresentar aqui. Para os interessados, recomendo a leitura do Decreto nº 8.442/15 e seus anexos. Há um valor mínimo que deverá ser pago, conforme o anexo I, que será resumido a seguir:

- Refrigerantes PET Descartável:
    - Até 350 ml: 0,0341 (PIS) e 0,1570 (COFINS) por litro.
    - De 351 ml a 600 ml: 0,0292 (PIS) e 0,1346 (COFINS) por litro.
    - De 601 ml a 1 litro: 0,0211 (PIS) e 0,0972 (COFINS) por litro.
    - De 1.001 ml a 1,5 litro: 0,0186 (PIS) e 0,0854 (COFINS) por litro.
    - De 1.501 ml a 2.200 ml: 0,0174 (PIS) e 0,0801 (COFINS) por litro.
    - Acima de 2,2 litros: 0,0226 (PIS) e 0,1041 (COFINS) por litro.
- Refrigerantes PET Retornável (todas): 0,0253 (PIS) e 0,1164 (COFINS) por litro.
- Refrigerantes de Vidro:
    - Até 350 ml: 0,0223 (PIS) e 0,1026 (COFINS) por litro.
    - De 351 ml a 600 ml: 0,0125 (PIS) e 0,0578 (COFINS) por litro.
    - Acima de 600 ml: 0,0122 (PIS) e 0,0563 (COFINS) por litro.
- Refrigerantes em Lata até 350 ml: 0,0338 (PIS) e 0,1555 (COFINS) por litro.
- Chá PET Descartável:
    - Até 500 ml: 0,0536 (PIS) e 0,2467 (COFINS) por litro.
    - Acima de 500 ml: 0,0243 (PIS) e 0,1120 (COFINS) por litro.

Cap. 7 • TRIBUTAÇÃO MONOFÁSICA E REGIMES ESPECIAIS

- Chá em Copo Descartável (todas): 0,0464 (PIS) e 0,2136 (COFINS) por litro.
- Refrescos e Isotônico (todas): 0,0177 (PIS) e 0,0815 (COFINS) por litro.
- Energéticos PET:
  - Até 350 ml: 0,0909 (PIS) e 0,4187 (COFINS) por litro.
  - De 351 ml a 600 ml: 0,0650 (PIS) e 0,2990 (COFINS) por litro.
  - De 601 ml a 1 litro: 0,0568 (PIS) e 0,2617 (COFINS) por litro.
  - De 1.001 ml a 1,5 litro: 0,0503 (PIS) e 0,2318 (COFINS) por litro.
  - Acima de 1,5 litro: 0,0455 (PIS) e 0,2093 (COFINS) por litro.
- Energéticos em Lata:
  - Até 350 ml: 0,1104 (PIS) e 0,5084 (COFINS) por litro.
  - De 351 ml a 500 ml: 0,0763 (PIS) e 0,3514 (COFINS) por litro.
  - Acima de 500 ml: 0,0715 (PIS) e 0,3289 (COFINS) por litro.
- Cerveja Retornável e chope (todas): 0,0348 (PIS) e 0,1602 (COFINS) por litro.
- Cerveja Descartável (todas): 0,0371 (PIS) e 0,1709 (COFINS) por litro.

7.2.5 VEÍCULOS, MÁQUINAS E AUTOPEÇAS

Alguns veículos, máquinas e peças têm a aplicação do modelo de tributação monofásica, com o PIS e a COFINS cobrados unicamente pelo fabricante ou importador, com alíquotas diferenciadas, apresentadas na tabela a seguir:

ALÍQUOTAS DE PIS E COFINS COBRADAS DOS IMPORTADORES E FABRICANTES – MODELO MONOFÁSICO – EM %		
PRODUTOS	PIS	COFINS
Máquinas, implementos e veículos classificados nos códigos 73.09, 7310.29, 7612.90.12, 8424.81, 84.29, 8430.69.90, 84.32, 84.33, 84.34, 84.35, 84.36, 84.37, 87.01, 87.02, 87.03, 87.04, 87.05, 87.06 e 8716.20.00 da TIPI.	2,00%	9,60%
Autopeças relacionadas nos Anexos I e II da Lei nº 10.485/02 – Vendas para atacadistas, varejistas e consumidores.	2,30%	10,80%
Autopeças relacionadas nos Anexos I e II da Lei nº 10.485/02 – Vendas para fabricantes de veículos e máquinas e de autopeças.	1,65%	7,60%
Pneumáticos (pneus novos e câmaras de ar), classificados nos códigos nos 40.11 e 40.13 da TIPI.	2,00%	9,50%

Fonte: Lei nº 10.485/02 e alterações posteriores.

Os automóveis de passeio são enquadrados neste modelo de tributação, que alcança ainda autossocorros, caminhões-betoneiras, caminhões-guindastes, veículos para varrer, ceifeiras, espalhadores de estrume e distribuidores de adubo ou fertilizantes, outras máquinas e aparelhos de uso agrícola, entre outros.

Assim, as concessionárias ao efetuarem a venda de automóveis novos não pagam PIS e COFINS, pois as contribuições já foram cobradas pelo fabricante ou importador com a alíquota majorada.

A Lei permite redução da base de cálculo de diversos produtos. Pela relevância e detalhamento do tema, apresentamos a seguir a transcrição do trecho do art. 1º da Lei nº 10.548/02 (alterado pela Lei nº 12.973/14), que reduz a base:

> "§ 2º A base de cálculo das contribuições de que trata este artigo fica reduzida:
>
> I – em 30,2%, no caso da venda de caminhões chassi com carga útil igual ou superior a 1.800 kg e caminhão monobloco com carga útil igual ou superior a 1.500 kg, classificados na posição 87.04 (veículos automotores para transportes de mercadorias) da TIPI, observadas as especificações estabelecidas pela Secretaria da Receita Federal;
>
> II – em 48,1%, no caso de venda de produtos classificados nos seguintes códigos da TIPI: 73.09, 7310.29.20, 7612.90.12, 8424.81, 84.29, 8430.69.90, 84.32, 84.33, 84.34, 84.35, 84.36, 84.37, 87.01 (Tratores), 8702.10.00 Ex 02, 8702.90.90 Ex 02 (Veículos automotores para transporte de dez pessoas ou mais, com volume interno de habitáculo, destinado a passageiros e motorista, igual ou superior a 9 m³), 8704.10.00 (Dumpers, concebidos para serem utilizados fora das rodovias), 87.05 veículos para usos especiais, como autossocorros, caminhões-guindastes, veículos de combate a incêndios e outros), 8716.20.00 e 8706.00.10 Ex 01 (somente os destinados aos produtos classificados nos Ex 02 dos códigos 8702.10.00 e 8702.90.90)."

A IN da SRF nº 237/02 esclarece parte do dispositivo da Lei nº 10.485/02:

> "Art. 1º Para fins do disposto no § 2º, inciso I, do art. 1º da Lei nº 10.485, de 3 de julho de 2002, entende-se:
>
> I – caminhões chassi, como os veículos de capacidade de carga útil igual ou superior a 1.800 kg, classificados na posição 87.04 da Tabela de Incidência do Imposto sobre Produtos Industrializados – TIPI, aprovada pelo Decreto nº 4.070, de 28 de dezembro de 2001, providos de chassi com motor e de cabina justaposta ao compartimento de carga;
>
> II – caminhões monobloco, como os veículos de capacidade de carga útil igual ou superior a 1.500 kg, classificados na posição 87.04 da TIPI, com cabina e compartimento de carga inseparáveis, constituindo um corpo único, tal como projetado e concebido;

III – carga útil, como o peso da carga máxima prevista para o veículo, considerado o peso do condutor, do passageiro e do reservatório de combustível cheio."

Pela interpretação da lei a venda de um caminhão, enquadrado no inciso I, por R$ 100.000, teria sua base de cálculo de PIS e COFINS reduzida em R$ 30.200, passando a base para R$ 69.800. No caso, o PIS devido seria de R$ 1.396, com utilização da alíquota de 2%.

Além deste modelo de tributação para veículos, ainda existe o modelo de substituição tributária, que é aplicado para semeadores, plantadores, transportadores e alguns tratores (código 8432.30 e 87.11 da TIPI).

7.2.6 FABRICANTES E IMPORTADORES DE CIGARROS

Os fabricantes ou importadores de cigarros devem recolher a totalidade da COFINS devida pela indústria e pelos distribuidores e varejistas. A base de cálculo será obtida multiplicando-se o preço de venda do produto no varejo por 291,69% (art. 62 da Lei nº 11.196/05, alterado pela Lei nº 12.024/09).

Assim, se uma empresa industrial vender cigarros diretamente para um comerciante varejista por R$ 800, com preço de venda ao consumidor final de R$ 1.000, a base da COFINS será R$ 2.916,90, o que dará um valor de contribuição de R$ 87,51 (3%), que deverá ser recolhido pelo fabricante, sem acrescentar esta COFINS (pelo menos diretamente) no preço de venda do cigarro.

A base do PIS será encontrada pela aplicação de 3,42 sobre o preço de venda no varejo, com a contribuição sendo devida pelo fabricante ou importador.

Na mesma situação anterior, com o preço de venda do varejista previsto de R$ 1.000, o PIS será de R$ 22,23 (0,65% sobre 3.420).

Nas vendas realizadas nas etapas seguintes, pelos comerciantes atacadistas, distribuidores e varejistas será aplicada alíquota zero para PIS e COFINS. Importante lembrar que os comerciantes varejistas que estiverem enquadrados no SIMPLES (grande parte dos pequenos estabelecimentos que vendem este produto) poderão excluir a receita da venda do cigarro para o cálculo do valor do SIMPLES devido em cada mês.

7.3 INDÚSTRIA ESTABELECIDA NA ZONA FRANCA DE MANAUS

As alíquotas aplicadas sobre a receita bruta auferida pelas pessoas jurídicas industriais estabelecidas na Zona Franca de Manaus (ZFM) com a venda dos referidos produtos são diferenciadas, definidas nas Leis nº 10.637/02 e nº 10.833/03 e apresentadas no quadro a seguir:

VENDA DE PJ INDUSTRIAL ESTABELECIDA NA ZONA FRANÇA DE MANAUS DECORRENTE DA VENDA DE PRODUÇÃO PRÓPRIA, CONSOANTE PROJETO APROVADO PELO CONSELHO DE ADMINISTRAÇÃO DA SUFRAMA PARA	COBRANÇA NA VENDEDORA		CRÉDITO NA ADQUIRENTE	
	COFINS	PIS	COFINS	PIS
PJ estabelecida na ZFM	3%	0,65%	4,6%	1%
PJ fora da ZFM, que apure PIS/COFINS no regime de não cumulatividade	3%	0,65%	4,6%	1%
PJ fora da ZFM, que apure o imposto de renda com base no lucro presumido	6%	1,3%	7,6%	1,65%
PJ fora da ZFM, que apure o IR com base no lucro real e que tenha sua receita, total ou parcialmente, excluída do regime de incidência não cumulativa de PIS/COFINS	6%	1,3%	7,6%	1,65%
PJ fora da ZFM e optante pelo SIMPLES NACIONAL	6%	1,3%	7,6%	1,65%
Órgãos da Administração Pública federal, estadual, municipal ou distrital	6%	1,3%	7,6%	1,65%

Fontes: Lei nº 10.833/03 – art. 2º, § 5º, art. 3º, § 17 e Lei nº 10.637/02 – art. 2º, § 4º e art. 3º, § 12.

Ficam reduzidas a zero as alíquotas das contribuições para PIS/PASEP e COFINS incidentes sobre as receitas decorrentes da comercialização de matérias-primas, produtos intermediários e materiais de embalagem, produzidos na Zona Franca de Manaus para emprego em processo de industrialização por estabelecimentos industriais ali instalados e consoante projetos aprovados pelo Conselho de Administração da Superintendência da Zona Franca de Manaus (SUFRAMA) (art. 5º-A da Lei nº 10.637/02, com modificações da Lei nº 10.865/04). A Lei nº 10.925/04 estendeu a alíquota zero para as importações efetuadas por empresas domiciliadas na ZFM com o mesmo objetivo.

A IN SRF nº 546/05, com seus anexos, traz outros detalhes sobre o tema.

7.3.1 VENDAS PARA EMPRESAS INSTALADAS NA ZFM

A Lei nº 10.996/04 reduziu a zero as alíquotas das contribuições para PIS/PASEP e COFINS incidentes sobre as receitas de vendas de mercadorias destinadas ao consumo ou à industrialização na Zona Franca de Manaus (ZFM), por pessoa jurídica estabelecida fora da ZFM. A mesma lei caracteriza como vendas de mercadorias de consumo na Zona Franca de Manaus as que tenham como destinatárias pessoas jurídicas que as venham utilizar diretamente ou para comercialização por atacado ou a varejo.

7.3.2 SUSPENSÃO DE PIS E COFINS PARA BENS DE CAPITAL IMPORTADOS POR EMPRESAS ESTABELECIDAS NA ZFM

O Decreto nº 5.691/06 suspendeu a exigência da contribuição para o PIS/PASEP-Importação e da COFINS-Importação para bens novos destinados à incorporação ao ativo imobilizado de pessoa jurídica importadora estabelecida na Zona Franca de Manaus.

Todavia, a suspensão somente será aplicada quando a pessoa jurídica, cumulativamente:

a) importar máquinas, aparelhos, instrumentos e equipamentos novos, classificados nos códigos da TIPI, aprovada pelo Decreto nº 8.950/16, relacionados no Anexo deste Decreto; e

b) utilizar os referidos bens na produção de matérias-primas, produtos intermediários e materiais de embalagem destinados ao emprego em processo de industrialização por pessoa jurídica que esteja instalada na ZFM e que possua projeto aprovado pelo Conselho de Administração da SUFRAMA.

A IN SRF nº 424/04 disciplina e traz outras informações sobre isenções nas empresas instaladas na Zona Franca de Manaus.

8
PIS E COFINS NAS ENTIDADES IMUNES E ISENTAS

POR QUE LER ESTE CAPÍTULO? PARA:

- Compreender o alcance dos termos imunidade e isenção na legislação tributária federal.
- Entender como funciona a tributação de PIS e COFINS nas entidades imunes e isentas, com os detalhes específicos para as demais receitas destas entidades.

8.1 IMUNIDADE E ISENÇÃO

Inicialmente é importante informar que as entidades imunes e isentas respondiam por mais de 5% do total de declarações recebidas pela Receita Federal do Brasil na última informação divulgada pelo órgão (referente ao ano de 2013).

O art. 150 da Constituição Federal de 1988 diz, em seu inciso VI, que é proibido à União, estados e municípios instituir impostos sobre:

a) patrimônio, renda ou serviços, uns dos outros;

b) templos de qualquer culto;

c) patrimônio, renda ou serviços dos partidos políticos, inclusive suas fundações, das entidades sindicais dos trabalhadores, das instituições de educação e de assistência social, sem fins lucrativos, atendidos os requisitos da lei;

d) livros, jornais, periódicos e o papel destinado à sua impressão; e

e) fonogramas e videofonogramas musicais produzidos no Brasil contendo obras musicais ou literomusicais de autores brasileiros e/ou obras em geral interpretadas por artistas brasileiros bem como os suportes materiais ou arquivos digitais que os contenham, salvo na etapa de replicação industrial de mídias ópticas de leitura a *laser*.

A leitura deste artigo demonstra que a intenção do legislador constituinte ao conceder imunidade às instituições educacionais e de assistência social, sem intuito lucrativo, foi impedir que sejam oneradas, por via de impostos, as instituições que desempenham, em proveito da coletividade, funções que, a rigor, o Estado deveria cumprir.

As imunidades podem ser:

- SUBJETIVA – Quando a própria pessoa jurídica goza de imunidade, como, por exemplo, no caso da União, dos estados e municípios, exceto se explorarem atividade relacionada a empreendimentos empresariais.
- OBJETIVA – Quando a operação é considerada imune, mas não a pessoa jurídica que a pratica, como é o caso do papel destinado à impressão de livros e jornais que tem imunidade, o que não ocorre com a indústria que produz estes bens.

O art. 174 do Decreto nº 3.000/99 (RIR/99) diz que são isentas as instituições de caráter filantrópico, recreativo, cultural e científico e as associações civis que prestem os serviços para os quais houverem sido instituídas e os coloquem à disposição do grupo de pessoas a que se destinam, sem fins lucrativos (Lei nº 9.532/97, arts. 15 a 18, com pequenas alterações).

Portanto, a ISENÇÃO emana do ente tributante que, ao instituir um tributo no exercício de sua competência, decide abrir mão de exigi-lo de determinada pessoa ou em determinada situação. Diferencia-se da IMUNIDADE porque esta afasta qualquer pretensão impositiva pelo poder tributante. Na imunidade o negócio ou operação se mantém integralmente fora do alcance do poder legislador, quando há imunidade objetiva ou subjetiva. A imunidade proíbe sua inclusão no campo incidental. A isenção, por sua vez, é a favor do ente poderoso, que pode se despir do direito de exigir o imposto, taxa ou contribuição, como pode a qualquer momento retomar a exigência.

Dita o art. 150, § 6º, da Constituição Federal, que a isenção decorre, sempre, de lei que regule exclusivamente a matéria ou o correspondente tributo, ou, quando necessário, de lei complementar. Seu teor é esclarecedor:

> *"Art. 150. Sem prejuízo de outras garantias asseguradas ao contribuinte, é vedado à União, aos Estados, ao Distrito Federal e aos Municípios:*
>
> *(...)*
>
> *§ 6º Qualquer subsídio ou isenção, redução de base de cálculo, concessão de crédito presumido, anistia ou remissão, relativos a impostos, taxas ou contribuições, só poderá ser concedido mediante lei específica, federal, es-*

tadual ou municipal, que regule exclusivamente as matérias acima enumeradas ou o correspondente tributo ou contribuição, sem prejuízo do disposto no art. 155, § 2º, XII, g."[1]

A imunidade prevista, contudo, para ser aplicada, exige que as entidades atendam aos seguintes requisitos (Lei nº 9.532/97, art. 12, § 2º):

a) Não remunerar, por qualquer forma, seus dirigentes pelos serviços prestados, exceto no caso de associações, fundações ou organizações da sociedade civil, sem fins lucrativos, cujos dirigentes poderão ser remunerados, desde que atuem efetivamente na gestão executiva e desde que cumpridos os requisitos previstos nos arts. 3º e 16 da Lei nº 9.790/99, respeitados como limites máximos os valores praticados pelo mercado na região correspondente à sua área de atuação, devendo seu valor ser fixado pelo órgão de deliberação superior da entidade, registrado em ata, com comunicação ao Ministério Público, no caso das fundações.

b) Aplicar integralmente seus recursos na manutenção e desenvolvimento dos seus objetivos sociais.

c) Manter escrituração completa de suas receitas e despesas em livros revestidos de formalidades capazes de assegurar sua exatidão.

d) Conservar em boa ordem, pelo prazo de cinco anos, contado da data da emissão, os documentos que comprovem a origem de suas receitas e a efetivação de suas despesas, bem assim a realização de quaisquer outros atos ou operações que venham a modificar sua situação patrimonial.

e) Apresentar, anualmente, declaração de rendimentos, em conformidade com o disposto em ato específico da Secretaria da Receita Federal.

f) Recolher os tributos retidos sobre os rendimentos por elas pagos ou creditados e a contribuição para a seguridade social relativa aos empregados, bem assim cumprir as obrigações acessórias daí decorrentes.

g) Assegurar a destinação de seu patrimônio a outra instituição que atenda às condições para gozo da imunidade, no caso de incorporação, fusão, cisão ou de encerramento de suas atividades, ou a órgão público.

h) Outros requisitos, estabelecidos em lei específica, relacionados com o funcionamento das entidades a que se refere este artigo.

Apresentamos a seguir, alguns detalhes sobre o PIS e a COFINS das entidades imunes e isentas.

---

[1] A alínea "g" do inciso XII do art. 155 da Constituição Federal trata da necessidade de Lei Complementar para regular a forma como os estados e o Distrito Federal concederão benefícios fiscais em matéria de ICMS (Imposto sobre Circulação de Mercadorias e Serviços).

8.2 PIS PAGO SOBRE A FOLHA DE PAGAMENTO

Desde há muito, o PIS das sociedades sem fins lucrativos é devido, mas calculado com base na folha de salários. Percebemos que o art. 150, inciso VI, alínea "c", da Constituição Federal, desampara até mesmo as entidades imunes em relação às contribuições, eis que faz referência, exclusivamente, aos impostos.

O PIS, conforme já apresentado ao longo da obra, é caracterizado como contribuição social, não gozando da imunidade constitucional ou da isenção permitida em lei.

O art. 13 da Medida Provisória nº 2.158-35/01 define as entidades que deverão permanecer pagando o PIS sobre a folha de pagamento. São elas:

a) templos de qualquer culto;
b) partidos políticos;
c) instituições de educação e de assistência social que preencham as condições e os requisitos do art. 12 da Lei nº 9.532/97;
d) instituições de caráter filantrópico, recreativo, cultural, científico e as associações que preencham as condições e os requisitos do art. 15 da Lei nº 9.532/97;
e) sindicatos, federações e confederações;
f) serviços sociais autônomos, criados ou autorizados por lei;
g) conselhos de fiscalização de profissões regulamentadas;
h) fundações de direito privado;
i) condomínios de proprietários de imóveis residenciais ou comerciais; e
j) Organização das Cooperativas Brasileiras (OCB) e as Organizações Estaduais de Cooperativas previstas no art. 105 e seu § 1º da Lei nº 5.764/71.

A base de cálculo do PIS/PASEP incidente sobre a folha de salários mensal corresponde à remuneração paga, devida ou creditada a empregados, incluindo salários, gratificações, ajuda de custo, comissões, anuênio, quinquênio, 13º salário, dentre outras verbas. Não integram a base de cálculo as seguintes verbas: salário família, aviso prévio indenizado, o Fundo de Garantia por Tempo de Serviço (FGTS) pago diretamente ao empregado na rescisão contratual e a indenização por dispensa, desde que dentro dos limites legais (arts. 49 e 50 do Decreto nº 4.524/02).

A alíquota será de 1% sobre a base de cálculo, no caso a folha de pagamento. As entidades sem fins lucrativos e que não tiverem empregados, não estarão obrigadas a pagar a contribuição ao PIS/PASEP.

O art. 8º da Lei nº 10.637/02 determinou que as entidades imunes permaneceriam pagando o PIS com base na folha de pagamento e não sobre as receitas. A

Cap. 8 • PIS E COFINS NAS ENTIDADES IMUNES E ISENTAS

lei citou apenas as entidades IMUNES, não mencionando as entidades ISENTAS, o que não tem sentido, uma vez que diversas empresas definidas na lei como contribuintes do PIS por este modelo são entidades isentas. Teoricamente, as entidades isentas deveriam se submeter também ao método não cumulativo, instituído obrigatoriamente para empresas tributadas pelo lucro real. Contudo, a própria RFB vem respondendo às consultas formuladas pelos contribuintes concordando com o pagamento do PIS sobre a folha de pagamento nas entidades ISENTAS.

Portanto, as entidades IMUNES e ISENTAS permanecem pagando PIS mensalmente sobre a folha de pagamento, com alíquota de 1%.

8.3 CONSULTAS FAVORÁVEIS ÀS ENTIDADES ISENTAS

A Consulta nº 33/03 da 7ª Região Fiscal esclareceu a um contribuinte caracterizado como isento que ele poderia determinar a contribuição para o PIS com base na folha de salários e alíquota de 1%, desde que atendidos os requisitos previstos no art. 15, § 3º, da Lei nº 9.532/97.

Na DISIT 6, outras consultas (nos 360, 373 e 385, todas de 2004) confirmam o entendimento manifestado pela DISIT 7.

A DISIT 1, na Consulta nº 36, de JUL/12, diz que a base de cálculo da contribuição para o PIS incidente sobre a folha de salários é o valor total da folha de pagamento mensal da remuneração paga, devida ou creditada a empregados, não se incluindo os pagamentos efetuados a pessoas sem vínculo empregatício.

8.4 COFINS DAS ENTIDADES IMUNES E ISENTAS

As entidades imunes e isentas possuem isenção de COFINS apenas para as receitas da atividade própria. As demais receitas, que não forem incluídas nas atividades essenciais, devem ser tributadas (art. 14, inciso X, da MP 2.158-35/01). O problema, no caso, será compreender o exato alcance da expressão receitas da atividade própria.

Além disso, a Lei nº 10.833/03, que instituiu o método não cumulativo para a COFINS, permitiu que as entidades IMUNES permanecessem tributadas pelas regras anteriores, silenciando em relação às entidades ISENTAS. Por isso, o entendimento inicial, teoricamente, é o seguinte:

- Entidades IMUNES pagam COFINS pelo método cumulativo, com alíquota de 3% sobre sua receita bruta, exceto aquelas correspondentes às suas atividades próprias e sem deduzir créditos.

- Entidades ISENTAS pagam COFINS com alíquota de 7,6% sobre todas as receitas obtidas, exceto aquelas correspondentes às suas atividades próprias, podendo deduzir, no caso, os mesmos créditos permitidos às demais empresas. Além disso, não haverá tributação sobre as receitas financeiras.

Antes de avançar para analisar as consultas e o posicionamento da RFB sobre mais um tema polêmico, é importante debater o que se entende por receitas da atividade própria.

Veja a transcrição da pergunta e posterior resposta da RFB no item "PER-GUNTAS E RESPOSTAS – DIPJ 2012) sobre a isenção da COFINS.

<http://www.receita.fazenda.gov.br/publico/perguntao/dipj2012/CapituloXXII-ContribuicaoparaPIS-PasepCofinsincide ntessobreReceitaBruta2011.pdf>.

005 Incide a COFINS sobre as entidades listadas no art. 13 da MP nº 2.158/01?

Sim, mas somente em relação às receitas oriundas de atividades não próprias.

As receitas provenientes das atividades próprias das entidades listadas no art. 13 da MP nº 2.158-35/01, são isentas da COFINS.

Entende-se como atividades próprias aquelas que não ultrapassam a órbita dos objetivos sociais das respectivas entidades. Estas, normalmente alcançam as receitas auferidas que são típicas das entidades sem fins lucrativos, tais como: doações, contribuições, inclusive a sindical e a assistencial, mensalidades e anuidades recebidas de profissionais inscritos, de associados, de mantenedores e de colaboradores, sem caráter contraprestacional direto, destinadas ao custeio e manutenção daquelas entidades e à execução de seus objetivos estatutários.

A isenção não alcança as receitas que são próprias de atividades de natureza econômico-financeira ou empresarial. Por isso, não estão isentas da COFINS, por exemplo, as receitas auferidas com exploração de estacionamento de veículos; aluguel de imóveis; sorteio e exploração do jogo de bingo; comissões sobre prêmios de seguros; prestação de serviços e/ou venda de mercadoria, mesmo que exclusivamente para associados; aluguel ou taxa cobrada pela utilização de salões, auditórios, quadras, piscinas, campos esportivos, dependências e instalações; venda de ingressos para eventos promovidos pelas entidades; e receitas financeiras.

NOTAS:

1. *As entidades relacionadas no art. 13 da MP nº 2.158-35/01 deverão apurar COFINS sobre as receitas que não lhe são próprias, segundo o regime de apuração não cumulativa a depender da forma de tributação do IR.*

Cap. 8 • PIS E COFINS NAS ENTIDADES IMUNES E ISENTAS

2. *As entidades imunes ao IR, que estão relacionadas entre as exceções ao regime de apuração não cumulativa, deverão apurar a COFINS sobre as receitas que lhe são próprias segundo o regime de apuração cumulativa.*

3. *As instituições de educação e de assistência social, as instituições de caráter filantrópico, recreativo, cultural, científico e as associações que desatenderem as condições e requisitos previstos nos incisos III e IV da MP nº 2.158-35/01, respectivamente ou no art. 55 da Lei nº 8.212/91 ficam obrigadas ao pagamento da COFINS incidente sobre suas receitas próprias.*

4. *Para efeito de fruição da isenção da COFINS, em relação às receitas derivadas de suas atividades próprias, as entidades de educação, assistência social e de caráter filantrópico devem possuir o Certificado de Entidade Beneficente de Assistência Social expedido pelo Conselho Nacional de Assistência Social, renovado a cada três anos, de acordo com o disposto no art. 55 da Lei nº 8.212/91.*

Fonte: *Lei nº 9.718/98, arts. 2º e 3º; MP nº 2.158-35/01, arts. 13 e 14, X; IN RFB nº 247/02, art. 47; e PN CST nº 5/92.*

A consulta da DISIT 6, nº 31/02, diz que a COFINS não incide sobre as receitas relativas às atividades próprias das entidades de assistência social, tais como as receitas auferidas com contribuições, doações, anuidades ou mensalidades fixadas por lei, assembleia ou estatuto, recebidas de associados ou mantenedores, destinadas ao seu custeio e ao desenvolvimento de seus objetivos. A contribuição, todavia, incide, à alíquota de 3% (atualmente 7,6% para as entidades ISENTAS), sobre as receitas de caráter contraprestacional auferidas pelas entidades imunes, tais como as receitas financeiras (atualmente com alíquotas reduzidas de 0,65% para PIS e 4% para COFINS, conforme Decreto nº 8.426/15) e as provenientes da prestação de serviços e/ou venda de mercadorias.

Todavia, o Parecer Normativo CST nº 162/74 enumera alguns casos em que não ocorre desvirtuamento das finalidades, ainda que a entidade tenha receitas próprias de empresas com finalidade econômica, nos casos em que:

a) a entidade recreativa ou esportiva explorar bar ou restaurante, no âmbito de suas dependências para seus usuários;

b) a sociedade religiosa (templos religiosos) que mantém anexa livraria para venda de livros religiosos, didáticos, discos com temas religiosos e artigos de papelaria;

c) as instituições filantrópicas que mantêm creche com serviços cobrados a uma parte dos usuários e atendimento gratuito aos demais, desde que mantida a igualdade de tratamento; e

d) a fundação cultural que mantém livraria para a venda de livros a alunos dos cursos por ela mantidos, ou a terceiros.

Por outro lado, a RFB manifestou entendimento de que ocorre a perda da isenção pela prática de atividade de natureza essencialmente econômica, extravasando a órbita de seus objetivos, quando:

a) a associação de funcionários da empresa adquire mercadorias e vende a seus associados para pagar em três parcelas;

b) a entidade esportiva explora linha de ônibus para transporte de associados, cobrando pelo serviço prestado; e

c) a associação religiosa exerce a atividade de compra e venda de bens não relacionados à sua finalidade.

Pela interpretação do PN nº 162/74, parte das demais receitas pode ser isenta da COFINS, dependendo de sua integração com o objeto social. Aquelas receitas extras, mas que atendem aos associados da entidade, teoricamente, não teriam tributação. Já considerando a interpretação do PN nº 5/92, as regras são mais restritivas, conflitando em alguns pontos com o PN de 1974.

Todavia, pela aplicação literal das normas, as entidades IMUNES não pagam COFINS, pois seguem o método cumulativo e este só contempla como base a receita bruta e esta tem isenção permitida na MP nº 2.158-35/01.

De qualquer forma, veja nos parágrafos seguintes algumas consultas anteriores a JUN/09 e que são relevantes para entender o tema.

Na DISIT 9, a Consulta nº 212/06 explica que a receita auferida por templos de qualquer culto, oriunda de um único imóvel locado, recebido em doação, não será tributada pela COFINS. A tributação ocorre em face da isenção que gozam essas entidades, uma vez que esse rendimento é decorrente de suas atividades próprias, não caracterizando ato de natureza econômico-financeira, devendo a renda assim auferida ser integralmente aplicada nas suas atividades-fins.

Na mesma região fiscal, a Consulta nº 217/06 diz que não são tributados pela COFINS os rendimentos auferidos por instituições de assistência social, oriundos de aluguel de imóvel, em face da isenção que gozam essas entidades. A autoridade fiscal entendeu que este rendimento seria decorrente das atividades próprias, não caracterizando ato de natureza econômico-financeira. A exigência seria que a renda assim auferida fosse integralmente aplicada em suas atividades-fins.

Cap. 8 • PIS E COFINS NAS ENTIDADES IMUNES E ISENTAS

As entidades isentas estão sujeitas à incidência não cumulativa da COFINS sobre as receitas não relativas às atividades próprias, foi o que respondeu a RFB a uma consulta (n° 421, de DEZ/04) formulada por uma Associação Recreativa na DISIT 6. O mesmo entendimento foi manifestado pela Consulta n° 18/05, da DISIT 9.

Já a Consulta n° 40, de JUN/03, da DISIT 1, detalhou que são isentas da COFINS as receitas relativas às atividades próprias dos sindicatos, federações e confederações, ou seja, aquelas oriundas de contribuições, doações, anuidades ou mensalidades fixadas por lei, assembleia ou estatuto, e destinadas ao custeio do sistema confederativo. A COFINS incide, à alíquota de 3% (três por cento), em relação aos fatos geradores ocorridos a partir de FEV/99, sobre as receitas de caráter contraprestacional, auferidas pelas entidades acima referidas, tais como as receitas decorrentes de aplicação no mercado financeiro, de aluguéis, bem assim as auferidas nas operações de créditos. Apenas para lembrar que esta consulta é anterior à instituição da COFINS pelo método não cumulativo.

Na DISIT 8, uma consulta de 2002 (n° 110), também antes da introdução do método não cumulativo para a COFINS, explicou que as associações civis sem fins lucrativos têm isenção apenas em relação a suas atividades próprias, assim entendidas suas receitas típicas, como as contribuições, doações e anuidades ou mensalidades de seus associados e mantenedores, destinadas ao custeio e manutenção da instituição e execução de seus objetivos estatutários, mas que não tenham cunho contraprestacional. As demais receitas, como as decorrentes da prestação de serviços, vendas de mercadorias e ganhos de aplicações financeiras serão tributadas.

Um detalhe interessante a ser observado é que até MAI/09 as entidades ISENTAS que se submeteram à tributação da COFINS pelo método não cumulativo tiveram isenção sobre as receitas financeiras, o que não ocorria com as entidades IMUNES, que continuaram sendo tributadas pelas regras anteriores, inclusive com tributação de 3% sobre as receitas oriundas de aplicações financeiras. A partir de JUN/09, com a Lei n° 11.941/09, as entidades IMUNES passaram a pagar a COFINS somente sobre a receita bruta. Como esta constitui, em regra, a receita de sua atividade própria, não há que se falar em COFINS nestas entidades.

A Consulta n° 348, de OUT/04, da DISIT 6, diz que as entidades isentas estão sujeitas à incidência não cumulativa da COFINS sobre as receitas não relativas às atividades próprias, estando obrigadas a apresentar o DACON. As receitas financeiras tiveram sua alíquota reduzida a zero. A Consulta n° 349/04, da mesma região fiscal, confirmou o entendimento.

8.5 RESUMO: TEM PIS E COFINS NAS ENTIDADES SEM FINS LUCRATIVOS?

Inicialmente, vamos mostrar uma lista com as entidades IMUNES e ISENTAS ao IR e que constam nas orientações do DACON.

ENTIDADES SEM FINS LUCRATIVOS	
ENTIDADES IMUNES	ENTIDADES ISENTAS
✓ assistência social; ✓ educacional; ✓ sindicatos dos trabalhadores; ✓ templos de qualquer culto; e ✓ partidos políticos, inclusive suas fundações.	✓ associação civil ou cultural; ✓ entidade aberta ou fechada de previdência complementar; ✓ filantrópica; ✓ sindicatos; ✓ recreativa; ✓ científica; ✓ associação de poupança e empréstimo; ✓ federações e confederações sindicais; ✓ serviços sociais autônomos, criados ou autorizados por lei; ✓ conselhos de fiscalização de profissões regulamentadas; ✓ fundações de direito privado; ✓ Organização das Cooperativas Brasileiras (OCB); e ✓ organizações estaduais de cooperativas previstas no art. 105 da Lei nº 5.764/71.

O PIS/PASEP tanto para as entidades imunes como para as isentas será devido sobre a folha de pagamento, com alíquota de 1%. Não há questionamento sobre isso.

A COFINS de uma entidade IMUNE não será devida sobre as receitas da atividade própria. As demais receitas obtidas pela entidade não são alcançadas pela COFINS, pois estariam de fora da Lei nº 10.833/03, que remete a tributação destas entidades para a legislação anterior, que cobrava COFINS com alíquota de 3% apenas sobre a receita bruta. A Lei nº 11.941/09 revogou o § 1º do art. 3º da Lei nº 9.718/98, afirmando que a base de cálculo contemplava somente a RECEITA BRUTA das empresas.

A COFINS de uma entidade ISENTA será devida sobre a totalidade das receitas, pois deve aplicar a Lei nº 10.833/03, combinada com a MP nº 2.158-35/01. Então, as receitas da atividade própria, que atendem a seu objeto social, ficam de fora e as demais receitas, teoricamente, entram na base, com direito aos créditos permitidos em lei. Todavia, o tema é controverso e o debate já foi travado aqui, com os pareceres normativos citados (nº 162/74 e nº 5/92) deixando margem para interpretação.

Entendo que a própria contabilidade, bem feita, pode resolver parte do problema, em diversos casos. Existem muitas situações em que uma entidade ISENTA não aufere lucro com determinada atividade, que é exercida exclusivamente ou pre-ferencialmente a seus associados. Neste caso, a entidade poderia fazer o seguinte:

- ✓ RECONHECER os GASTOS para prestar o serviço ou vender as merca-dorias por preços subsidiados em contas de ATIVO.
- ✓ Por ocasião da ENTRADA DE RECURSOS, RECONHECER os valores baixando as contas de ATIVO.
- ✓ Normalmente, a conta de ATIVO permanecerá com o saldo devedor, e este valor deverá ser baixado mensalmente para DESPESA.

Por exemplo, suponha que uma associação de empregados de determinada empresa seja uma entidade ISENTA de tributos. E que a associação publique um jornal semanal, que seja distribuído gratuitamente aos associados, mas lhe custe R$ 5.000. Para manter o jornal, a associação tem algumas receitas, a saber:

1. propaganda de quatro empresas, que pagam R$ 500 cada, R$ 2.000 no total, por semana.
2. classificados, com custo de R$ 5 por associado. Como são 40 anúncios por semana, há uma receita semanal de R$ 200.

Teoricamente, a associação tem receita de R$ 2.200, mas essa receita tem a fun-ção, na prática, de cobrir parte dos custos, pois observe que o jornal tem um custo de mais que o dobro das receitas obtidas com propaganda e anúncio. Mesmo não sendo atividade principal, a associação não está se beneficiando, teoricamente, com as receitas, sendo necessárias apenas para ajudar a manter o jornal, por este motivo, entendo que não há que se falar em cobrar COFINS sobre estes valores.

Por outro lado, o argumento do Fisco é que as empresas que fizeram propagan-da no jornal da associação deixaram de fazer propaganda no jornal comercial, que é vendido nas bancas, concorrendo com esta empresa.

9
PIS E COFINS: ASPECTOS CONTÁBEIS

POR QUE LER ESTE CAPÍTULO? PARA:

- Conhecer os métodos possíveis de registro de tributos sobre consumo.
- Compreender a importância do adequado registro dos créditos de PIS e COFINS e sua associação com seus respectivos gastos e despesas.
- Entender o impacto que poderá causar nas bases de IR e CSLL eventual registro errado na contabilização das contribuições para PIS e COFINS.

9.1 ASPECTOS INTRODUTÓRIOS

O registro contábil de PIS e COFINS em empresas tributadas pelo lucro presumido ou com o lucro arbitrado e que seguem o método cumulativo é bastante simples, pois o tributo é apurado sobre uma base de cálculo e, depois de apurado, será pago no mês subsequente. Portanto, a despesa será registrada no mês de apuração, em contrapartida com o passivo, que representa a obrigação da empresa com o Fisco. No mês seguinte, por ocasião do pagamento, a empresa registra a redução da obrigação com a simultânea redução em suas disponibilidades. E vamos em frente!

Contudo, o registro contábil das contribuições para PIS e COFINS no método não cumulativo não é tão simples como parece já que a legislação definiu expressamente os itens que permitem crédito e aqueles onde os créditos não são permitidos, não sendo relevante o valor desembolsado na etapa anterior. Além disso, existem dúvidas em relação a outros assuntos, por conta das falhas ocorridas nas diversas leis que instituíram e regulamentaram o método não cumulativo para estas contribuições. As principais são as seguintes:

1. Onde registrar na DRE as contribuições para PIS e COFINS?
2. Nas aquisições de mercadorias para revenda e de matéria-prima e insumos para utilização na produção de bens destinados à venda, qual o tratamento dos créditos de PIS e COFINS?

3. Os créditos de PIS e COFINS obtidos nas compras e despesas representam redução de custo ou receita?
4. Como registrar o crédito de PIS e COFINS quando a empresa passa do método cumulativo para o método não cumulativo?
5. Quando a contabilidade reconhecer uma despesa em período diferente da dedução de créditos permitida no método não cumulativo haverá necessidade de reconhecimento de PIS e COFINS diferida?

Estas perguntas serão respondidas neste capítulo, com base na Interpretação Técnica do IBRACON nº 01/04, no Ato Declaratório Interpretativo da SRF nº 3, de MAR/07, e nas interpretações de especialistas em contabilidade e direito tributário. Contudo, antes de prosseguir, acho importante apresentar o texto do meu livro *Manual de contabilidade tributária*, na época na segunda edição, antes da publicação da IT nº 01/04.

> *"Na escrituração contábil, quando a empresa adquirir estoques para revenda, deverá destacar o PIS e a COFINS do valor da mercadoria, como já faz com o ICMS. Assim, estas contribuições não serão pagas exatamente sobre a diferença entre o valor da venda e a compra dos bens vendidos. O valor pago será encontrado pela diferença entre o valor devido total (9,25% sobre as receitas, menos as exclusões permitidas) e o valor creditado nas aquisições de bens e serviços que a legislação permite. O PIS e a COFINS destacados nas compras devem ser registrados no ativo circulante, nas contas de PIS a Recuperar e COFINS a Recuperar." (PÊGAS, 2004, p. 185)*

9.2 O REGISTRO E O CONTROLE DO PIS COM BASE NA EXPERIÊNCIA ACUMULADA PELA CONTABILIDADE NO RECONHECIMENTO DO DIREITO DE RECUPERAÇÃO DE CRÉDITO TRIBUTÁRIO DE NATUREZA MERCANTIL

Antes de responder às inquietantes perguntas sobre as contribuições para o PIS e a COFINS, torna-se necessário apresentar os principais métodos de apropriação de crédito existentes, para melhor compreensão do tema.

9.2.1 MÉTODO DIRETO SUBTRATIVO

Este método significa aplicação da alíquota do tributo sobre a diferença entre as vendas e as compras. No Brasil, ainda é utilizado na tributação do ISS nos serviços de construção civil, onde se permite deduzir do preço do serviço os valores dos materiais empregados e das subempreitadas, sendo a diferença a base de cálculo do imposto.

A fórmula aplicada neste método seria a seguinte:

$$\text{TRIBUTO DEVIDO} = \text{ALÍQUOTA} \times (\text{RECEITAS} - \text{COMPRAS})$$

9.2.2 MÉTODO DIRETO ADITIVO

O método direto aditivo poderia ser utilizado mais especificamente na atividade industrial. Este método, que não encontra aplicação prática na legislação brasileira, é semelhante ao anterior, pois considera a aplicação da alíquota apenas sobre o valor efetivamente agregado pelo contribuinte. Assim, seria aplicada a alíquota do tributo sobre a mão de obra, às outras matérias-primas e insumos, às demais despesas e à margem de lucro, com o tributo calculado pela seguinte fórmula:

$$\text{TRIBUTO DEVIDO} = \text{ALÍQUOTA} \times (\text{MÃO DE OBRA} + \text{OUTRAS MATÉRIAS-PRIMAS E INSUMOS} + \text{DEMAIS DESPESAS} + \text{MARGEM DE LUCRO})$$

9.2.3 MÉTODO INDIRETO SUBTRATIVO

Este é o método no qual o tributo é determinado pela diferença entre a alíquota aplicada sobre as vendas e a alíquota aplicada sobre as compras. A fórmula seria a seguinte:

$$\text{TRIBUTO DEVIDO} = (\text{ALÍQUOTA} \times \text{RECEITAS}) - (\text{ALÍQUOTA} \times \text{COMPRAS})$$

9.2.4 MÉTODO DE CRÉDITO DO TRIBUTO

É o mais conhecido no Brasil, devido à sua larga aplicação, principalmente no IPI e no ICMS. Neste método, do tributo devido em cada operação de venda (débito fiscal, encargo tributário ou despesa tributária) será abatido o que incidiu nas etapas anteriores (crédito fiscal). A fórmula poderia ser assim adaptada:

$$\text{TRIBUTO DEVIDO} = (\text{ALÍQUOTA} \times \text{RECEITAS}) - \text{CRÉDITOS FISCAIS OBTIDOS NAS ETAPAS ANTERIORES}$$

9.3 O PIS, A COFINS E OS MÉTODOS EXISTENTES

Conforme já apresentado com detalhes no Capítulo 5 , o método não cumulativo adotado para PIS e COFINS não contempla exatamente o mesmo método utilizado para o ICMS, pois o crédito do imposto estadual, além de ter seu valor destacado na nota fiscal, representa a parcela que o contribuinte adquirente pagou e que está embutido no preço da mercadoria.

Com o PIS e a COFINS não irá ocorrer necessariamente esta situação em função de apenas parte das empresas utilizarem o lucro real, trabalhando com as contribuições no método não cumulativo. O crédito será presumido, sendo considerado como liberalidade concedida pelo legislador.

Portanto, o método utilizado que mais se aproxima é o Método Indireto Subtrativo, no qual se aplica a alíquota sobre a receita menos as alíquotas aplicadas sobre as compras, que no caso são os valores que permitem crédito de PIS e COFINS.

9.4 ESCRITURAÇÃO CONTÁBIL DA EMPRESA

As pessoas jurídicas têm liberdade para realizar sua escrituração contábil, dentro da boa técnica contábil. A livre escolha foi permitida pelo Parecer Normativo da Coordenação de Tributação da Secretaria da Receita Federal nº 347/70, que esclarece o seguinte:

> *"A forma de escriturar suas operações é de livre escolha do contribuinte, dentro dos princípios técnicos ditados pela contabilidade e a repartição fiscal só a impugnará se a mesma omitir detalhes indispensáveis à determinação do verdadeiro lucro tributável".*

Ou seja, a contabilização é de livre escolha para o contribuinte, desde que o resultado apurado seja oferecido à tributação e não omita informação relevante para fins de apuração da efetiva base de cálculo do contribuinte.

9.5 REGISTRO NA DEMONSTRAÇÃO DO RESULTADO

A base do PIS e da COFINS considera a totalidade das receitas auferidas por uma empresa, com permissão expressa da legislação para desconsideração de alguns valores e exclusão de outros. A base das contribuições é diferente do ICMS, que não é cobrado sobre as demais receitas. Com isso, somente deve figurar na linha Deduções da Receita Bruta os encargos de PIS e COFINS provenientes da receita bruta (com as deduções das devoluções e os descontos incondicionais) da empresa. Se uma empresa comercial tiver receita com aluguel, esta será tratada na DRE como Outras Receitas Operacionais e a COFINS e o PIS sobre a receita de aluguel devem ser apresentados como despesa, reduzindo na DRE a receita com o aluguel.

Por exemplo, vamos analisar a Cia. Rio, empresa comercial que revende o produto X, tributada pelo lucro real e que segue o método não cumulativo para fins de PIS e COFINS. No ano de 2017 apresentou as seguintes operações:

- Compra de cinco unidades de X por R$ 1.000 cada.
- Pagamento de despesas de energia elétrica por R$ 750.

Cap. 9 • PIS E COFINS: ASPECTOS CONTÁBEIS

- Revenda de quatro unidades de X por R$ 1.250 cada.
- Receita de aluguel de R$ 250.
- Receita de juros sobre atraso de R$ 100.

Para fins de simplificação de entendimento, o único tributo considerado será a COFINS (alíquota de 7,6%, exceto para a receita financeira, que é de 4%):

RECEITA BRUTA	5.000	➜ quatro unidades × 1.250
(–) Deduções – COFINS	(380)	➜ 7,6% sobre 5.000
RECEITA LÍQUIDA	4.620	
(–) Custo das Vendas	(3.696)	➜ 924 (custo unitário) × quatro unidades vendidas
LUCRO BRUTO	924	
(–) Despesas Operacionais	(693)	➜ 750 pagamento menos o crédito de COFINS (7,6%) de 57
(+) Receita de Aluguel	231	➜ 250 menos 7,6% sobre este valor (19)
(+) Receitas Financeiras	96	➜ 100 menos 4% sobre este valor (19)
LUCRO ANTES DO IR	558	

Há sempre a possibilidade de apresentar destacada a despesa de COFINS (e PIS) sobre as demais receitas. É uma opção da empresa. Contudo, assim como acontece com as despesas operacionais que permitem crédito e são apresentadas pelo valor líquido, o mesmo deve ocorrer com as outras receitas que integram a base das contribuições para PIS e COFINS.

9.6 COMPRA DE MERCADORIAS, MATÉRIA-PRIMA E INSUMOS

O IBRACON esclarece em sua Interpretação Técnica nº 01/04 (reeditada em SET/07) que a empresa submetida à tributação não cumulativa de PIS e COFINS deverá destacar em conta de Ativo a Recuperar o valor das contribuições que terá direito na compra de bens e insumos para revenda ou produção de bens destinados à venda. Este direito deverá ser reconhecido mesmo que a empresa seja preponderantemente exportadora, pois a legislação tem mecanismos que permitem a utilização do crédito.

O Ato Declaratório Interpretativo RFB nº 3/07 confirmou as recomendações do IBRACON. Devido à sua relevância, o texto é transcrito a seguir:

> *"Art. 1º O valor dos créditos de PIS e COFINS, apurados no regime não cumulativo NÃO constitui:*
>
> *I – receita bruta da pessoa jurídica, servindo somente para dedução do valor devido das referidas contribuições;*
>
> *II – hipótese de exclusão do lucro líquido, para fins de apuração do lucro real e da base de cálculo da CSLL.*

Parágrafo único. Os créditos de que trata o caput *não poderão constituir--se simultaneamente em direito de crédito e em custo de aquisição de insumos, mercadorias e ativos permanentes.*

Art. 2º O procedimento técnico contábil recomendável consiste no registro dos créditos de PIS e COFINS como ativo fiscal.

Parágrafo único. Na hipótese de o contribuinte adotar procedimento diverso do previsto no caput, *o resultado fiscal não poderá ser afetado, inclusive no que se refere à postergação do recolhimento de IR e CSLL.*

Art. 3º É vedado o registro dos créditos de PIS e COFINS em contrapartida à conta de receita."

Então, embora o modelo utilizado para as contribuições seja diferente do modelo adotado para o ICMS, entendo ser fundamental fazer o reconhecimento do crédito de PIS e COFINS com regras similares às aplicadas em relação ao imposto estadual, sob pena de a empresa ficar com uma base diferente de IR e CSLL e, com isso, pagar mais tributos sobre o lucro. A RFB permite outro método de registro contábil, desde que não influencie as bases de IR e CSLL. Há inclusive quem defenda o registro dos créditos de PIS e COFINS em conta de reserva de capital, com o raciocínio que se trata de uma subvenção do governo. Este raciocínio leva em consideração uma empresa com expressivo volume de vendas ao exterior e o fato de que esta empresa poderá pedir restituição ao Fisco do valor creditado nas compras de matéria-prima e insumos utilizados na produção.

9.7   EXEMPLO NUMÉRICO COM VENDAS NO MERCADO INTERNO

Suponha que a Cia. JOTA seja uma empresa comercial, que tenha iniciado o ano de 2016 com estoque inicial zero e realize apenas as seguintes operações nos dois primeiros meses do ano:

1.   comprou R$ 8.000 em mercadorias em JAN/16;
2.   vendeu metade das mercadorias por R$ 6.000 ainda no mês de JAN/16; e
3.   vendeu a outra metade das mercadorias por R$ 6.000 no mês de FEV/16.

Para fins de simplificação, não serão analisados os demais tributos, considerando apenas PIS e COFINS, com alíquota combinada de 9,25%.

Os resultados de JAN e FEV serão apresentados nas tabelas a seguir, nas quais haverá a comparação entre três caminhos:

- o método com registro e controle contábil em contas de PIS e COFINS a Recuperar, recomendado pelo IBRACON e pela classe contábil em geral;

Cap. 9 • PIS E COFINS: ASPECTOS CONTÁBEIS

- o método com registro do crédito em receita; e
- o método com o controle contábil à parte.

COMPARAÇÃO DO MÉTODO DE REGISTRO E CONTROLE DE PIS + COFINS NO MÊS DE JAN/16 DA CIA. JOTA

Em reais

RESULTADO DE JAN/16 DA CIA. JOTA	REGISTRO NO ESTOQUE IBRACON	REGISTRO EM RECEITA	CONTROLE À PARTE
Receita de Vendas	6.000,00	6.000,00	6.000,00
(–) Deduções – PIS e COFINS	(555,00)	(555,00)	(0)
RECEITA LÍQUIDA	5.445,00	5.445,00	6.000,00
(–) Custo das Vendas	(3.630,00)	(4.000,00)	(4.000,00)
(+) Receita Crédito PIS + COFINS	–	740,00	–
LUCRO ANTES DE CSLL + IR	**1.815,00**	**2.185,00**	**2.000,00**

COMPARAÇÃO DO MÉTODO DE REGISTRO E CONTROLE DE PIS + COFINS NO MÊS DE FEV/16 DA CIA. JOTA

Em reais

RESULTADO DE FEV/16 DA CIA. JOTA	REGISTRO NO ESTOQUE IBRACON	REGISTRO EM RECEITA	CONTROLE À PARTE
Receita de Vendas	6.000,00	6.000,00	6.000,00
(–) Deduções – PIS e COFINS	(555,00)	(555,00)	(370,00)
RECEITA LÍQUIDA	5.445,00	5.445,00	5.630,00
(–) Custo das Vendas	(3.630,00)	(4.000,00)	(4.000,00)
(+) Receita Crédito PIS + COFINS	–	–	–
LUCRO ANTES DE CSLL + IR	**1.815,00**	**1.445,00**	**1.630,00**

COMPARAÇÃO DO MÉTODO DE REGISTRO E CONTROLE DE PIS + COFINS NO 1º BIMESTRE/16 DA CIA. JOTA

Em reais

RESULTADO DO 1º BIMESTRE DE 2016 DA CIA. JOTA	REGISTRO NO ESTOQUE IBRACON	REGISTRO EM RECEITA	CONTROLE À PARTE
Receita de Vendas	12.000,00	12.000,00	12.000,00
(–) Deduções – PIS e COFINS	(1.110,00)	(1.110,00)	(370,00)
RECEITA LÍQUIDA	10.890,00	10.890,00	11.630,00
(–) Custo das Vendas	(7.260,00)	(8.000,00)	(8.000,00)
(+) Receita Crédito PIS + COFINS	–	740,00	–
RESULTADO BRUTO	**3.630,00**	**3.630,00**	**3.630,00**

A comparação dos resultados dos meses de JAN/16 e FEV/16 da Cia. JOTA, entre os três métodos possíveis, apresenta as seguintes conclusões:

a) O resultado do bimestre será igual, com qualquer opção. O resultado final da Cia. JOTA será R$ 3.630, representando o valor agregado pela empresa (R$ 4.000) menos os encargos de PIS e COFINS (9,25%, que monta R$ 370) sobre este valor agregado.

b) Se os créditos de PIS e COFINS na compra da mercadoria para revenda forem registrados em conta de receita, o lucro apurado em JAN/16 será maior que o resultado apurado em FEV/16, embora a empresa esteja vendendo a mesma quantidade de produtos em cada um dos dois primeiros meses do ano. Quer dizer o seguinte: teremos um lucro em JAN/16, devido ao registro do crédito em contrapartida com a conta de receita. Quanto maior o valor da mercadoria adquirida, maior o valor do crédito. E maior seria, no caso, a base de IR e CSLL. Alguns tributaristas sugeriam a possibilidade de exclusão da referida receita, mas tal exclusão não encontra amparo na legislação tributária vigente. E a empresa seria, na verdade, beneficiada com tal exclusão. Caso a exclusão fosse feita, a alternativa seria adicionar posteriormente o valor, quando as mercadorias já creditadas fossem vendidas. Mas isso representaria um controle excessivamente complicado, sem necessidade.

c) Com o controle sendo feito à parte, sem o registro do crédito das contribuições no ativo, o resultado será maior em JAN/16, o que poderá representar também maior tributação de IR e CSLL. Mas,

d) A alternativa recomendada pelo IBRACON para que o resultado apurado na contabilidade fique igual, mesmo sem o registro de PIS e COFINS a Recuperar, seria o reconhecimento em JAN/16 de uma provisão, com base no valor do estoque ainda não consumido pelos encargos de PIS e COFINS, ensejando uma obrigação potencial, postergada pelo uso do crédito de forma antecipada. A base seria de R$ 2.000, que representa o saldo de estoque, sem o registro das contribuições em contas de ativo. Este saldo de R$ 2.000 sobre 9,25% monta R$ 185,00, valor que seria registrado como DESPESA DE PROVISÃO DE PIS E COFINS, com contrapartida em conta de passivo (ou retificadora do estoque). O problema é que o Fisco não aceitará esta provisão como uma despesa dedutível nas bases de IR e CSLL. Mais uma vez teríamos que fazer ajustes no LALUR. Caberia a adição da despesa de R$ 185 em JAN/16 com correspondente exclusão em FEV/16, quando as mercadorias foram vendidas.

O IBRACON solicita, ainda, a reclassificação na DRE entre a dedução das vendas e o custo das mercadorias vendidas, para refletir adequadamente o resultado que seria apresentado com o registro de PIS e COFINS em contas de ativo, quando da aquisição de produtos para revenda ou utilização como insumos na produção de outros bens.

9.8 EXEMPLO NUMÉRICO COM VENDAS NO MERCADO EXTERNO

Quando uma empresa vende seus produtos ao exterior, não há PIS e COFINS sobre a venda. Todavia, a empresa mantém os créditos das compras de mercadorias, matérias-primas, insumos e outros itens utilizados nos produtos vendidos para fora do País. O referido crédito poderá ser utilizado caso tenha outras receitas tributadas no mercado interno.

Caso termine o trimestre (MAR, JUN, SET ou DEZ) com saldo de PIS e COFINS a Recuperar por conta de vendas ao exterior não tributadas, a empresa poderá compensar as contribuições com outros tributos geridos pela RFB (exceto INSS). Por exemplo, se a empresa apresentar lucro, poderá compensar o saldo de créditos com o IR e a CSLL devidos.

E, se ainda assim permanecer com saldo de créditos, a empresa poderá, ao final de cada trimestre, solicitar ressarcimento para a RFB. O IBRACON recomenda, neste caso, o registro do crédito de PIS e COFINS em conta de receita, em contrapartida ao seu reconhecimento em contas de ativo realizável. Vamos repetir o exemplo anterior, considerando que a empresa realiza a totalidade de suas vendas ao exterior. Veja o resultado nas tabelas apresentadas a seguir.

COMPARAÇÃO DO MÉTODO DE REGISTRO E CONTROLE DE PIS + COFINS NO MÊS DE JAN/16 DA CIA. JOTA — Em reais

RESULTADO DE JAN/16 DA CIA. JOTA	REGISTRO EM ESTOQUE – RFB	REGISTRO EM RECEITA – IBRACON
Receita de Vendas	6.000,00	6.000,00
(–) Custo das Vendas	(3.630,00)	(4.000,00)
(+) Receita Crédito PIS + COFINS	0	740,00
LUCRO ANTES DE CSLL + IR	**2.370,00**	**2.740,00**

COMPARAÇÃO DO MÉTODO DE REGISTRO E CONTROLE DE PIS + COFINS NO MÊS DE FEV/16 DA CIA. JOTA — Em reais

RESULTADO DE FEV/16 DA CIA. JOTA	REGISTRO EM ESTOQUE – RFB	REGISTRO EM RECEITA – IBRACON
Receita de Vendas	6.000,00	6.000,00
(–) Custo das Vendas	(3.630,00)	(4.000,00)
(+) Receita Crédito PIS + COFINS	0	0
LUCRO ANTES DE CSLL + IR	**2.370,00**	**2.000,00**

COMPARAÇÃO DO MÉTODO DE REGISTRO E CONTROLE DE PIS + COFINS NO 1º BIMESTRE/16 DA CIA. JOTA

Em reais

RESULTADO DO BIMESTRE DA CIA. JOTA	REGISTRO EM ESTOQUE – RFB	REGISTRO EM RECEITA – IBRACON
Receita de Vendas	12.000,00	12.000,00
(–) Custo das Vendas	(7.260,00)	(8.000,00)
(+) Receita Crédito PIS + COFINS	0	740,00
LUCRO ANTES DE CSLL + IR	**4.740,00**	**4.740,00**

Como a RFB foi incisiva na ADI nº 03/07, não permitindo o registro dos créditos em conta de receita, as empresas preponderantemente exportadoras que seguirem as regras do IBRACON apresentarão um lucro maior do que as empresas que seguirem às determinações da RFB, antecipando pagamentos de IR e CSLL.

Foi realizado em MAI/07 um seminário de PIS e COFINS, em São Paulo – SP, com renomados tributaristas e profissionais da área tributária e uma das sugestões apresentadas dizia respeito exatamente ao tratamento contábil do crédito de empresas exportadoras, sinalizando a possibilidade do registro deste valor em conta de reserva de capital, em vez do registro em conta de receita. O argumento, construído com bastante lógica, embora polêmico, é baseado na seguinte sequência:

1º) A natureza do crédito de PIS + COFINS é de subvenção pública, pois não representa exatamente o valor pago nas etapas anteriores, conforme já debatido no Capítulo 5.

2º) Os recursos provenientes do crédito de PIS + COFINS de itens consumidos em produtos que foram vendidos ao exterior, teoricamente, só poderiam ser compensados com PIS e COFINS. Portanto, têm destinação específica.

3º) O objetivo da subvenção foi incrementar a economia em relação ao incentivo para as empresas exportadoras.

4º) O valor da reserva de capital seria preservado, somente sendo utilizado para absorção de prejuízos ou então, aumento de capital.

5º) Preservação da neutralidade das contribuições sociais (não cumulatividade), uma vez que o valor do crédito seria aproveitado integralmente, sem dedução de IR e CSLL.

6º) Assim, portanto, a finalidade da nova sistemática de não cumulatividade seria cumprida, pois os créditos não seriam disponibilizados aos sócios, sendo integrados à atividade da empresa.

Cap. 9 • PIS E COFINS: ASPECTOS CONTÁBEIS

O argumento nº 4 é interessante, pois representa o seguinte: Uma empresa compra uma mercadoria no Brasil por R$ 1.000 e revende ao exterior por R$ 2.000. Considerando somente a COFINS, a empresa apresentaria um lucro bruto de R$ 1.076 nesta operação, pois o CMV seria de R$ 924, correspondendo a R$ 1.000 menos a COFINS a Recuperar de R$ 76 (7,6%). Portanto, os tributos sobre o lucro (IR e CSLL) serão calculados sobre R$ 1.076, incluindo o crédito da COFINS, que teria, indiretamente, o tratamento de receita submetida à tributação.

Para que este valor não integre a base de cálculo, o raciocínio seria registrar o estoque por R$ 1.000 na compra, com o crédito da COFINS tendo como contrapartida a conta de Reserva de Capital, tratada como subvenção governamental.

O tema não foi referendado pelas Leis nºs 11.638/07, 11.941/09, nem mesmo na Lei 12.973/14. Na verdade, representa uma "viagem", não vejo qualquer possibilidade de a RFB aceitar o registro em reserva de capital e a não inclusão nas bases de IR e CSLL.

9.9 CRÉDITO SOBRE ESTOQUE INICIAL

O IBRACON recomenda para a empresa que passar a tributar suas contribuições pelo método não cumulativo o registro do crédito correspondente à aplicação das alíquotas de 0,65% para PIS e 3% para a COFINS sobre o saldo total de estoque, no último dia de tributação pelo método anterior, cumulativo. Admitindo uma empresa que foi tributada pelo lucro presumido em 2015 e passou para o lucro real a partir de 2016 e que tivesse estoque final em 31/DEZ/15 de R$ 1.200.000, o registro contábil seria o seguinte:

DÉBITO: PIS a Recuperar	R$ 7.800,00 (0,65% sobre 1.200.000)
DÉBITO: COFINS a Recuperar	R$ 36.000,00 (3% sobre 1.200.000)
CRÉDITO: Estoques	R$ 43.800,00 (3,65% sobre 1.200.000)

A empresa poderia utilizar os créditos em 12 parcelas mensais, iguais e sucessivas, sendo R$ 650 de PIS (7.800 / 12) e R$ 3.000 de COFINS (36.000 / 12) em JAN/16 e em todos os 11 meses seguintes.

9.10 CRÉDITO SOBRE DESPESAS

As contribuições para PIS e COFINS têm algumas diferenças em relação ao ICMS. Uma delas se refere ao crédito de despesas, permitido para as contribuições e não permitido para o ICMS.

O tratamento contábil recomendado, neste caso, seria seguir o mesmo caminho aplicado aos estoques. No caso, a criação de duas contas analíticas, uma para registrar o pagamento em si, com saldo devedor; e a outra, para reconhecer os créditos, de natureza retificadora, com saldo credor.

Por exemplo, suponha uma despesa de energia elétrica de R$ 4.000,00. Os registros seriam os seguintes:

DÉBITO: Despesa de Energia Elétrica (1)	
CRÉDITO: CAIXA	4.000,00
DÉBITO: PIS a Recuperar	66,00 (1,65% sobre 4.000)
DÉBITO: COFINS a Recuperar	304,00 (7,6% sobre 4.000)
CRÉDITO: Despesa de Energia Elétrica (2)	370,00 (9,25% sobre 4.000)

Os itens 1 e 2 apresentados entre parênteses seriam as contas analíticas, integrando uma conta sintética de DESPESA DE ENERGIA ELÉTRICA, que teria saldo final de R$ 3.630,00, representando 90,75% da despesa, separando 9,25% para conta de ativo, referente à recuperação das contribuições, que será feita ao final do mês, contrapondo o cálculo de PIS e COFINS sobre as receitas.

9.11 DEPRECIAÇÃO FISCAL E CONTÁBIL E OS CRÉDITOS DE PIS E COFINS

Um dos créditos permitidos pelo Fisco é o decorrente dos encargos de depreciação de máquinas e equipamentos utilizados na produção de bens destinados à venda, além da depreciação das edificações de imóveis adquiridos ou construídos.

A Lei nº 10.865/04 adicionou o § 14 no art. 3º da Lei nº 10.833/03, incluindo a permissão para que a dedução do crédito de depreciação nas aquisições destas máquinas e equipamentos seja feita em quatro anos. Existem ainda outros incentivos de dedução de créditos de depreciação de bens em períodos inferiores.

Finalmente, o art. 4º da Lei nº 12.546/11 modificou o art. 1º da Lei nº 11.774/08, permitindo que as empresas registrem crédito integral de PIS e COFINS, nas hipóteses de aquisição no mercado interno ou de importação de máquinas e equipamentos destinados à produção de bens e prestação de serviços. Para mais detalhes sobre o assunto, recomenda-se a leitura do Capítulo 5, na parte que trata dos créditos de depreciação.

A contabilidade deve reconhecer os créditos no ativo, teoricamente, conforme permite a legislação fiscal. Contudo, os créditos fiscais incentivados não podem afetar o adequado registro contábil dos bens do ativo imobilizado, desde sua aquisição passando pelo registro da depreciação.

Importante destacar que a depreciação de máquinas e equipamentos utilizados na produção de bens destinados à venda não é registrada em resultado imediatamente.

Cap. 9 • PIS E COFINS: ASPECTOS CONTÁBEIS

A contrapartida da conta de Depreciação Acumulada é a conta de Estoques, pois o uso das máquinas e equipamentos integra o preço do produto final.

A IT nº 01/04 do IBRACON diz claramente que o crédito poderá ser tomado quando da aquisição da máquina ou do equipamento, o que direciona, a princípio, o registro do crédito integral já neste momento.

Contudo, a própria IT diz que a diferença entre a base contábil (1/120, admitindo uso em dez anos) e a base fiscal (1/48) será registrada em conta de PIS e COFINS a apropriar, com saldo credor, a exemplo do que acontece com o IR e com a CSLL diferidos.

9.12 EXEMPLOS NUMÉRICOS

O tema é controverso e de difícil compreensão, por isso vamos trabalhar com os exemplos numéricos, para minimizar a complexidade. Nos exemplos apresentados a seguir, apenas a COFINS será calculada, sabendo que as mesmas regras se aplicam para o PIS.

PRIMEIRO EXEMPLO: USO DO CRÉDITO NA AQUISIÇÃO

A Cia. Alfa é uma empresa industrial, que adquire uma máquina por R$ 60.000,00 em JAN/X1. O registro contábil da aquisição seria o seguinte:

DÉBITO: Máquinas	
CRÉDITO: Caixa ou Bancos	R$ 60.000,00

Admitindo que a máquina Rosa tenha vida útil de dez anos (sem valor residual), a depreciação seria registrada na contabilidade, durante cada um dos 120 meses de vida útil, da seguinte forma:

DÉBITO: Estoque	
CRÉDITO: Depreciação Acumulada	R$ 500,00 (60.000 / 120 meses)

O verbo foi posto na condicional seria, pois com a permissão de creditamento para fins de COFINS (e PIS), e aplicando o dispositivo da Lei nº 12.546/11 o crédito poderia ser reconhecido no momento da aquisição da máquina, pela alíquota de 7,6%. Assim, o registro da aquisição seria refeito:

DÉBITO: Máquinas	R$ 55.440,00
DÉBITO: COFINS a Recuperar	R$ 4.560,00 (7,6% sobre 60.000)
CRÉDITO: Caixa ou Bancos	R$ 60.000,00

E a depreciação mensal seria registrada da seguinte forma:

> DÉBITO: Estoque
> CRÉDITO: Depreciação Acumulada   R$ 462,00 (55.440 / 120)

Se o registro fosse efetuado desta forma, não caberia qualquer ajuste contábil, pois a depreciação seria integrada ao estoque pelo seu valor líquido das contribuições (aqui, para fins de simplificação, consideramos somente a COFINS) e o crédito já foi aproveitado no momento da aquisição.

SEGUNDO EXEMPLO: CRÉDITO DURANTE O PRAZO DE DEPRECIAÇÃO

Admitindo que a empresa utilize o crédito em dez anos, pelo prazo de vida útil do bem. Os registros contábeis seriam os seguintes:

> AQUISIÇÃO EM JAN/X1
> DÉBITO: Máquinas
> CRÉDITO: Caixa ou Bancos   R$ 60.000,00
>
> DEPRECIAÇÃO MENSAL E REGISTRO DO CRÉDITO (A PARTIR DE JAN/X1)
> DÉBITO: Despesa de Depreciação (1)
> CRÉDITO: Depreciação Acumulada   R$ 500 (60.000 / 120)
>
> DÉBITO: COFINS a Recuperar
> CRÉDITO: Despesa de Depreciação (2)   R$ 38 (7,6% sobre 500)

A despesa de depreciação ficaria com o mesmo valor, se reconhecido o crédito em dez anos, mesmo período de vida útil.

Vamos ao terceiro exemplo, com a empresa optando por utilizar o crédito em quatro anos.

TERCEIRO EXEMPLO: CRÉDITO DURANTE QUATRO ANOS E VIDA ÚTIL DE DEZ ANOS

Mantendo o mesmo valor dos exemplos anteriores, mas com o crédito sendo permitido em 48 meses, conforme uso do bem, os registros contábeis seriam diferentes. Vamos lá:

Cap. 9 • PIS E COFINS: ASPECTOS CONTÁBEIS

```
AQUISIÇÃO EM JAN/X1
DÉBITO: Máquinas
CRÉDITO: Caixa ou Bancos                                    R$ 60.000,00


DEPRECIAÇÃO MENSAL E REGISTRO DO CRÉDITO (DE JAN/X1 a DEZ/X4)
DÉBITO: Despesa de Depreciação (1)
CRÉDITO: Depreciação Acumulada                             R$ 500 (60.000 / 120)


DÉBITO: COFINS a Recuperar                                 R$ 95 (1.250 (60.000 / 48) × 7,6%)
CRÉDITO: Despesa de Depreciação (2)                        R$ 38 (7,6% sobre 500)
CRÉDITO: Provisão para COFINS Diferida                     R$ 57 (7,6% sobre 750)


DEPRECIAÇÃO MENSAL (DE JAN/X5 a DEZ/X10)
DÉBITO: Despesa de Depreciação (1)
CRÉDITO: Depreciação Acumulada                             R$ 500 (60.000 / 120)


DÉBITO: Provisão para COFINS Diferida
CRÉDITO: Despesa de Depreciação (2)                        R$ 38 (7,6% sobre 500)
```

Neste caso, o crédito fiscal seria utilizado em 48 meses, com a dedução mensal de R$ 95, que seria 7,6% sobre 1.250 (R$ 60.000 dividido por 48). Todavia, a dedução contábil seria em dez anos, fazendo com que o crédito em conta de despesa de depreciação fosse de R$ 38, sendo 7,6% sobre 500 (60.000 dividido por 120). A diferença entre os dois valores, que monta R$ 57 (95 – 38) deve ser reconhecida no passivo, pois representa um benefício do governo para dedução antecipada do crédito, em relação ao uso do bem.

Ao final dos 48 meses (DEZ/X4), o valor integrado ao estoque para apuração do custo dos produtos vendidos será o mesmo, utilizando as duas formas de registro: R$ 22.176,00. A diferença é apresentada a seguir:

SALDO DE CONTAS	Crédito Registrado Mensalmente	Crédito Registrado Todo na Aquisição
Máquinas – Saldo Líquido	36.000,00	33.234,00*
COFINS a Apropriar – Passivo	(2.736,00)	0
SALDO LÍQUIDO DA CONTA MÁQUINAS AO FINAL DOS 48 MESES	33.234,00	33.234,00

* Aquisição de 55.440 menos depreciação acumulada de 22.176 (462 × 48).

Apenas para facilitar a compreensão, observe a seguir o saldo da conta contábil Provisão para COFINS Diferida, ao final dos dez anos de uso da máquina:

CRÉDITOS ➔ 48 meses de R$ 57 = 2.736

Estes créditos correspondem a uma OBRIGAÇÃO da empresa para com o FISCO, a partir do momento que deduziu ANTECIPADAMENTE tributos sobre os encargos de depreciação.

DÉBITOS ➔ 72 meses de R$ 38 = 2.736

Os débitos representam a REDUÇÃO DA OBRIGAÇÃO, devido a empresa já ter utilizado todo o crédito permitido nos primeiros 48 meses de via útil do bem.

Prefiro o registro integral na aquisição, pois entendo ser uma situação mais próxima da lógica econômica. Adquirimos uma máquina e a legislação nos permite a recuperação de 7,6% do valor do bem (volto a lembrar que utilizaremos somente a COFINS, para fins didáticos. Contudo, as mesmas regras valem para o PIS), dentro do período de quatro anos. Então, o correto é reconhecer o "direito" referente à compra, sendo parte dele de curto prazo e o restante (36 parcelas) registrados no longo prazo.

De qualquer forma, é importante alertar que não é correto registrar na conta de estoque (depreciação) o valor de R$ 405,00 (R$ 500 menos o crédito fiscal de R$ 95,00), pois embora o crédito seja utilizado em quatro anos, economicamente o bem contribuirá na obtenção de receitas de forma linear (pelo menos teoricamente) e não de forma mais intensa nos quatro primeiros anos.

9.13 PROBLEMAS (E SOLUÇÕES) NO REGISTRO CONTÁBIL DO ARRENDAMENTO MERCANTIL FINANCEIRO

A contabilidade brasileira deu enorme salto qualitativo desde 2008, por conta da adoção de padrões internacionais como forma de tornar a nossa contabilidade comparável com a contabilidade praticada no mundo.

Um dos itens que sofreu relevante modificação em relação ao modelo anterior foi o registro da aquisição de um bem para o imobilizado via arrendamento mercantil financeiro.

Pela legislação anterior, fortemente impactada pelos aspectos fiscais (Lei nº 6.099/74, art. 11), os pagamentos eram registrados em despesa de arrendamento, sendo dedutíveis na base do imposto de renda. Com isso, as empresas optavam pelo registro dos pagamentos das contraprestações diretamente em despesa.

A partir de 2008, a Lei nº 11.638/07 alterou o inciso IV do art. 179 da Lei nº 6.404/76, definindo o registro dos contratos de arrendamento mercantil financeiro no ativo imobilizado, por ocasião da compra do bem, ou seja, no início do contrato.

Há todo um refinamento técnico no registro atual do arrendamento, o qual não será explorado aqui, sendo apresentado o registro apenas com objetivo de integração com a contabilidade tributária, mais especificamente nos créditos de PIS e COFINS. Recomendo a leitura do pronunciamento CPC nº 6 e do Capítulo 13 do *Manual de contabilidade societária* da FIPECAFI (segunda edição), que apresentam explicações mais detalhadas sobre o tema.

9.14 O CRÉDITO DE PIS E COFINS NOS PAGAMENTOS DE ARRENDAMENTOS

A legislação das contribuições para PIS e COFINS apresenta um grau de complexidade elevado, devido à multiplicidade de bases e alíquotas e pelo fato de existirem muitas exceções à regra matriz. Apenas para ilustrar, a Lei nº 10.833/03, que instituiu o método não cumulativo, já foi modificada por 25 leis até o final de 2017, gerando instabilidade na legislação. Uma lei, com apenas 14 anos de existência, já foi modificada quase que totalmente.

No método não cumulativo há possibilidade de dedução de créditos, reduzindo o montante a pagar apurado sobre as receitas. Um dos créditos permitidos é de arrendamento mercantil, seja operacional ou financeiro. A Lei nº 10.865/04, incluiu o inciso V no art. 3º da Lei nº 10.833/03, definindo que o valor pago referente às contraprestações de operações de arrendamento mercantil de pessoa jurídica gera crédito de COFINS e PIS, pelas alíquotas de 7,6% e 1,65%, respectivamente.

O registro contábil do PIS e COFINS pelo método não cumulativo deve seguir o mesmo modelo aplicado para o ICMS, embora os créditos no caso das contribuições não representem necessariamente o montante pago nas etapas anteriores do processo produtivo.

Apesar de ser repetitivo em relação ao exemplo apresentado há algumas páginas aqui neste capítulo, será apresentado um exemplo numérico, para melhor ilustrar como era o registro do crédito até as mudanças na contabilidade.

Suponha o pagamento de um arrendamento mercantil de R$ 500,00 em OUT/17. O registro contábil seria o seguinte, considerando apenas a COFINS:

Débito ➔ Despesa de Arrendamento Mercantil (1)	
Crédito ➔ Caixa	500,00
Débito ➔ COFINS a Recuperar	
Crédito ➔ Despesa de Arrendamento Mercantil (2)	38,00 (7,6% sobre 500)

Os números 1 e 2 apresentados entre parênteses representam contas analíticas, que integrariam a conta sintética denominada "Despesa de Arrendamento Mercantil", que ficaria com saldo líquido de R$ 462,00, representando o valor total pago (R$ 500) menos o crédito de COFINS sobre a despesa.

E aí é que reside o problema com a contabilidade moderna referendada pelas Leis nº 11.638/07 e nº 11.941/09, além dos pronunciamentos emitidos pelo CPC e a Lei nº 12.973/14: o crédito fiscal permitido será por um valor que não terá registro em despesa. Aliás, a despesa contábil não será mais de arrendamento, mas sim despesa de depreciação e despesa de juros.

Para ajudar a entender melhor o tema e compreender a forma adequada de registro na contabilidade, apresentaremos inicialmente um exemplo numérico, o mais simples possível. Alegria!

9.14.1 EXEMPLO NUMÉRICO

A Cia. Onça adquiriu em JAN/X1, via arrendamento mercantil financeiro, um bem para seu imobilizado, por R$ 5.000 em duas parcelas de R$ 2.500, pagas ao final de DEZ/X1 e DEZ/X2. O mesmo bem, trazido a valor presente, monta R$ 4.500 em JAN/X1. A empresa presta serviços por três anos (prazo de vida útil), com receita anual de R$ 3.000 e, ao final do terceiro ano (X3) o bem é doado para uma instituição de caridade. No exercício, iremos considerar somente a COFINS, com alíquota de 7,6%.

PELA AQUISIÇÃO DO IMOBILIZADO EM JAN/X1	
DÉBITO: Imobilizado	4.500,00
DÉBITO: Juros a Apropriar (retificadora de passivo)	500,00
CRÉDITO: Financiamento a Pagar	5.000,00

PELO REGISTRO ANUAL DO PAGAMENTO E DA DEPRECIAÇÃO E DOS JUROS NOS DOIS PRIMEIROS ANOS (X1 e X2)	
DÉBITO: Financiamento a Pagar	
CRÉDITO: Caixa	2.500 (5.000 / dois anos)
DÉBITO: Despesa de Depreciação (1)	
CRÉDITO: Depreciação Acumulada	1.500,00 (4.500 / três anos)
DÉBITO: Despesa de Juros (1)	
CRÉDITO: Juros a Apropriar	250,00 (apropriação linear)
DÉBITO: COFINS a Recuperar	190,00 (7,6% sobre 2.500)
CRÉDITO: Despesa de Depreciação (2)	114,00 (7,6% sobre 1.500)
CRÉDITO: Despesa de Juros (2)	19,00 (7,6% sobre 250)
CRÉDITO: Provisão para COFINS Diferida (Passivo)	57,00 (7,6% sobre 750)

Nos dois primeiros anos (X1 e X2) o registro atendeu, ao mesmo tempo, à contabilidade e ao Fisco. O crédito fiscal foi registrado pela aplicação da Lei nº 10.833/03, montando R$ 190, que é 7,6% sobre R$ 2.500, valor pago no ano de X1 e repetido em X2.

Todavia, na contabilidade, temos despesa anual de R$ 1.750, sendo R$ 1.500 de depreciação e R$ 250 de juros. E a redução total da despesa, em função do registro do crédito, deve ser de R$ 133 (7,6% sobre R$ 1.750).

Com isso, geramos um PASSIVO de R$ 57 (190 menos 133), que vem a ser 7,6% sobre 750, parcela creditada pelo governo sem registro em despesa na contabilidade.

Admitindo a receita anual de R$ 3.000, a COFINS a pagar montaria R$ 228 (7,6% sobre 3.000), sinalizando desembolso anual de R$ 38 nos anos de X1 e X2.

Quando chegar o terceiro ano (X3), o registro contábil será diferente.

PELO REGISTRO DE DEPRECIAÇÃO NO TERCEIRO ANO (X3)	
DÉBITO: Despesa de Depreciação (1)	
CRÉDITO: Depreciação Acumulada	1.500,00
DÉBITO: Provisão p/ COFINS Diferida (Passivo)	
CRÉDITO: Despesa de Depreciação (2)	114,00 (7,6% sobre 1.500)

Observe que não temos mais o registro do crédito em X3, pois não pagamos mais o arrendamento mercantil. Contudo, teríamos que registrar a despesa pelo seu valor líquido. O débito seria a baixa da conta Provisão para COFINS Diferida. Apenas para registro, esta conta poderia se chamar COFINS a Apropriar ou outro nome a seu critério, desde que fique no passivo.

Mas parece que há um erro: não há crédito sobre despesa de juros e nem depreciação, se esta não for de bens utilizados na produção. A explicação é verdadeira. Porém, não estamos registrando créditos dos dois itens, mas sim crédito de arrendamento mercantil, com base na legislação tributária vigente, inclusive referendada pela MP nº 627/13 em seus arts. 44 a 47 e plenamente convertidos na Lei nº 12.973/14. Esta MP referendou o que fazíamos até DEZ/13 com aplicação do Regime Tributário de Transição, conforme preconizado nos arts. 15 a 17 da Lei nº 11.941/09. Aquela despesa anterior de arrendamento mercantil (financeiro) foi distribuída agora em duas outras despesas, registradas em periodicidade diferente do arrendamento: a despesa de depreciação e a despesa de juros.

E os registros do crédito e da COFINS a apropriar parecem fundamentais para não distorcer a informação contábil. Para facilitar a compreensão, veja a seguir a DRE dos três anos de atividade da empresa.

DRE Cia. Onça	X1	X2	X3
Receita Bruta	3.000	3.000	3.000
(–) COFINS	(228)	(228)	(228)
(–) Depreciação	(1.386)	(1.386)	(1.386)
(–) Despesa de Juros	(231)	(231)	–
Lucro Antes do IR	1.155	1.155	1.386

Fundamentando o lucro economicamente: O serviço prestado anual monta R$ 3.000, com custo de R$ 1.500 (uso do bem). Nos dois primeiros anos, há a despesa financeira de R$ 500, R$ 250 por ano. Assim, o lucro econômico, antes da COFINS, monta R$ 1.250 em X1 e X2 e R$ 1.500 em X3.

Portanto, no último ano, como não há mais juros, pois o bem já havia sido pago, o lucro antes do IR ficou em R$ 1.386, representando R$ 1.500 menos 7,6% (R$ 114).

Nos dois anos anteriores (X1 e X2), o lucro sem COFINS seria R$ 1.250, pois o bem alugado por R$ 3.000 teve despesas de R$ 1.500 (uso, por depreciação) + R$ 250 (juros). Considerando R$ 1.250 menos 7,6% (95), teríamos o LAIR apresentado de R$ 1.155.

Em geral, as empresas optam por considerar o crédito integral no momento do registro inicial do imobilizado e do reconhecimento inicial da conta juros a apropriar. Contudo, embora relativamente simples, este procedimento não está totalmente correto, pois o crédito, no caso, não será obtido na aquisição.

9.15 O IMPACTO DO ICMS ST NAS BASES DE PIS E COFINS NAS EMPRESAS DISTRIBUIDORAS OU ATACADISTAS

Com objetivo de tornar mais eficiente a arrecadação do ICMS, a legislação instituiu a figura do substituto tributário, que é o contribuinte obrigado a calcular, cobrar e recolher o imposto que será devido nas operações seguintes.

Na ideia inicial da substituição tributária, seriam alcançadas apenas as mercadorias de pequeno valor e grande consumo, simplificando o processo de tributação e fiscalização. Com o tempo, o legislador ampliou excessivamente os produtos incluídos nesta sistemática, onde o ICMS de toda a cadeia produtiva será devido, na maioria das vezes, pela empresa industrial.

Nas operações envolvendo contribuintes distribuidores ou atacadistas, a recomendação é que o ICMS seja cobrado integralmente pela indústria, sendo o distribuidor ou atacadista também considerado contribuinte substituído, mas apenas intermediário e não final. O atacadista ou distribuidor, no caso, deverá adquirir a mercadoria por um preço mais elevado, pagando todo o ICMS ST cobrado pela indústria e repassar (diretamente) parte do ICMS ST ao varejista.

No registro da receita de vendas, o distribuidor deverá reconhecer apenas seu preço de venda normal, sem considerar o ICMS ST que será repassado ao varejista. Este deve ser destacado na contabilidade do distribuidor no momento da conta e registrado em conta de ativo, sendo baixado no momento da saída (venda) para o varejista.

O objetivo de fazer o ajuste é não cobrar PIS e COFINS sobre uma parcela que simplesmente foi repassada pelo distribuidor ao varejista. Suponha que a indústria venda ao varejista um produto por R$ 1.000 e a margem de valor agregada da substituição tributária seja 50%, com alíquota de ICMS de 18% em toda a cadeia produtiva. Neste caso, a venda será feita pelo valor de R$ 1.090, incluindo o ICMS ST cobrado da dupla distribuidor + varejista. Acontece que o valor de R$ 90 teria sido cobrado somente do distribuidor.

Admitindo que a empresa distribuidora vendesse o produto (no processo normal) por R$ 1.100, esta pagaria R$ 18 de ICMS e pagou R$ 90 na substituição tributária. No caso, aumentaria seu preço em R$ 72, para repassar a parcela do ICMS ST que pertence ao varejista. Todavia, se vender o produto simplesmente por R$ 1.172, esta será a base de cálculo de PIS e COFINS. Isso não seria justo! O correto seria fazer o destaque na NF de venda, com a base alcançando apenas R$ 1.100.

10
O PIS E A COFINS NAS EMPRESAS BRASILEIRAS NA PRÁTICA

POR QUE RESOLVER AS QUESTÕES SUGERIDAS? PARA:

- Consolidar o conhecimento adquirido ao longo do livro, com a realização de exercícios didáticos, que ajudam o nosso entendimento sobre tema tão polêmico.

10.1 O QUE TEM DE DIFERENTE NESTE CAPÍTULO (E NO LIVRO)?

Trabalhamos nos nove capítulos iniciais sobre a estrutura básica que cerca a complexa legislação que rege as contribuições para PIS/PASEP e COFINS. Foram apresentados os detalhes da apuração dos tributos da seguinte forma:

- Capítulos 1 e 2 – Estrutura básica das contribuições e como foi o cálculo no passado, incluindo análise dos principais problemas jurídicos de PIS e COFINS.
- Capítulo 3 – Apuração (detalhada) do método cumulativo (empresas tributadas pelo lucro presumido).
- Capítulos 4 e 5 – Apuração (detalhada) do método não cumulativo (empresas tributadas pelo lucro real), incluindo debate e polêmicas sobre os créditos permitidos.
- Capítulo 6 – Apuração (detalhada) do modelo misto, quando empresas tributadas pelo lucro real utilizam, simultaneamente, os métodos cumulativo e não cumulativo.
- Capítulo 7 – Casos de Tributação monofásica ou concentrada.
- Capítulo 8 – Tributação de PIS/PASEP e COFINS nas entidades imunes e isentas.
- Capítulo 9 – Tratamento contábil das contribuições para PIS/PASEP e COFINS.

A ideia aqui é buscar, dentro do possível, a maior praticidade para você, leitor, compreender como é o cálculo das contribuições para PIS/PASEP e COFINS no dia a dia das empresas brasileiras.

Serão apresentados alguns estudos de caso (questões discursivas) e 30 questões de múltipla escolha, com objetivo de auxiliar no aprendizado do tema. No final, os gabaritos serão apresentados para você conferir se o que fez está de acordo com as respostas do livro. Alegria!

10.2 QUESTÕES DISCURSIVAS

Serão apresentados cinco casos para que você possa desenvolver o tema.

CASO 1: TRATAMENTO CONTÁBIL DE PIS E COFINS

A Cia. Foca é uma empresa comercial (LUCRO REAL), tinha estoque inicial zero no mês de AGO/17 e realizou as seguintes operações neste mês:

1. Comprou oito unidades de um produto para revenda por R$ 2.250 cada, totalizando R$ 18.000.
2. Consumiu despesas de energia elétrica por R$ 1.250.
3. Registrou receita de juros de R$ 500 (receita financeira).
4. Recebeu aluguel mensal (cessão espaço nas suas lojas) de R$ 250.
5. Vendeu sete unidades por R$ 3.000 cada, totalizando R$ 21 mil.

Considere na apuração SOMENTE a COFINS (alíquota de 7,6%) e a legislação contábil-societária e tributária vigente. Pede-se:

a) Monte a DRE da Cia. FOCA do mês de AGO/17.
b) Informe a COFINS que será desembolsada no dia 25/SET/17.
c) Informe o saldo da conta Estoque no fechamento do balancete de AGO/17.

RECEITA BRUTA
(–) COFINS
RECEITA LÍQUIDA
(–) CMV
LUCRO BRUTO
(–) DESPESAS ADMINISTRATIVAS
(+) RECEITAS FINANCEIRAS
(+) OUTRAS RECEITAS
LUCRO ANTES DO IR

CASO 2: REGISTRO CONTÁBIL COM VENDAS A EMPRESAS PÚBLICAS

A Cia. Marabá, empresa distribuidora de alimentos, tributada pelo lucro real, realizou as seguintes operações de vendas em SET/17, com recebimento previsto para JAN/18:

✓ Vendas para empresas públicas de R$ 2.000,00.

✓ Vendas para empresas privadas por R$ 3.000,00.

O registro contábil das vendas, em SET/17, foi o seguinte:

Débito: Contas a Receber – Setor Público	2.000,00
Débito: Contas a Receber – Setor Privado	3.000,00
Crédito: Receita de Vendas	5.000,00

PEDE-SE: Faça o registro contábil da COFINS no mês de SET/17. Desconsidere o PIS e qualquer outro imposto cobrado sobre a receita.

CASO 3: CÁLCULO DE PIS E COFINS NO MÉTODO MISTO

A Cia. Escuro, do setor de telecomunicações, apresentou as seguintes receitas em JAN/17 (em reais mil):

✓ Serviços de telecomunicações	7.500
✓ Outros serviços prestados	500
✓ Revendas de aparelhos	2.000
RECEITA BRUTA TOTAL	10.000
✓ Receitas com multas por encerramento de contratos	20
✓ Receitas financeiras	3
✓ Compras de aparelhos (para revenda)	1.750
✓ Despesas de energia e aluguel da matriz (pagamento a PJ)	1.000

Considere somente os dados apresentados e a legislação vigente.

PERGUNTA: Informe a COFINS devida referente a JAN/17 pela Cia. Escuro, com base na legislação tributária vigente.

CASO 4: COMPARAÇÃO ENTRE OS MÉTODOS CUMULATIVO E NÃO CUMULATIVO

A Cia. Goiaba é uma empresa comercial. Durante o mês compra suas mercadorias por R$ 10 mil (total) e revende, posteriormente, 80% da compra por R$ 14 mil (total).

Pede-se:

1. Calcule a COFINS que deverá ser desembolsada diretamente pela empresa, admitindo que a Cia. Goiaba fosse tributada pelo lucro presumido. Informe, também, o lucro bruto da empresa no mês, considerando apenas as operações realizadas.

2. Calcule a COFINS, admitindo que a Cia. Goiaba tem a tributação pelo lucro real e utiliza o método não cumulativo. Monte também o LUCRO BRUTO desta empresa.

3. Com base nos dados apresentados nas respostas dos itens 1 e 2, admitindo que fosse possível escolher, INFORME qual a melhor opção entre os métodos cumulativo (lucro presumido) e não cumulativo (lucro real) para a Cia. Goiaba. Fundamente tecnicamente sua resposta.

DRE DA CIA. GOIABA	NÃO CUMULATIVO	CUMULATIVO
RECEITA BRUTA		
(–) COFINS		
RECEITA LÍQUIDA		
(–) CVM		
LUCRO BRUTO		
COFINS DESEMBOLSADA		

CASO 5

A Cia. Delta é uma empresa que iniciou suas atividades em DEZ/16, para vender um produto X, montado a partir dos produtos K, Z e R. A Cia. Delta fez opção pelo lucro real.

1. Em DEZ/16, adquiriu os seguintes produtos:
✓ K, por R$ 500.000, de uma empresa tributada pelo lucro presumido;
✓ Z, por R$ 400.000, de uma empresa tributada pelo lucro real; e
✓ R, por R$ 100.000, de uma empresa tributada pelo SIMPLES NACIONAL.

2. A Cia. Delta produziu 100 unidades de X, com os seguintes itens (gastos fabris):
✓ 90% de K;
✓ 75% de Z;
✓ 50% de R;
✓ R$ 295.300 de gastos de mão de obra (pagos a pessoa física);
✓ R$ 100.000 de energia elétrica (por estimativa, apropria-se 75% na fábrica);
✓ R$ 30.000 de gastos de telecomunicações (administrativo);
✓ R$ 20.000 de gastos indiretos de fabricação (seguro, IPTU, limpeza etc.);
✓ R$ 50.000 de aluguel (pago a pessoa jurídica).

Cap. 10 • O PIS E A COFINS NAS EMPRESAS BRASILEIRAS NA PRÁTICA

3. Apresentou ainda, outras despesas administrativas de R$ 150 mil, sendo R$ 20 mil de aluguel de imóveis (pagos a PJ) das unidades administrativas. As outras despesas (R$ 130 mil) não permitem crédito de PIS e COFINS.

4. Vendeu 80 unidades de X, sendo 75% (60 unidades) para o Brasil (mercado interno) por R$ 1.250.000 e 25% (20 unidades) para o exterior, por R$ 750.000. O estoque restante (20 unidades) será vendido nos meses seguintes.

PEDE-SE:

a) Calcule a COFINS devida referente a DEZ/16, informando se a Cia. Delta terá contribuição a pagar ou a compensar. Desconsidere PIS e ICMS na operação.
b) Monte a DRE, até a linha de LUCRO BRUTO.

> RECEITA BRUTA
> (–) COFINS
> RECEITA LÍQUIDA
> (–) CMV
> LUCRO BRUTO

10.3 MÚLTIPLA ESCOLHA

Q1

A sigla PIS significa Programa de
(A) Impacto Social.
(B) Informação Social.
(C) Integração Social.
(D) Integração da Saúde.
(E) Integração Social-Econômica.

Q2

Já a sigla PASEP representa Programa de
(A) Formação do Patrimônio do Servidor Público.
(B) Apoio à Saúde do Empregado do Setor Público.
(C) Apoio Social e Econômico dos Servidores Públicos.
(D) Assistência do Servidor Público.
(E) Assistência Social Econômica do País.

Q3

O PIS nas décadas de 70 e 80 era considerado pela doutrina jurídica como
(A) Um imposto.
(B) Uma taxa.
(C) Uma contribuição social.
(D) Uma contribuição parafiscal.
(E) Uma contribuição econômica.

Q4

E atualmente, o PIS é considerado pela doutrina como
(A) Um imposto.
(B) Uma taxa.
(C) Uma contribuição social.
(D) Uma contribuição parafiscal.
(E) Uma contribuição econômica.

Q5

Em relação à destinação dos recursos é correto afirmar que PIS/PASEP e COFINS são destinados:
(A) Para compor o orçamento do governo federal de forma livre.
(B) Para a seguridade social.
(C) Para o Fundo de Amparo ao Trabalhador (FAT), vinculado ao Ministério do Trabalho e do Emprego.
(D) Respectivamente para a seguridade social e para o Fundo de Amparo ao Trabalhador (FAT), vinculado ao Ministério do Trabalho e do Emprego.
(E) Respectivamente para o Fundo de Amparo ao Trabalhador (FAT), vinculado ao Ministério do Trabalho e do Emprego e para a seguridade social.

Q6

Analisando a DRE de uma empresa comercial tributada pelo lucro presumido, devemos calcular a COFINS sobre a
(A) Totalidade das receitas, com algumas deduções.
(B) Receita bruta, sem deduções.
(C) Receita bruta menos o CMV.
(D) Receita líquida.
(E) Receita bruta menos devoluções de vendas e descontos incondicionais.

Q7

Uma empresa tributada pelo lucro real é obrigada, por lei, a utilizar escrituração contábil regular (diário e razão), seguindo o regime de competência. Para fins de

Cap. 10 • O PIS E A COFINS NAS EMPRESAS BRASILEIRAS NA PRÁTICA

base de PIS e COFINS, contudo, pode tributar pelo regime de caixa as vendas realizadas para

(A) Instituições financeiras.

(B) Empresas tributadas pelo SIMPLES.

(C) Empresas tributadas pelo lucro presumido.

(D) Empresas sediadas no exterior.

(E) Autarquias, empresas públicas e sociedades de economia mista.

Q8

Um clube recreativo (entidade isenta) tem uma lanchonete, onde vende refeições (almoço e lanches). Sobre o valor das refeições

(A) Paga COFINS pelo método cumulativo, com alíquota de 3%.

(B) Paga COFINS pelo método não cumulativo, com alíquota de 7,6%.

(C) Paga COFINS por um modelo concentrado, com alíquotas diferenciadas.

(D) Não paga COFINS, pois o tributo já foi pago pela indústria ou importador.

(E) Não paga COFINS, pois a lei define isenção para a empresa.

Q9

Um hotel tributado pelo lucro real paga COFINS em MAR/18

(A) Integralmente no método não cumulativo, de forma obrigatória, com alíquota de 7,6%, exceto receitas financeiras, que têm alíquota de 4%.

(B) Integralmente no método cumulativo, de forma obrigatória, pagando 3%.

(C) Pelo método misto, ou seja, receita com serviços de hotelaria tributados por 3% e as demais com alíquota de 7,6%, no método não cumulativo, exceto a receita financeira, que tem alíquota de 3%.

(D) Pelo método misto, ou seja, receita com serviços de hotelaria tributados por 3% e as demais com alíquota de 7,6%, no método não cumulativo, exceto a receita financeira, que tem alíquota de 4%.

(E) Originalmente pelo método não cumulativo, com alíquota de 7,6% ou, opcionalmente, pelo método cumulativo para as receitas com serviços de hotelaria, com alíquota de 3% e as demais pelo método não cumulativo, pagando 7,6%, exceto a receita financeira, que tem alíquota de 4%.

Q10

A chamada tributação monofásica ou concentrada no setor de petróleo representa, na essência

(A) Substituição da tributação dos comerciantes atacadistas e varejistas pela refinaria.

(B) Substituição da tributação exclusivamente dos comerciantes atacadistas pela refinaria.

(C) Substituição da tributação exclusivamente dos comerciantes varejistas pela refinaria.

(D) Substituição da tributação do ICMS por outros tributos da esfera federal.

(E) Transferência da tributação para o momento do consumo, realizado nos postos de combustíveis.

Q11

Os aumentos de alíquotas de PIS/PASEP e COFINS mediante lei entram em vigor:

(A) Imediatamente, sem seguir qualquer regra específica.

(B) Após decorridos 45 dias da sua publicação, aplicando o critério conhecido como *vacatio legis*.

(C) Após decorridos 90 dias da sua publicação, aplicando o critério da noventena ou nonagesimal.

(D) Apenas no início do ano seguinte ao ano da publicação, aplicando o princípio da anterioridade.

(E) No início do ano seguinte ou 90 dias após a publicação, sendo aplicado o prazo mais longo das duas opções.

Q12

Uma empresa comercial, tributada pelo lucro presumido, apresentou, em SET/17, os seguintes itens em sua DRE:

- Vendas de Mercadorias   R$ 5.000,00
- (–) Descontos Incondicionais Concedidos   R$ 500,00
- Receitas de aplicações financeiras   R$ 100,00

Esta empresa deverá pagar COFINS referente ao mês de SET/17 de:

(A) R$ 135,00.

(B) R$ 138,00.

(C) R$ 139,00.

(D) R$ 150,00.

(E) R$ 153,00.

Q13

Considerando que a mesma empresa comercial da questão anterior (nº 12) fosse tributada pelo LUCRO REAL, a COFINS que seria desembolsada diretamente por ela seria de:

(A) R$ 342,00.

(B) R$ 346,00.

(C) R$ 380,00.

(D) R$ 384,00.

(E) R$ 387,60.

Q14

Empresa comercial, tributada pelo LUCRO PRESUMIDO, apresenta as seguintes operações em JAN/17:

- Compras de Mercadorias por R$ 25.000.
- Vendas de 80% do estoque por R$ 30.000.
- Ganho de capital (venda de imobilizado) de R$ 500, com recebimento à vista.

Com base APENAS nos dados informados e na legislação tributária vigente, a COFINS que será desembolsada diretamente pela empresa comercial será de:

(A) R$ 380.
(B) R$ 418.
(C) R$ 798.
(D) R$ 900.
(E) R$ 915.

Q15

O gasto que permite crédito de PIS e COFINS, conforme definido em lei é:

(A) Uma conta de telefone e internet da parte administrativa e comercial.
(B) O treinamento de mão de obra (pago a PJ) utilizada no processo produtivo.
(C) O combustível utilizado nos caminhões próprios que fazem entrega dos produtos da empresa a seus clientes.
(D) A depreciação de prateleiras (gôndolas) utilizadas para colocar as mercadorias no comércio varejista (supermercado).
(E) O aluguel da sede administrativa provisionada (contrapartida em contas a pagar).

Q16

Uma empresa tributada pelo LUCRO PRESUMIDO apresenta, em JUL/17, receita bruta de R$ 100.000,00, descontos condicionais (financeiros) concedidos de R$ 3.000,00 e receitas financeiras de R$ 500,00. Assim, a empresa apresentou entrada de caixa total de R$ 97.500 no final do mês. Com base nos dados apresentados e na legislação tributária vigente, a empresa pagará COFINS referente a JUL/17 no valor de:

(A) R$ 2.910.
(B) R$ 2.930.
(C) R$ 3.000.
(D) R$ 3.015.
(E) R$ 3.020.

Q17

Analise os seguintes gastos da Cia. Barretos, empresa industrial tributada pelo lucro real, em SET/17 (em milhares de reais):

✓ Mão de obra utilizada diretamente na produção R$ 60
✓ Matéria-prima comprada de PJ (tributada pelo SIMPLES R$ 50
✓ Aluguel da área comercial (pago a PJ no Lucro Presumido) R$ 42
✓ Energia Elétrica Utilizada na Produção R$ 35
✓ Energia Elétrica Utilizada na Área Comercial R$ 21
✓ Energia Elétrica Utilizada na Área Administrativa R$ 13

Obs.: A área comercial é alugada, sendo que os imóveis da área de produção e da área administrativa são próprios.

Informe o total de créditos permitidos da Cia. Barretos, à luz da legislação vigente, para fins de dedução nas bases de PIS/PASEP e COFINS (em R$ mil) referente a SET/17:

(A) R$ 35.
(B) R$ 85.
(C) R$ 111.
(D) R$ 140.
(E) R$ 161.

Q18

Analise as seguintes receitas obtidas por uma empresa comercial em OUT/16:

1. Desconto (financeiro) obtido no pagamento a fornecedor.
2. Ganho na venda de bens do imobilizado (com recebimento imediato).
3. Fornecimento de mercadorias para empresa pública (com recebimento em 2017).
4. Juros sobre capital próprio recebido.
5. Receita de aluguel de espaço nas gôndolas.

Sabendo que a empresa é tributada pelo LUCRO REAL, podem ser EXCLUÍDAS nas bases de PIS e COFINS pelo método não cumulativo em OUT/16 APENAS os itens:

(A) 1 e 2.
(B) 1, 2 e 3.
(C) 1 e 3.
(D) 2 e 3.
(E) 3, 4 e 5.

Cap. 10 • O PIS E A COFINS NAS EMPRESAS BRASILEIRAS NA PRÁTICA

Q19

A Cia. Agrião é empresa do setor industrial de alimentos, sendo tributada pelo LU-
CRO REAL. Em seu balancete de SET/17, informou as seguintes receitas:

- Receita Bruta de Vendas (incluindo IPI + ICMS ST)   R$ 1.150
- IPI   R$ 100
- ICMS Substituição Tributária   R$ 50
- Reversão de Provisões Trabalhistas   R$ 18
- Receita com Aluguel de Galpão para Terceiros   R$ 13

Considerando a legislação tributária vigente, a base de cálculo das contribuições
para PIS/PASEP e COFINS, referente a SET/17, em reais, será:

- (A) 1.000.
- (B) 1.013.
- (C) 1.031.
- (D) 1.063.
- (E) 1.163.

Q20

A Cia. China foi tributada pelo LUCRO PRESUMIDO até o ano de 2016 e passou
para o LUCRO REAL a partir de 2017. No mês de JAN/17, apresentou os seguintes
dados em seu resultado:

- Vendas Brutas   R$ 100.000
- Devoluções de Vendas   R$ 2.500 (80% referente a vendas de 2016)
- Receitas Financeiras   R$ 250
- Estoque Inicial   R$ 30.000
- Compras no Mês   R$ 86.000
- Estoque Final   R$ 32.000

Considerando a legislação vigente em relação à tributação da COFINS pelos métodos cumulativo e não cumulativo, o valor devido de COFINS referente ao mês de
JAN/17 montou

- (A) R$ 809.
- (B) R$ 956.
- (C) R$ 961.
- (D) R$ 965.
- (E) R$ 1.108.

Q21 – CESGRANRIO – REFAP, CONTADOR E AUDITOR 2007

Uma empresa comercial vendeu todo o seu estoque no exercício anterior. No exercício atual comprou mercadorias no valor de R$ 10.000,00 e vendeu 60% dessas
mercadorias por R$ 8.000,00. Admitindo que a empresa só está sujeita ao PIS não

cumulativo e à alíquota de 1,65%, o registro contábil, pelo líquido, do lucro na operação, em reais, é:

(A) 1.868.
(B) 1.948.
(C) 1.958.
(D) 1.967.
(E) 2.000.

Q.22 – CESGRANRIO – EPE, CONTADOR 2007

Uma empresa tributada pelo lucro presumido apresentou os seguintes dados, ao final do mês de JAN/07:

✓	Receita Bruta de Vendas	R$ 1.200.000,00
✓	(–) Descontos Incondicionais Concedidos (Nota Fiscal)	(R$ 60.000,00)
✓	(–) Devolução de Vendas	(R$ 20.000,00)
✓	(–) Perda na Venda de Bens do Ativo Imobilizado	(R$ 10.000,00)

Considerando apenas as informações apresentadas e sabendo que a alíquota do PIS/PASEP é de 0,65% para as empresas tributadas pelo lucro presumido, o valor da contribuição, devido em JAN/07, em reais, monta a:

(A) 7.215,00.
(B) 7.280,00.
(C) 7.345,00.
(D) 7.670,00.
(E) 7.800,00.

Q.23 – CESGRANRIO – TRANSPETRO, 2011

Em 2/ABR/11, a Comercial Futura S/A, tributada pelo lucro real, apresentou as seguintes informações, relativas ao mês de março de 2011:

✓	Venda de mercadorias para mercado interno	R$ 1.000.000,00
✓	Devolução de vendas feitas pelos clientes	R$ 120.000,00
✓	Descontos incondicionais concedidos a clientes	R$ 80.000,00
✓	Descontos concedidos a clientes por pagamentos realizados antes do vencimento	R$ 50.000,00
✓	Recebimento de juros sobre o capital próprio	R$ 100.000,00

Considere somente as informações recebidas da Comercial Futura S/A e as determinações fiscais vigentes sobre a contribuição da COFINS, no método não cumulativo, adotado pela Comercial Futura S/A no cálculo de sua contribuição para a COFINS. O valor devido a esse título, referente ao mês de MAR/11, em reais, é

(A) 76.000,00.
(B) 68.400,00.

Cap. 10 • O PIS E A COFINS NAS EMPRESAS BRASILEIRAS NA PRÁTICA

(C) 64.600,00.

(D) 60.800,00.

(E) 57.000,00.

Para responder às próximas quatro questões, considere o caso abaixo descrito e APENAS as informações nele fornecidas.

A Cia. Comercial ABC adquiriu 2.000 unidades de uma determinada mercadoria por R$ 500.000,00. Vendeu, posteriormente, 80% do lote por R$ 620.000,00. A Cia. é contribuinte do ICMS, do PIS e da COFINS no regime não cumulativo, com alíquotas, respectivamente, de 18%, 1,65% e 7,6%.

Q.24 – FCC – MPU – ANALISTA DE CONTABILIDADE, 2007

O estoque de mercadorias da companhia, na operação de compra, foi debitado, em R$, em:

(A) 363.750,00.

(B) 382.250,00.

(C) 410.000,00.

(D) 453.750,00.

(E) 500.000,00.

Q.25 – FCC – MPU – ANALISTA DE CONTABILIDADE, 2007

O custo das mercadorias que foram vendidas correspondeu, em R$, a:

(A) 400.000,00.

(B) 363.000,00.

(C) 328.000,00.

(D) 291.000,00.

(E) 218.250,00.

Q.26 – FCC – MPU – ANALISTA DE CONTABILIDADE, 2007

O lucro bruto auferido pela companhia na transação, em R$, foi:

(A) 491.050.

(B) 291.000.

(C) 220.000.

(D) 160.050.

(E) 87.300.

Q.27 – FCC – MPU – ANALISTA DE CONTABILIDADE, 2007

O valor da COFINS a ser recolhido pela companhia, à União, equivalerá, em R$, a:

(A) 5.529,00.

(B) 9.120,00.

(C) 13.680,00.
(D) 38.000,00.
(E) 47.120,00.

Q28

A empresa Comércio e Serviços Brasil Ltda. (lucro real) apresentou receita total de R$ 10.000 (em milhares de reais) no mês de JAN/11, assim composta:

✓	Vendas de mercadorias no País	R$ 3.000
✓	Vendas de mercadorias no exterior – Recebida em R$	R$ 2.500
✓	Vendas de mercadorias no exterior – Recebida em U$	R$ 1.500
✓	Prestação de Serviços a PJ domiciliada no exterior – Recebida em U$	R$ 1.300
✓	Prestação de Serviços a PJ domiciliada no exterior – Recebida em R$	R$ 1.200
✓	Aluguel de imóvel da empresa para pessoa física estrangeira	R$ 500

A base de cálculo das contribuições para PIS e COFINS, em milhares de R$, monta:

(A) 3.500.
(B) 4.200.
(C) 4.700.
(D) 6.700.
(E) 7.200.

Q29

O PIS/PASEP e a COFINS devidos sobre combustíveis derivados de petróleo são cobrados no modelo

(A) Cumulativo.
(B) Não cumulativo.
(C) De substituição tributária.
(D) Monofásico, tributado no início da cadeia produtiva.
(E) Monofásico, tributado no final da cadeia produtiva.

Q30

Empresa comercial, tributada pelo lucro real, comprou R$ 100.000,00 em mercadorias. Posteriormente, revendeu 90% por R$ 125.000,00. Considerando somente a incidência de COFINS com as alíquotas vigentes no Brasil, o lucro bruto apurado por esta empresa comercial montou

(A) R$ 23.100,00.
(B) R$ 25.500,00.
(C) R$ 31.250,00.

Cap. 10 • O PIS E A COFINS NAS EMPRESAS BRASILEIRAS NA PRÁTICA

(D) R$ 32.340,00.

(E) R$ 33.100,00.

GABARITO DAS QUESTÕES DISCURSIVAS

Q1

a) DRE

Receita Bruta	21.000
(–) COFINS	(1.596)
Receita Líquida	19.404
(–) CMV	(14.553)
Lucro Bruto	4.851
(–) Despesas Administrativas	(1.155)
(+) Receita Juros	480
(+) Outras Receitas	231
LAIR	4.407

b) COFINS desembolsada de R$ 172 (1.635 – 1.463).

c) Saldo de ESTOQUE de R$ 2.079.

Q2

DÉBITO: Despesa de COFINS	380
CRÉDITO: COFINS a Pagar	228
CRÉDITO: Provisão para COFINS Diferida	152

Q3

MÉTODO CUMULATIVO

$7.500.000 \times 3\% = 225.000$

MÉTODO NÃO CUMULATIVO

➜ $2.500 + 20 - 1.750 - 250* = 520$ mil $\times 7,6\% = 39.520$

➜ $3.000 \times 4\% = 120$

➜ TOTAL de R$ 39.670

* Despesa de energia gerará crédito sobre 25% da despesa. O percentual foi obtido considerando a receita bruta tributada pelo método não cumulativo sobre a receita bruta total (2.500 / 10.000).

TOTAL DA COFINS DEVIDA PELA CIA. ESCURO

$225.000 + 39.670 = 264.670$

Q4

DRE DA CIA. GOIABA	CUMULATIVO	NÃO CUMULATIVO
RECEITA BRUTA	14.000	14.000
(–) COFINS	(420)	(1.064)
RECEITA LÍQUIDA	13.580	12.936
(–) CVM	(8.000)	(7.392)
LUCRO BRUTO	5.580	5.544
COFINS DESEMBOLSADA	420	304

Apesar de, inicialmente, pagar maior valor de COFINS, a melhor opção seria o método CUMULATIVO, pois o lucro é MAIOR. Nos próximos meses, a diferença seria compensada e o método NÃO CUMULATIVO representaria pagamento bem maior, pois a empresa já teria se utilizado do crédito das mercadorias em estoque.

A conta também poderia ser da seguinte forma:

- Despesas que Geram Crédito = 8.000
- Receitas Tributadas = 14.000
- Relação Percentual (8.000 / 14.000) = 57%, que é menor que 60,5%, indicando a melhor opção pelo MÉTODO CUMULATIVO.

Q5

a) Calcule a COFINS devida referente a DEZ/16, informando se a Cia. Delta terá contribuição a pagar ou a compensar. Desconsidere PIS e ICMS na operação.

- A PAGAR = 95.000 (1.250.000 × 7,6%)
- A RECUPERAR = 88.920 *1
- LÍQ. a PAGAR = 6.080 *1
- Matérias-primas K, Z e R = 76.000
- Energia Elétrica = 7.600
- Aluguel Fábrica = 3.800
- Aluguel Administrativo = 1.520

b) Monte a DRE, até a linha de LUCRO BRUTO.

RECEITA BRUTA	2.000.000
(–) COFINS	(95.000)
RECEITA LÍQUIDA	1.905.000
(–) CMV	(960.000)
LUCRO BRUTO	945.000
(–) DESPESAS ADMINISTRATIVAS	(171.580)
LAIR	773.420

GABARITO DAS QUESTÕES DE MÚLTIPLA ESCOLHA

1-C	2-A	3-D	4-C	5-E	6-E	7-E	8-B	9-D	10-A
11-C	12-A	13-B	14-D	15-E	16-C	17-E	18-D	19-B	20-B
21-D	22-B	23-B	24-A	25-D	26-D	27-B	28-C	29-D	30-D

atlas

www.grupogen.com.br

Pré-impressão, impressão e acabamento

grafica@editorasantuario.com.br
www.editorasantuario.com.br

Aparecida-SP